*Ich widme dieses Buch in erster Linie
der Jugend, denn durch
die Geschichtslügen von gestern wird sie lernen,
die für sie zweifellos wichtigeren
Geschichtslügen von heute zu erkennen.*

INHALT

Einführung: Die Nero-Legende   *9*

1   Wenn ein Jüngling den Thron besteigt...   *15*

2   Nero als Staatsmann   *29*

3   Pazifist und Gegner von Gewalt   *59*

4   Der Kaiser als Lyraspieler,
    Liedermacher, Schauspieler und Rennfahrer   *83*

5   Die Verbrechen   *113*

6   Der Brand von Rom   *151*

7   Die Verschwörungen   *181*

8   Schwanengesang: Die Reise nach Griechenland   *203*

9   Das Ende   *213*

Anmerkungen   *227*

Zeittafel   *255*

Die antiken Quellen   *259*

Bibliografie   *262*

Namenverzeichnis   *266*

EINFÜHRUNG:
DIE NERO-LEGENDE

Über keine Persönlichkeit der Weltgeschichte, mit Ausnahme vielleicht von Adolf Hitler, ist je so viel Schlechtes geschrieben worden wie über Nero. Einige christliche Schriftsteller wie Vittorinus, Commodianus und Sulpicius Severus hielten ihn sogar für den Antichristen und glaubten, daß er zu gegebener Zeit wiederkehren werde. Diese Überzeugung stützte sich auf eine Stelle aus der Offenbarung des Johannes, wo von der Zahl eines Tieres die Rede ist: »Wer Verstand hat, der überlege die Zahl des Tieres; denn es ist eines Menschen Zahl, und seine Zahl ist sechshundertsechsundsechzig.«[1] Die gleiche Summe erhält man, wenn man die hebräischen Zahlenzeichen für Neros Namen addiert. Der heilige Augustinus und der heilige Chrysostomus sahen sich später sogar gezwungen, diese beinah blasphemische These zu bekämpfen, kamen jedoch ihrerseits zu dem Schluß, daß Nero vielleicht nicht der Antichrist, wohl aber eine Art Vorwegnahme oder eine Art Prototyp desselben gewesen sei. Während des gesamten Mittelalters wurde der Legende vom Antichristen Nero weithin Glauben geschenkt. Papst Paschalis II. (1099–1118) etwa war davon überzeugt, daß die Raben, die auf dem Walnußbaum an der Grabstätte der Familie Domitius Ahenobarbus (von der der Kaiser abstammte) krächzten, Dämonen im Dienste Neros seien oder gar der auf seine Wiederauferstehung wartende Nero selbst. Daraufhin ließ er das Grabmal abreißen, den Walnußbaum fällen und errichtete an ihrer Stelle eine Kapelle, die später zur Kirche Santa Maria del Popolo ausgebaut wurde.[2] Selbst ein Autor von der Qualität eines Renan, und damit wären wir am Ende des neunzehnten Jahrhunderts angelangt, spricht in einem seiner Werke die Vermutung aus, Nero könne der Antichrist oder ein naher Verwandter desselben gewesen sein [3].

In der Antike wie in der Neuzeit hegten die Christen stets eine starke Abneigung gegen Nero, da sie ihn für den ersten Christenverfolger hielten, und es fiel ihnen leicht, für diese These bei Sueton und Tacitus Belege zu finden, denn beide zeichnen Neros Porträt in den schwärzesten Farben. Die christlichen Historiker haben sich allerdings nie die Mühe gemacht, den persönlichen und politischen Hintergrund dieser beiden Autoren zu berücksichtigen. Sueton gehörte zum römischen Rittertum und hatte wie fast alle Angehörigen dieser Schicht einen äußerst beschränkten Horizont [4]. Als unermüdlicher Sammler von Skandalgeschichten, deren Wahrheitstreue folglich von Fall zu Fall überprüft werden muß, war er kaum zu überbieten, aber ihm fehlte jegliche Voraussetzung zum angemessenen Verständnis für die außerordentliche Tragweite einer Politik, wie Nero sie zu verwirklichen suchte. Tacitus hat da natürlich schon ganz anderes Format. Allerdings gehörte er jener parasitären Klasse von Senatoren und Großgrundbesitzern an, die Nero (wie vor ihm, allerdings weniger erfolgreich, schon Caligula) unermüdlich bekämpfte, um ihre Macht, ihren Reichtum und ihre Privilegien zugunsten des benachteiligten Volkes und der aktiven Teile der Gesellschaft zu beschränken (zugunsten der Freigelassenen, Kaufleute und Ritter, die man heute als aufstrebende Schichten bezeichnen würde). Im modernen Sprachgebrauch könnte man Tacitus als durch und durch reaktionär bezeichnen. Da er den längst vergangenen Zeiten der Republik nachtrauerte, mußte ihm Neros Politik zwangsläufig ein Dorn im Auge sein, wurde damit doch der Versuch unternommen, die römische Gesellschaft strukturell und kulturell umzugestalten, um sie an die Dimensionen eines Reiches anzupassen, das inzwischen fast ganz Europa, Nordafrika und einen großen Teil des Nahen Ostens umfaßte und für dessen Führung, anders als zu Zeiten der Republik, der beschränkte Blickwinkel eines Agrarvolkes nicht mehr ausreichte. [5]

Aber bei Nero nimmt es die christliche Geschichtsschreibung nicht so genau. Alles, was Sueton und Tacitus über seine Schandtaten schreiben, wird unweigerlich für bare Münze genommen, wenn sie jedoch mit der gleichen Unbekümmertheit auch den Christen jede Art von Schändlichkeit zuschreiben (»per flagitia invisos«, »wegen ihrer Schandtaten verhaßt«, so Tacitus[6]), dann allerdings wird ihre Glaubwürdigkeit als Quelle in Frage gestellt. Nicht gerade ein korrektes Vorgehen. Trotzdem hat sich ausgerechnet diese Art von christlicher oder zumindest christlich orientierter Geschichtsschreibung in der Mittel- und Oberstufe unserer Schulen breitgemacht und ist dort vorherrschend. Wenn von Kaiser Konstantin die Rede ist, wird bewußt verschwiegen, daß er seinen Sohn und seine Frau umbringen ließ, schließlich war er es, der das Christentum zur Staatsreligion erklärte. Ferner wird ihm eine viel größere historische Bedeutung zugeschrieben, als ihm in Wirklichkeit zukommt, während Nero immer das Ungeheuer bleibt.

Vollends ruiniert wurde Neros Image schließlich durch Hollywood und seine filmischen »Machwerke« über das antike Rom im Stil von *Quo vadis?*, in dem ein entfesselter Peter Ustinov eine denkwürdige Version des Kaisers liefert. Es ist also nicht weiter verwunderlich, daß Nero in der kollektiven Vorstellung des Publikums mittlerer, aber auch gehobener Bildung weiterhin als Brandstifter angesehen wird, als einer, der Mutter, Bruder Ehefrau und Lehrer auf dem Gewissen hat und wer weiß wie viele andere noch. Er gilt schlicht als verrückt, blutrünstig, grausam, unfähig, verweichlicht, sexbesessen und lasterhaft.

Die moderne Geschichtsschreibung dagegen zeichnet ein viel ausgewogeneres Bild des »furchtbaren Kaisers«. Neben Mario Attilio Levi waren es vor allem englische, französische und rumänische Historiker (es mag verwundern, aber das bedeutendste Nero-Forschungszentrum befindet sich in Bukarest), die Neros Leistungen und seine Person einer kritischen Überprüfung unterzogen[7]. Zumindest was sein öffentliches Wirken betrifft, kommen sie dabei zu einem ganz anderen, ja man könnte sogar sagen, den gängigen Einschätzungen vollkommen entgegengesetzten Bild Neros.

Nun wird der Leser sich fragen: Wie kann man zu neuen Erkenntnissen über Nero kommen, wenn doch die Quellen, wie immer man es auch dreht und wendet, immer die gleichen sind: nämlich Sueton, Tacitus und in geringerem Umfang auch Cassius Dio[8], die zudem alle drei gleichermaßen schlecht über ihn reden? Hier kommt uns jene Forschungsrichtung innerhalb der modernen Geschichtswissenschaft (von der im übrigen auch die Journalisten noch einiges lernen könnten) zu Hilfe, die sich mit »Quellenkritik« beschäftigt.

Sie arbeitet mit der Methode, die Autoren zunächst in den historischen Zusammenhang einzuordnen, in dem ihre Schriften entstanden, sodann ihre politische Einstellung herauszuarbeiten und schließlich die ihren Werken immanenten Widersprüche aufzulisten. Bei Tacitus und Cassius Dio, ganz zu schweigen von Sueton, wimmelt es nur so von Widersprüchen, eindeutigen Entstellungen, unverhüllter Einseitigkeit und plumpen Fälschungen. Weiterhin werden die sogenannten »objektiven« Quellen herangezogen: Münzen, archäologische Funde, Epigrafe, Inschriften, Papyri und Rundschreiben, die vom Zentrum des Reiches bis in die entferntesten Provinzen geschickt wurden[9]. Auch literarische Texte, die sich direkt oder indirekt auf den jeweiligen Untersuchungszeitraum beziehen, werden berücksichtigt. Schließlich konzentriert man sich auf die Resultate, die der Kaiser durch seine Politik tatsächlich erzielte, statt sich eingehend mit seinen sexuellen Neigungen zu befassen. Unterzieht man Neros Lebenswerk dieser Art von mehrfach abgesicherter Überprüfung, so schneidet er meistens ziemlich gut ab. Verläßt man sich hingegen ausschließlich auf die Gerüchteküche eines Sueton oder die Parteilichkeit eines Tacitus[10], landet man unweigerlich stets bei der Legende vom »Ungeheuer«.

In Wahrheit war Nero ein hervorragender Staatsmann. Während

seiner vierzehnjährigen Regierungszeit erlebte das Römische Reich eine Periode des Friedens, des Wohlstands und der wirtschaftlichen und kulturellen Blüte, wie es sie weder vor noch nach seiner Zeit je erfahren hat. Ohne Frage war Nero größenwahnsinnig, ein Visionär, der, wie Nietzsche sagen würde, im großen Stil dachte und der die Welt nach seinen Intuitionen und Vorstellungen zu gestalten versuchte. Von ihm stammt die äußerst gewagte Idee zu einer Kulturrevolution, durch die er die Römer von ihrer Roheit abbringen und an die zivilisiertere, verfeinerte Lebens- und Denkweise des Hellenismus heranführen wollte. Nero war seiner Zeit stets weit voraus. In einer sonderbaren Mischung vereinigte er in seiner Persönlichkeit Züge eines Renaissancefürsten von ausgesuchter Bildung, von verfeinertem, manchmal zum Barocken neigendem Geschmack mit denen eines Aufrührers, eines lebens- und vergnügungssüchtigen Halbstarken.

Außerdem war er ein Exhibitionist, ein unverbesserlicher Narzißt und höchstwahrscheinlich ein psychisch labiler Mensch, der anfänglich von einer autoritären, besitzergreifenden Mutter erdrückt wurde, später dann von der Last, die ihm schon mit Siebzehn aufgebürdet wurde, nur weil seine ehrgeizige, intrigante Mutter es so gewollt hatte, während er einem Leben für die Kunst vielleicht den Vorzug gegeben hätte. Und er war ein Träumer, der, als die Welt schon über ihm zusammenbrach, immer noch glaubte, sich als Künstler seinen Lebensunterhalt verdienen zu können.

Eins jedenfalls ist sicher: Ein Kaiser, der sich als Lyraspieler, Sänger, Dichter, Schauspieler, Schriftsteller und Wagenlenker betätigte, an wissenschaftlich-technischen Dingen interessiert war, sich für die gewagtesten Entdeckungsreisen begeisterte und grandiose Projekte bewunderte und sie auch selbst entwarf, war ein *Unikum,* nicht nur der römischen Geschichte.

Sein Handeln als Staatsmann war von Eigenschaften bestimmt, die auch für das moderne Empfinden nicht ohne Reiz sein dürften.

Obwohl er ein absoluter Herrscher war, nutzte er seine Macht im demokratischen Sinne: Er regierte nicht nur *im Namen des Volkes,* wie der scheinheilige Augustus, sondern *für das Volk* und gegen die Oligarchien, die es unterdrückten und ausbeuteten. Um die Zustimmung des Volkes zu erlangen, entwickelte er – natürlich zusätzlich zu Planung und Umsetzung konkreter Maßnahmen – die Konzeption des populären Spektakels als politischer Veranstaltung, denn Nero war ein großer Showman.

Die ökonomischen und intellektuellen Eliten seiner Zeit hatten kein Verständnis für ihn, oder aber sie verstanden ihn nur zu gut, jedenfalls bekämpften sie ihn erbittert: die Senatoren, weil sie ihre Macht, ihren Reichtum und ihren süßen Müßiggang gefährdet glaubten; die Intellektuellen, weil ihnen als guten Kleinbürgern nur daran gelegen war, in die Aristokratie aufzusteigen und deren Privilegien zu erlangen.

Das einfache Volk aber verstand ihn und liebte ihn heiß und innig. Seine Beliebtheit war so groß, daß im Gegensatz zur negativen Nero-Legende bei seinem Tod im Volk eine positive Legende entstand. Aus Gründen, die denen der christlichen Autoren allerdings diametral entgegengesetzt waren, weigerte sich auch das römische Volk zu glauben, daß er wirklich tot sei, und hing lange der Illusion nach, daß er früher oder später zurückkehren werde, um ihm Gerechtigkeit zu verschaffen.[11] Als zwei Jahre nach seinem Tod der erste »falsche Nero« auftauchte, rief dies sowohl in Rom als auch in Griechenland, das Nero sehr geliebt und dem er die Freiheit geschenkt hatte, große Aufregung hervor[12]. Ein zweiter ließ nicht lange auf sich warten, und noch zwanzig Jahre nach seinem Tod trat im Jahr 88 der dritte und letzte »falsche Nero« in Erscheinung[13]. Und noch viele Jahre lang brachte das römische Volk im Frühjahr und im Sommer Blumen zum Grab jenes Mannes, dessen Name verwünscht, verflucht und verurteilt werden sollte, *in saecula saeculorum*[14].

1

WENN EIN JÜNGLING DEN THRON BESTEIGT...

Als Nero am 13. Oktober 54 den Thron besteigt, ist er noch keine siebzehn Jahre alt. Selbst für die damalige Zeit, in der junge Leute sehr früh als reif galten und Verantwortung übernahmen, ist er fast noch ein Kind. Sieht man von Heliogabal (204–222) ab, der – allerdings in Krisenzeiten – mit vierzehn Jahren Kaiser wurde, aber nur vier Jahre regierte, ohne nennenswerte Spuren seiner Persönlichkeit zu hinterlassen, wird er der jüngste Kaiser der römischen Geschichte sein.

Es ist ein schöner junger Mann, der da »am Mittag des 13. Oktobers[1]« in Begleitung des Prätorianerpräfekten Afranius Burrus und einiger höherer Offiziere vor die Soldaten der Garde tritt, um zum Kaiser ausgerufen zu werden. Seine Haare sind kupferfarben, die Augen blau und leicht kurzsichtig, die Nase ist breit und gerade, der Hals kräftig, aber anmutig, die Wangen sind ein wenig rundlich, aber noch nicht so aufgeblasen wie später, als er, aller Gymnastik zum Trotz, hoffnungslos zur Fettleibigkeit neigte. Die einzigen Schönheitsfehler dieses Kopfes, den selbst der äußerst voreingenommene Sueton als »schön[2]« bezeichnen mußte, sind das fliehende Kinn und die sinnlichen Lippen, die etwas Weiches, Nachgiebiges, vielleicht aber auch Grausames haben. Der Körper ist von mittlerer Größe, der Rumpf vielleicht ein bißchen zu mächtig im Verhältnis zu den Beinen, die nach Sueton eher dünn sind. Aber so häßlich können sie nicht gewesen sein, denn Nero, ein geborener Exhibitionist und zeitlebens mit einem Hang zur Provokation, zeigte sie gern auch in der Öffentlichkeit. Er trug häufig eine sehr kurze, ungegürtete Tunika, eine Art »Mini«, und ging dazu noch barfuß.

Und was die übelriechenden Flecken betrifft, die, wenn wir Sueton glauben wollen, seinen Körper bedeckten, so handelte es sich einfach um die für Rothaarige typischen Sommersprossen und Muttermale[3]. Wenn seine Erscheinung überhaupt etwas Auffälliges hatte, dann seine Haare oder vielmehr die Art, wie er sie trug: gewellt, bis auf die Schultern; so wie es bei Wagenlenkern und Schauspielern, mithin bei Leuten niederer Herkunft oder gar Sklaven Mode war, keineswegs jedoch bei römischen Aristokraten.

Jedenfalls bestand Nero die Prüfung der Prätorianer und wenig später auch die der gestrengen Senatoren, die seine Ernennung zum Kaiser offiziell bestätigen mußten. Im übrigen galt er allgemein als herzlich, umgänglich, geistreich und intelligent.

Seine erste Rede im Senat (im übrigen von Seneca verfaßt) war nicht besonders originell, zeichnete sich aber durch Mäßigung und Vorsicht aus. Seine Herrschaft begann unter den besten Vorzeichen. Alle Quellen stimmen darin überein, daß Neros Thronbesteigung allgemein auf große Begeisterung stieß. Von diesem jungen Kaiser, dessen Regentschaft aller Voraussicht nach lange dauern würde, wurde allgemein ein neues »Goldenes Zeitalter« erwartet.

Über Neros Gemütsverfassung an jenem längst vergangenen Oktobertag sagen die Quellen allerdings nichts. Wir können uns jedoch vorstellen, daß er nicht besonders glücklich war. Bis zu diesem Zeitpunkt hatte er sich nämlich in erster Linie mit Musik, Literatur und Theater beschäftigt und sich für Wagenrennen und Zirkusspiele im allgemeinen interessiert. Außerdem schrieb er Gedichte, malte, machte gern Bildhauer- und Schnitzarbeiten wie überhaupt jede Art handwerklicher Arbeit. Jetzt fand er sich plötzlich in einer Position wieder, die von ihm großes Verantwortungsbewußtsein verlangte und die nicht er selbst, sondern seine Mutter angestrebt hatte.

Wer aber war dieser Nero? Warum wurde ausgerechnet ihm die zweifelhafte Ehre zuteil, das Reich zu regieren? Lucius Domitius, der zukünftige Nero, wurde am 15. Dezember 37 in Antium geboren. Er war der Sohn von Gnäus Domitius aus dem Geschlecht der Ahenobarbus (Erzbart), die wegen ihrer Bärte und ihrer »erz«farbenen Haare so genannt wurden. Obwohl sie schon sieben Konsuln gestellt hatten, rechnete man sie noch immer zum plebejischen Adel, da sie erst relativ kurze Zeit, seit Beginn des ersten Jahrhunderts vor Christus, zum römischen Patriziertum gehörten. Die wahre adlige Herkunft verdankte Nero seiner Mutter Agrippina, Tochter aus der Ehe des Kriegshelden Germanicus mit Agrippina der Älteren, deren Mutter Iulia wiederum eine Tochter des Reichsgründers Augustus war, mit dem man unbedingt verwandt sein mußte, wollte man Ansprüche auf den Thron erheben.

Alles in allem war Neros Stammbaum jedenfalls nicht besser als der vieler anderer adliger Sprößlinge, und ohne den Ehrgeiz seiner Mutter wäre er nie Kaiser geworden.

Agrippina galt als die schönste Frau ihrer Zeit. Aber das war nicht das Entscheidende. Sie war eine starke, harte, stolze, mutige Frau und hatte einen eisernen Willen – Eigenschaften, die sie sicher von ihrem Vater Germanicus und von ihrer Mutter, einer furchtlosen Virago, geerbt hatte –, gleichzeitig aber war sie kalt, berechnend und skrupellos, wußte immer, was sie wollte und wie sie es erreichen konnte: Ihren Sohn auf den Thron zu bringen war ein Vorhaben ganz nach ihrem Geschmack. Als Nero den Thron bestieg, hatte sie bereits unter Tiberius, Caligula und Claudius die »schreckliche und denkwürdige [4]« Herrschaft dreier Kaiser erlebt und sie unbeschadet überstanden. Gleichwohl hatte auch sie persönliche Schicksalsschläge hinnehmen müssen, die sie nicht gerade sanfter hatten werden lassen. Kaum vierzehn Jahre alt, mußte sie mitansehen, wie ihre von Tiberius verbannte Mutter sich zu Tode hungerte, weil sie die Schande nicht ertrug, daß ein Offizier ihr Gewalt angetan hatte. Zwei ihrer drei Brüder waren ermordet oder von Tiberius zum Selbstmord gezwungen worden, und der dritte, Gaius, der unter dem Namen Caligula Kaiser wurde, hatte sie der Verschwörung bezichtigt und ins Exil verbannt. Dies geschah im Jahr 39, als Nero zwei Jahre alt war. Da sich der Vater nicht persönlich um seinen Sohn kümmern wollte, wurde der kleine Lucius ins Haus seiner Tante Domitia Lepida zu einer Amme gegeben. Im folgenden Jahr starb Domitius Ahenobarbus an Wassersucht. Obwohl er mit der damals üblichen Umsicht vorsorglich zwei Drittel seines Besitzes dem Kaiser vermacht hatte, konfiszierte Caligula auch noch den Rest. So kam es, daß Nero plötzlich verwaist und mittellos bei fremden Menschen leben mußte, weil seine Mutter im Exil war.

Seine ersten Lehrmeister in jenen Jahren waren ein Barbier und ein Tänzer. Vor allem letzterer muß die Vorstellungswelt des kleinen Lucius stark geprägt haben. Denn seit frühester Kindheit hatte Nero eine unbezwingbare Leidenschaft für die Welt der Zirkusspiele und ihre Protagonisten, die ihn auch späterhin nie verlassen sollte. Als kleiner Junge sprach er ununterbrochen davon, obwohl es ihm verboten wurde. »Einmal«, schreibt Sueton, »klagte er bei seinen Mitschülern, daß ein Rennfahrer von der grünen Partei (Nero begeisterte sich nämlich für die vom Volk bevorzugten ›Grünen‹, während die Adligen normalerweise Anhänger der ›Blauen‹ waren) nach einem Sturz von seinem Gespann am Boden geschleift worden sei. Als der Lehrer ihn deswegen ausschalt, log er sich damit heraus, er spreche von Hektor.«[5] Damit er aber wenigstens einen Teil dieser Leidenschaft ausleben konnte, wurde ihm als Kind doch erlaubt, bei den Trojanischen Spielen in der Arena mitzumachen, und Lucius nahm »mit höchster Ausdauer und unter großem Beifall[6]« an den Wettkämpfen teil. Es wird auch berichtet, daß Nero sich noch in den ersten Jahren seiner Kaiserzeit ein Vergnügen daraus machte, heimlich mit elfenbeinernen Quadrigen auf einem Tisch zu spielen.

Im großen und ganzen hatte er eine schwierige Kindheit, denn es fehlte ihm an Zuneigung. Nachdem Agrippina im Jahr 41 aus dem Exil zurückgekehrt war, entpuppte sie sich als besitzergreifende Mutter, wie sie im Buch steht, war herrschsüchtig und autoritär. Ein wenig menschliche Wärme wurde Lucius von seinen Ammen Egloge und Alexandria zuteil, die ihm bis zum Tode die Treue hielten, und auch von seiner Tante Lepida. Das führte jedoch zu einer herben Auseinandersetzung mit Agrippina, der natürlich nicht entging, daß der Sohn ihr die nachsichtigere Tante vorzog. Auch diesen Streit beendete Agrippina auf ihre Art, indem sie Lepida der Verschwörung gegen Kaiser Claudius bezichtigen ließ und ihre Verurteilung zum Tode erreichte. Von der Mutter angestiftet und eingeschüchtert, sagte Nero gegen die Tante aus.

Nach Rom zurückgekehrt, nahm Agrippina die Erziehung ihres Sohnes jedenfalls fest in die Hand, denn sie hatte Großes mit ihm vor. Zunächst vertraute sie Lucius den beiden griechischen Freigelassenen Anicetus und Berillus an, die ihn in Literatur, Latein und Griechisch, Mathematik und in den Anfangsgründen der Rhetorik unterrichteten. Für den weiterführenden Unterricht fiel ihre Wahl auf eine herausragende Persönlichkeit der griechisch-orientalischen Welt. Chairemon, ein ägyptischer Priester, der zum Stoizismus übergetreten war, hatte früher das Museum in Alexandria geleitet, historische und astrologische Werke verfaßt und war ein Kenner der Archäologie. Ihm fiel vor allem die Aufgabe zu, Lucius in das Studium der »Grammatik« einzuführen, was in der Antike der Interpretation literarischer Texte entsprach und für jeden römischen Schüler aus guter Familie zur zweiten Phase seiner Schulbildung gehörte[7]. Der zweite Lehrer neben Chairemon war der Aristotelesschüler Alexander von Aegae. Beide hatte großen Einfluß auf Nero und führten ihn zu jener Art von Philohellenismus, der später zum Leitmotiv seiner Politik werden sollte. Den Unterricht in den Naturwissenschaften übernahm der Astronom Trasillus.

Als Lucius im Jahr 49 zwölf Jahre alt war, spielte Agrippina schließlich ihren letzten Trumpf aus und engagierte Seneca. Lucius Annaeus Seneca kam aus der Schule der Stoiker, war der renommierteste Intellektuelle seiner Zeit und bei den Römern aller Schichten sehr populär, denn er hatte ein gutes Gespür für die aktuellen Fragen der Zeit und die Probleme des täglichen Lebens, die er, beinah möchte man sagen: journalistisch aufgriff und in seinen Schriften ansprechend behandelte. Er war sozusagen ein Modephilosoph. Im Jahr 39 als Quästor in den Senat berufen, wurde er bald zum glänzendsten, herausragendsten Redner, obwohl Caligula seinen Stil nicht völlig unbegründet als »heiße Luft« bezeichnete. Nach Claudius' Machtübernahme war Seneca jedoch in Ungnade gefallen, weil er mit Claudia Livilla, einer Schwester Caligulas, ein Verhältnis hatte, was bei Messalina, der intriganten, höchst einflußreichen Gemahlin des Kaisers, aus purer weiblicher Rivalität auf wenig Gegenliebe stieß. Zunächst wurde er sogar zum Tode verurteilt, doch später wurde die Strafe umgewandelt und Seneca nach Korsika in die Verbannung geschickt. Von dort schrieb er wenig später einen unterwürfigen, schmeichlerischen Brief an Claudius' Minister Polybius, damit der ihm die Rückkehr nach Rom ermögliche. Aber es war aussichtslos. Erst nach Messalinas Tod setzte sich Agrippina bei Claudius für ihn ein, doch nicht etwa aus humanitären Gründen, sondern weil sie Seneca zum Lehrer ihres Sohnes machen wollte.

Zur damaligen Zeit war es zwar keineswegs üblich, daß ein Senator und Pädagoge vom Rang Senecas als Privatlehrer tätig war, nicht einmal für eine bedeutende römische Familie. Aber Agrippina wußte, was sie tat. Seneca sollte Nero nicht nur in Rhetorik unterrichten, sondern vor allem die gesamte Ausbildung und die Schar der Lehrer überwachen, die bald noch durch Afranius Burrus als Spezialisten für Militär und Finanzen ergänzt wurde. Seneca, der damals dreiundfünfzig Jahre alt war, widmete sich der Aufgabe mit großem Engagement, auch weil er sehr genau wußte, worauf Agrippina hinauswollte und welche Vorteile sich für ihn daraus ergeben konnten.

Der Philosoph hatte zweifellos großen Einfluß auf den jungen

Lucius, aber nur bis zu einem gewissen Punkt, denn schließlich war es Agrippina, die alles und jeden kontrollierte. Unter anderem machte sie Seneca unmißverständlich klar, daß er sich nicht zu sehr auf Philosophie konzentrieren solle, weil das für einen zukünftigen Kaiser ihres Erachtens nicht angemessen war. Dem jungen Mann aber gefiel die Philosophie, und zwar sehr (so sehr, daß er später als Kaiser Vergnügen daran fand, nach dem Abendessen den Diskussionen der bei Hofe geladenen Philosophen zu lauschen); vorerst war er jedoch einmal mehr gezwungen, sich zu fügen.

Im ganzen gesehen war Neros Ausbildung umfassend, gelehrt, erlesen, vielfältig und so angelegt, daß alle kulturellen Strömungen der Zeit berücksichtigt wurden[8], auch wenn aufgrund des Übergewichts der griechischen Lehrer der Hellenismus zwangsläufig im Vordergrund stand. Nero war ein guter Schüler, und das Lernen fiel ihm leicht. Doch die strenge Erziehung, die dauernden Moralpredigten seines Lehrers und die Übermacht der Mutter setzten ihm zu, erdrückten ihn schließlich regelrecht. Sobald er konnte, flüchtete er sich in seine eigene Welt, zu seinen Gedichten, seinen Zeichnungen und den Gesprächen über die geliebten »Grünen« und die nicht weniger geliebten Pferde. Als er alt genug war, nahm er die Gewohnheit an, heimlich zu verschwinden, um im Theater die Stücke seiner Lieblingsautoren zu sehen.

In der Zwischenzeit war Agrippina ihrem Ziel, sich und den Sohn an die Macht zu bringen, einen entscheidenden Schritt nähergekommen. Sie hatte Claudius geheiratet, und das war alles andere als leicht gewesen. Im Jahr 48 war Claudius Witwer geworden, und zwar auf die denkbar einfachste Art: Er hatte seine Frau Messalina ermorden lassen. Da Claudius dem Zauber dieser wunderschönen, nymphomanen und vielleicht ein wenig verrückten Frau vollkommen erlegen war, hatte er lange alle ihre Überheblichkeiten, Ausschweifungen und Ehebrüche hingenommen, wobei Messalina sich vom Komödianten bis zum nobelsten

Patrizier mit allen möglichen Männern einließ, ohne Klassenunterschiede zu machen, und ihn dadurch zum Gespött der ganzen Stadt gemacht hatte. Aber schließlich ging sie zu weit. Nachdem sie sich unsterblich in den außergewöhnlich schönen und unerschrockenen Konsul Silius verliebt hatte, nutzte sie einen Aufenthalt von Claudius in Ostia, um den Geliebten zu heiraten, ganz als wäre sie nicht schon mit dem Kaiser verheiratet. Entsetzt schreibt Tacitus: »Ich weiß wohl, es wird unglaublich klingen: Irgendwelche Menschen hätten sich so sicher gefühlt in einer Stadt, die alles weiß und nichts verschweigt, und schon gar der designierte Konsul mit der Gattin des Kaisers, daß sie am vorbestimmten Tag, unter Beiziehung von Zeugen, die gegenzeichnen sollten, wie eben zum Zweck einer förmlichen Eheschließung zusammenkamen und daß jene die Worte der Trauzeugen hörte, sich in den Brautschleier hüllte, vor den Göttern opferte; daß man Platz nahm unter den geladenen Gästen, Küsse und Umarmungen tauschte, schließlich die Nacht verbrachte in der Freiheit von Eheleuten[9].«

Es gab einen riesigen Skandal, und trotzdem zögerte Claudius immer noch. Schließlich waren es seine Freigelassenen und Minister Callistus, Pallas und vor allem Narcissus, die die Sache in die Hand nahmen. Silius machte keine großen Umstände und nahm sich mit größter Selbstverständlichkeit das Leben.

Messalina hingegen schickte herzerweichende, flehentliche Briefe an Claudius, in denen sie ihm das Schicksal ihrer gemeinsamen Kinder Britannicus und Octavia vor Augen führte und um ein Treffen bat. Wahrscheinlich wäre es ihr noch einmal gelungen, den immer noch verliebten Claudius zu übertölpeln und zu überzeugen, aber Narcissus war schneller und schickte einen Tribun, der ihr die Kehle durchschnitt.

Nun war Claudius also auf Brautsuche. Es gab drei Anwärterinnen: Lollia Paulina, die von Callistus bevorzugt wurde, Elia Petina, die schon einmal mit Claudius verheiratet gewesen war und von Narcissus unterstützt wurde, und Agrippina, die von dem mächtigen Finanzminister Pallas favorisiert wurde. Claudius entschied sich schließlich für Agrippina, sei es, weil Pallas, dessen Geliebte sie wenig später wurde, Claudius davon überzeugt hatte, daß es für ihn vorteilhaft sei, wenn er eine Frau aus der Familie der Iulier mitsamt ihrem Sohn, der sonst möglicherweise für ihn zum gefährlichen Rivalen werden konnte, in seine Familie aufnähme; sei es, weil es für Agrippina ein leichtes war, den betagten Kaiser zu verführen, als sie unter dem Vorwand, ihren Onkel zu besuchen – und Claudius war ja wirklich ihr Onkel –, bei ihm vorsprach. Gerade ihre Verwandtschaft aber entpuppte sich dann als Hindernis für die Hochzeit. Es war nämlich noch nie vorgekommen, daß eine Nichte ihren Onkel väterlicherseits geheiratet hatte. Die Situation wurde durch Claudius' Freund Vitellius gerettet, der auf Anweisung von Pallas im Senat die Meinung vertrat, daß ein Herrscher, der die schwerwiegenden Probleme der ganzen Welt zu lösen habe, wenigstens von häuslichen Sorgen frei sein müsse.[10] Daraufhin gaben die Senatoren ihren Segen, und die Hochzeit wurde rechtmäßig. So geschah es, daß die vierunddreißigjährige Agrippina ihren sechzigjährigen Onkel heiratete.

Claudius war bis zu diesem Zeitpunkt ein guter Kaiser gewesen, und er war es noch, sein großes Problem aber war seine Schwäche für Frauen. Hatte er sich von der hemmungslosen Messalina auf der Nase herumtanzen lassen, machte ihm jetzt die listigere und kaltblütigere Agrippina noch mehr zu schaffen und erlangte in kürzester Zeit eine Machtfülle, wie sie vor ihr keine Frau in Rom je besessen hatte. Tacitus berichtet: »Straff und gleichsam männlich zog sie die Zügel der Sklaverei an; in der Öffentlichkeit zeigte sie Strenge und in der Regel Hochmut; in ihrem Haus gab es keine Sittenlosigkeit, außer wenn es ihrer Herrschsucht dienen konnte[11].«

Agrippina begann unverzüglich damit, einige persönliche Rechnungen zu begleichen. Sie brachte den Kaiser dazu, ihre Konkurrentin Lollia Paulina unter einem lächerlichen Vorwand in die

Verbannung zu schicken. Doch damit noch nicht zufrieden, sandte sie ihr zusätzlich einen Tribun hinterher, damit »er sie zum Selbstmord zwinge[12]«. Auch Calpurnia, eine schöne, adlige Römerin, für deren Reize Claudius offenbar nicht unempfänglich war, wurde gezwungen, Italien zu verlassen. Schließlich entledigte sich Agrippina auch der Schwägerin Domitia Lepida, deren Schuld darin bestand, einen gewissen Einfluß auf Nero zu haben.

Nachdem diese Frauenangelegenheiten geregelt waren, machte sich Agrippina daran, ein Netz von Intrigen zu spinnen, um ihren Sohn auf den Thron zu bringen. Sie überredete Claudius dazu, Seneca zu vergeben, ihn aus Korsika zurückzuholen und als Prätor einzusetzen. Wie wir bereits gesehen haben, brauchte sie den Philosophen, um die Erziehung des Sohnes zu vervollständigen. Außerdem rechnete sie damit, durch diesen Akt der Liberalität nicht nur Seneca, sondern auch die Senatskreise, denen er angehörte, an sich zu binden. Ein weit wichtigerer Schachzug gelang ihr jedoch kurz darauf, als sie Claudius dazu veranlaßte, seine damals achtjährige Tochter Octavia mit Lucius zu verloben. Eigentlich war Octavia schon dem Patrizier Lucius Silanus versprochen. Aber noch vor ihrer Hochzeit mit Claudius hatte Agrippina für Silanus' Ruin gesorgt, indem sie ihn des Inzests bezichtigen ließ (Silanus nahm sich dann auch genau am Tag der kaiserlichen Hochzeit das Leben).

Durch die Verlobung mit Octavia wurde der junge Lucius noch enger an die kaiserliche Familie gebunden. Einerseits wurde er dadurch zum zukünftigen Schwiegersohn des Kaisers, andererseits stammte Octavia in mütterlicher Linie von Augustus' Schwester ab, deren Namen sie trug, und diese Art Verbindung war für die Thronfolge von großer Bedeutung.

Am 25. Februar 50 adoptierte Claudius den jungen Lucius und unterschrieb damit sein Todesurteil. Wieder war es Pallas, der – natürlich auf Agrippinas Anweisung – den Kaiser regelrecht bearbeitete. Er hatte ihm erklärt, daß sein einziger Sohn Britannicus gesundheitlich zu schwach sei (er litt tatsächlich an Epilepsie), um allein gelassen zu werden. Jemand aus der Familie müsse ihm zur Seite stehen. Und dieser Jemand könne natürlich nur Lucius Domitius Ahenobarbus sein, leiblicher Sohn seiner Frau und zukünftiger Ehemann seiner Tochter. Er versäumte auch nicht, den Kaiser an ein berühmtes historisches Vorbild zu erinnern: Augustus selbst hatte seinen Stiefsohn Tiberius adoptiert. Claudius begriff sehr wohl, daß er durch Lucius' Adoption die dynastischen Interessen von Britannicus in große Gefahr brachte. Er war zwar schwach, aber nicht dumm. Wahrscheinlich war es ihm aber wichtiger, die Thronfolge auf jeden Fall gesichert zu wissen. Nach der Adoption erhielt Lucius Domitius Ahenobarbus den Namen Nero (in der Familie der Claudier ein üblicher Name), unter dem er bekanntlich auf unrühmliche Weise in die Geschichte eingehen sollte.

Nachdem so das Schwierigste bereits geschafft war, blieb noch die Aufgabe, Nero im Vergleich zu seinem Stiefbruder Britannicus in eine bessere Position zu bringen. Das war jedoch nicht schwer. Nero war drei Jahre älter als sein Stiefbruder, so daß es nur natürlich schien, wenn ihm bei offiziellen Anlässen der Vorzug gegeben wurde. Außerdem kamen Münzen in Umlauf, die Nero mit seiner Mutter zeigten, während es von Britannicus keine Abbildungen gab.

Am 5. März 51 trägt Nero bereits die Männertoga, obwohl er die gesetzlich vorgeschriebene Altersgrenze von vierzehn Jahren noch nicht erreicht hat. Das ist für ihn das Ende der Kindheit. Wenig später wird er zum »Prinzeps der Jugend« ernannt. Tacitus berichtet: »Und bei dem Zirkusspiel, das gegeben wurde, um ihm die Gunst der Masse zu gewinnen, fuhren Britannicus in der Purpurtoga, Nero im Triumphgewand vorüber: Sehen sollte das Volk (...) und sich entsprechend von der Rangstellung beider im voraus ein Bild machen[13].« Als Claudius noch im gleichen Jahr Rom für kurze Zeit verlassen muß, betraut er Nero, zumindest nominell, mit den Aufgaben eines Stadtpräfekten. Danach wird ihm der Ehrentitel eines Prokonsuls außerhalb von Rom verliehen.

In der Zwischenzeit hatte Agrippina dafür gesorgt, daß die wichtige Schlüsselstelle des Prätorianerpräfekten mit Afranius Burrus, einem ihrer Gefolgsleute, besetzt wurde. Mittlerweile spielte sie sich ungeniert als Herrin auf und erlaubte sich sogar, »in einem zweirädrigen Wagen zum Kapitol zu fahren, eine Ehre, die von alters her nur den Priestern zustand[14]«.

Als Nero im Jahr 53 Octavia heiratet, ist er sechzehn, sie zwölf Jahre alt, eine von Agrippina eingefädelte Zweckehe. Im gleichen Jahr hält Nero einige öffentliche Reden auf Latein und Griechisch und setzt sich dabei für die Interessen von Bologna, Apamea (Syrien), Rhodos und Ilio (das frühere Troja) ein – für diese beiden verlangt er sogar Steuerbefreiung. Diese öffentlichen Auftritte haben vor allem den Zweck, ihn beim Volk in Gunst und Ansehen zu bringen.

Designierter Thronfolger ist er bereits. Alles ist bereit. Agrippina beschließt, zur Tat zu schreiten, höchstwahrscheinlich mit Senecas stillschweigendem Einverständnis[15]. Wohl auch, weil das Gerücht kursiert (wahrscheinlich von Britannicus' Anhängern in Umlauf gesetzt), daß Claudius von der Adoption nicht mehr ganz so überzeugt sei und mit dem Gedanken spiele, sie rückgängig zu machen.

Agrippina trifft sich heimlich mit der bekannten Giftmischerin Locusta und gibt ein Gift in Auftrag, das weder zu schnell wirken soll, weil dann der Giftmord zu offensichtlich wäre, noch zu langsam, denn dann hätte die Gefahr bestanden, daß Claudius intuitiv erfassen würde, was ihm angetan wurde und von wem. Mit Hilfe des kaiserlichen Vorkosters, des Eunuchen Alotus, wird das Gift in ein Pilzgericht gemischt, das Claudius sehr gern ißt. Aber der Kaiser stirbt nicht, sei es nun, weil Locusta sich in der Dosis geirrt hat, sei es, weil seine Verdauung ihm vorsorglich zu Hilfe kommt, ja er scheint sich sogar zu erholen. Daraufhin läßt Agrippina den Hofarzt Stertinius Xenophon von Kos rufen, den sie zuvor für ihre Sache gewonnen hat, und dieser, als wolle er dem Brechreiz des Kaisers nachhelfen, steckt ihm eine mit sehr starkem Gift getränkte Feder in den Hals. Es ist der Spätnachmittag des 12. Oktobers 54.

Agrippina spielt die schmerzerfüllte und verängstigte Mutter, schart Claudius' Kinder Britannicus, Octavia und Antonia um sich und bedeckt sie mit Küssen und Zärtlichkeiten. Noch soll das Ereignis nicht außerhalb des Palasts bekannt werden, denn sie braucht die Nacht, damit ihr Getreuer Burrus Zeit hat, die Garde entsprechend vorzubereiten. Am nächsten Tag erst tritt Nero vor die Prätorianer. So beginnt seine vierzehnjährige Herrschaft mit einem Verbrechen, von dem er nichts weiß[16].

2

NERO ALS STAATSMANN

Im allgemeinen neigen wir dazu, uns das Leben der römischen Kaiser als eine Aneinanderreihung von Palastintrigen, Verbrechen, Orgien, Ausschweifungen und Vergnügungen vorzustellen. Wie uns das vorhergehende Kapitel bereits zu Genüge vor Augen geführt hat, gab es all das tatsächlich, aber in weit geringerem Umfang, als man sich das gemeinhin vorstellt und eine Geschichtsschreibung glauben macht, die bis vor noch nicht allzu langer Zeit solche Geschehnisse für wichtiger hielt als Tatsachen.

In Wirklichkeit mußte ein Kaiser vor allem arbeiten. Mitte des ersten Jahrhunderts nach Christus hatte das Römische Reich eine enorme Ausdehnung erlangt. Es erstreckte sich vom Südosten Britanniens bis nach Afrika, tief ins südliche Ägypten hinein bis nach Assuan und in den Maghreb; von Lusitanien bis nach Kappadokien und Syrien. Das angrenzende Armenien war lange umkämpft und bildete eine empfindliche Pufferzone zum grenzenlosen, geheimnisvollen Reich der Parther, der zur damaligen Zeit einzigen Macht, die es mit Rom noch aufnehmen konnte. Im Nordosten markierten Rhein und Donau die Grenzen.

Mit diesem Expansionsprozeß einher ging eine zunehmende Konzentration der politischen, administrativen, legislativen und weitgehend auch der rechtsprechenden Macht in der Hand des Kaisers. Der Senat, der sich hauptsächlich aus Vertretern der römischen und italischen Großgrundbesitzerfamilien zusammensetzte, hatte nämlich jegliche aktive und innovative Funktion verloren. Selbst neue Gesetze gingen inzwischen vor allem auf die Initiative des Kaisers zurück. Der Senat beschränkte sich darauf, ihnen zuzustimmen oder, falls seine Interessen und Privilegien berührt wurden, sie in seltenen Fällen auch abzulehnen.

Die Senatoren ergingen sich in großen Moraltiraden, beschworen die Sitten längst vergangener republikanischer Zeiten, rührten aber selbst keinen Finger, und es gab kein Mittel, sie zum Arbeiten zu bewegen. Selbst das Konsulat war zu einem reinen Ehrenamt herabgesunken und diente ausschließlich der Aufrechterhaltung der Illusion, daß die Republik noch existiere.

In einer solchen Situation brauchte der Kaiser dringend qualifizierte Mitarbeiter, um die enorme Arbeitsbelastung zu bewältigen. Dieses Problem war nicht neu, schon unter Augustus hatte es sich gestellt, aber erst Claudius ging es planmäßig an, indem er Freigelassene zur Mitarbeit heranzog. Die Freigelassenen waren ehemalige Sklaven, die gewöhnlich für die großen römischen Patrizierfamilien als Vermögensverwalter tätig waren. Auch der Kaiser hatte natürlich seine Freigelassenen. Nach und nach beförderte Claudius einige von ihnen von Privatsekretären zu öffentlichen Verwaltungsbeamten, von »Dienstboten« zu kaiserlichen Funktionären. Damit hatte er ins Schwarze getroffen. Die meisten dieser Männer stammten aus Griechenland oder aus dem Vorderen Orient und waren intelligent, gebildet, tüchtig und gefügig. Da sie Karriere machen wollten, waren sie äußerst motiviert, und außerdem, wie sich im nachhinein zeigen sollte, diesen Aufgaben durchaus gewachsen.

Mit ihrer Hilfe stellte Claudius den Kern einer kaiserlichen Verwaltung auf die Beine. Aber auch diesmal machte ihm seine Schwäche einen Strich durch die Rechnung. Er ließ zu, daß die Freigelassenen seiner Kontrolle entglitten, wichtige Entscheidungen fällten, ohne ihn zu konsultieren, ihre Kompetenzen überschritten und sich sogar in die heikelsten Angelegenheiten der kaiserlichen Familie einmischten (wie wir bereits gesehen haben, bildeten Claudius' wichtigste Freigelassene eigene Interessengruppen, um die Auswahl der Kaiserin zu beeinflussen). Dieses Phänomen, als »Machtmißbrauch der Freigelassenen« bezeichnet, löste immer wieder die größten Skandale aus und war für die Aristokratie ein ständiger Stein des Anstoßes.

Auch Nero hatte die Absicht, sich dieses ausgezeichneten Verwaltungspersonals zu bedienen, allerdings ohne es zu Auswüchsen wie unter Claudius kommen zu lassen. Das war für ihn allein schon eine Frage des Charakters. Wie Tacitus schreibt, »war es nicht Neros Art, sich Sklaven unterzuordnen[1]«. So sorgte er bereits wenige Tage nach seiner Ausrufung zum Kaiser dafür, daß Pallas, dessen Arroganz bei Hofe schon sprichwörtlich war, in die Schranken gewiesen wurde. Später, im Jahr 62, zögerte er keine Sekunde, seinen Freigelassenen Doriphorus, auf den er große Stücke hielt und der das Amt des Ministers *a libellis* bekleidete (er hatte die Aufgabe, Eingaben an den Kaiser anzunehmen und zu prüfen), zu liquidieren, weil dieser sich in eine Angelegenheit eingemischt hatte, die ihn überhaupt nichts anging: die Ehe des Kaisers mit Poppaea.

Im allgemeinen aber bestimmten vor allem funktionale und politische Gesichtspunkte sein Verhältnis zu den Freigelassenen. Obwohl sie große Selbständigkeit genossen, wollte Nero nicht, daß sie sich seiner Kontrolle und seiner Aufsicht entzögen. Im übrigen war er stets bestrebt, der Aristokratie entgegenzukommen, die wegen des »Machtmißbrauchs der Freigelassenen« beunruhigt war. Dem Adel war vor allem ein Dorn im Auge, daß, wie es unter Claudius geschehen war, Freigelassene Staatsstellen (Prätur, Quästur) besetzten, die ausschließlich den Mitgliedern der Senatorenklasse vorbehalten und mit ungeheuren finanziellen Vorteilen verbunden waren.[2] Aus diesem Grund schloß Nero die Freigelassenen von diesen Ämtern aus und ernannte auch keinen Freigelassenen mehr zum Senator. Die wenigen jedoch, die bereits einen Sitz im Senat hatten, beließ er auf ihren Posten, obwohl er deshalb nachhaltig unter Druck gesetzt wurde.

Er glaubte, daß es ihm durch diese Maßnahme hinreichend gelungen wäre, die Ängste der Aristokratie zu beschwichtigen und das Machtgleichgewicht zwischen Funktionären und Senat wiederherzustellen. Aber er irrte sich. Einer der überzeugtesten Anhänger des Kampfes gegen den »Machtmißbrauch der Freigelassenen« war Seneca – vermutlich, weil er unter Claudius gezwungen gewesen war, sich bei dessen Freigelassenen Polybius und Pallas[3] einzuschmeicheln und sich vor ihnen zu erniedrigen. Unter seiner Regie gingen nun die Senatoren, die sich zusätzlich durch das entgegenkommende Verhalten des jungen Kaisers ermutigt fühlten, erneut zum Angriff über. Im Jahr 56 brachten sie ein Gesetz ein, das den Herren die Möglichkeit einräumen sollte, Freilassungen rückgängig zumachen, wenn sich die Freigelassenen als undankbar erwiesen. Nero versuchte die Senatoren mit dem Argument davon abzubringen, man könne nicht wegen der Ruchlosigkeit einzelner die Rechte aller beschneiden. Da sie jedoch insistierten, schickte er dem Senat schließlich eine schriftliche Ablehnung und legte fest, daß Freigelassene von Fall zu Fall nach allgemeinem Recht zu richten seien.

Allerdings konnte er wenig ausrichten, als es ein Jahr später zum Streit über die Sklaven kam, wovon indirekt auch die Freigelassenen betroffen waren. Im Jahr 57[4] wurde nämlich der Präfekt der Hauptstadt Lucius Pedanius Secondus, eine Art Chef der Stadtpolizei, von einem seiner Sklaven aus Eifersucht ermordet, weil beide in denselben jungen Mann verliebt waren. Dieser Fall hatte schwerwiegende Folgen, denn ein uraltes Gesetz enthielt die Vorschrift, daß nicht nur der Schuldige hinzurichten sei, sondern alle Sklaven, die mit ihm unter einem Dach gelebt hatten[5]. Und Pedanius besaß vierhundert Sklaven, darunter natürlich auch viele Frauen und Kinder.

Nero war strikt gegen ein solches Blutbad. Selbst wenn wir unterstellen, daß er sicher nicht aus Mitleid handelte, so hatte er doch viele gute Gründe, sich einer derart rigiden Anwendung des Gesetzes zu widersetzen. Bisher hatte sich seine gesamte Politik eher durch Milde ausgezeichnet. Weiterhin hatte er, wenn auch mit Vorsicht, bereits offen seine Sympathie für die unteren Klassen, einschließlich der Sklaven, zu erkennen gegeben, eine Haltung, die sich wie ein roter Faden durch seine gesamte Regierungszeit ziehen sollte. Seine engsten Mitarbeiter waren schließlich auch ehemalige Sklaven, und er hatte durchaus nicht die Absicht, sich mit ihnen zu überwerfen.

Es brachen sogar Unruhen aus, um den Senat, dem die Entscheidung zustand, zur Verhinderung des Gemetzels zu zwingen. In der belagerten Kurie erklärte der Jurist Cassius Longinus in einer ganz im Stil der republikanischen Tradition gehaltenen pathetischen Rede den Sinn des Gesetzes: Die Sklaven, auch die nicht unmittelbar schuldigen, müßten bestraft werden, damit sie untereinander in Zukunft eine bessere gesellschaftliche Kontrolle ausübten, denn sonst sei für die Herren, die schließlich von Dienstboten umgeben seien, auf nichts mehr Verlaß und sie wären ihres Lebens nicht mehr sicher. Und er fügte noch hinzu: »(...) glaubt ihr wirklich, ein Sklave hätte zur Ermordung seines Herrn den Mut aufgebracht, ohne ein drohendes Wort fallenzulassen, ohne irgend etwas aus Unbedachtsamkeit auszuplaudern? (...) Seitdem wir aber Angehörige von Stämmen in unserem Gesinde haben, die von den unseren verschiedene Gebräuche, eine fremde oder gar keine Religion haben, kann man dieses zusammengelaufene Gesindel nur durch Einschüchterung in Schranken halten. Aber es werden doch einige Unschuldige ums Leben kommen! Gewiß, denn auch wenn aus einem geschlagenen Heer jeder Zehnte mit dem Knüppel totgeschlagen wird, trifft selbst Tapfere das Los. Es ist ein Stück Ungerechtigkeit in jedem großen Strafexempel enthalten; sie trifft den einzelnen, dies wird aber durch den Nutzen für die Gesamtheit aufgewogen.«[6] Unerschütterlich blieb der Senat bei seiner einhelligen Meinung und stimmte für die kollektive Hinrichtung[7]. Die drohende Menge blockierte den Weg zur Hinrichtungsstätte. Daraufhin schickte Nero Soldaten, um den Weg abzuriegeln, denn der Senat hatte nach geltendem Recht entschieden, und das Urteil mußte vollstreckt werden. Aber als Cingonius Varro im Senat außerdem verlangte, alle Freigelassenen der Familie Pedanius außer Landes zu bringen, »wurde dies vom Princeps verhindert, damit nicht die alte Sitte, die Mitleid nicht hatte abmildern können, noch durch Grausamkeit verschärft werde.«[8]

Hier konnte Nero seine Autorität durchsetzen, da es kein Gesetz gab, das ähnlich gelagerte Fälle bei Freigelassenen regelte. Es ging auch nur um diesen einen konkreten Fall, und Nero hatte die Wahl, den Vorschlag anzunehmen oder abzulehnen. Er lehnte ab. Der Senat aber konnte diesen Schachzug nicht verwinden, nutzte die durch den Volksaufruhr verursachte Aufregung und Angst und verabschiedete kurz darauf mit großer Mehrheit einen Beschluß, das sogenannte Senatus consultum silanianum, in dem festgelegt wurde, daß in Zukunft, »wenn jemand von seinen eigenen Sklaven ermordet wurde, auch diejenigen, die durch Testament freigelassen, aber noch im gleichen Haus verblieben waren, zusammen mit den Sklaven hingerichtet werden sollten«.[9] Dieses Gesetz war zum Teil noch schärfer als selbst der im Fall Pedanius Secondus von Varro eingebrachte Vorschlag, denn Varro hatte die Verbannung der Freigelassenen gefordert, das neue Gesetz aber sah, in Angleichung an das Gesetz über die Sklaven, die Todesstrafe vor. Angewidert ließ Nero den Mut sinken. Der englische Historiker Michael Grant behauptet, daß gerade der Fall Pedanius und seine Folgen entscheidend dazu beitrugen, daß Nero sich allmählich den harten Gebräuchen des römischen Lebens entfremdete und trotz der aristokratischen Opposition versuchte, zunehmend Elemente der feineren, zivilisierteren hellenistischen Kultur einzuführen[10].

Während der gesamten Anfangszeit war Nero also bemüht, zwischen Freigelassenen und Aristokratie zu vermitteln. Hatte er schon der Aristokratie zuliebe Kompetenzen und Funktionen der kaiserlichen Freigelassenen eingeschränkt, so wollte er dafür wenigstens die Senatoren zum Arbeiten bringen und sie an der Wahrnehmung der Staatsgeschäfte beteiligen. Er legte beispielsweise fest, daß nicht mehr zwei Quästoren das Aerarium Saturni (Schatzamt des Senates, während der Fiscus dem Kaiser unterstand) überwachten, sondern zwei Senatoren im Prätorenrang, die er selbst ernannte. Außerdem richtete er zur Kontrolle der Finanzen (Aerarium und Fiscus) eine Superkommission ein, die aus drei Senatoren bestand, und traf noch weitere ähnliche Entscheidungen, die sämtlich auf eine Integration der Senatoren in die Verwaltung zielten. Allerdings mit ziemlich mäßigem Erfolg. Die Senatoren sträubten sich aus unterschiedlichen Gründen:

1. Weil sie fürchteten, als kaiserliche Funktionäre die Autokratie noch zu verstärken. Damit hatten sie im Prinzip recht, auch wenn sich später herausstellen sollte, daß der Prozeß der Machtkonzentration unvermeidlich war, da ein Reich von dieser Größe eine einheitliche Politik und vor allem eine zentrale Instanz brauchte, die rasch Entscheidungen treffen konnte.

2. Weil sie um ihr Prestige besorgt waren, denn »bis zum Ende des Jahrhunderts blieb es«, wie Warmington schreibt, »für freie Männer weiterhin sozial nicht akzeptabel, ein Sekretärsamt zu übernehmen, selbst wenn es mit großer Verantwortung verbunden war«.[11]

3. Und schließlich, weil sie im Grunde nur die eigenen Interessen und ihr bequemes Leben im Kopf hatten, das ihnen durch die höchst einträglichen Ehrenämter ermöglicht wurde. Sogar Tacitus, einer der eifrigsten Verteidiger des Senatorenstands, mußte zugeben, daß »doch sehr viele, wenn sie erst das Konsulat und Priesterämter erreicht hätten, sich lieber um ihre reizenden Parkanlagen kümmerten[12]«. Diese Einstellung machte Nero wütend, blieb ihm selbst doch nichts anderes übrig, als sich abzurackern, obwohl er den Freuden des Lebens keineswegs weniger zugetan war. Schließlich war er so außer sich, daß er im Jahr 66, als er schon mit der Aristokratie gebrochen hatte, den Senatoren in einer barschen Botschaft vorwarf, daß »sie ihre Aufgaben verabsäumten« und ein schlechtes Beispiel gäben.[13]

Zu diesem Zeitpunkt hatte er allerdings längst auf eine Mitarbeit der Senatoren verzichtet. Er mußte nämlich sehr schnell einsehen, daß die wenigen zur Mitarbeit bereiten Aristokraten nichts anderes mitbrachten als ihren Dilettantismus und nur an ihren adligen Zeitvertreib dachten[14], während die Freigelassenen weit effizienter und vertrauenswürdiger waren. Im Grunde waren, wie Warmington weiter schreibt, die Senatoren selbst daran schuld, daß sie an Macht verloren, da sie weder gewillt noch in der Lage waren, sich mit den entscheidenden Dingen zu befassen[15].

So beschloß Nero schließlich, zielstrebig die schon von Claudius eingeschlagene Strategie weiterzuverfolgen, und setzte beim Ausbau der kaiserlichen Bürokratie alles auf die Freigelassenen. Als Legaten stellte er sie sogar den Statthaltern der Provinzen zur Seite und organisierte auf diese Weise auch die entlegensten Verwaltungen nach dem Vorbild der Zentrale. Der Aufbau und die Konsolidierung eines funktionierenden staatlichen Verwaltungsapparates waren sein Werk, ohne ihn wäre das Reich zusammengebrochen wie ein Körper ohne Wirbelsäule.

Da Nero im Unterschied zu Claudius, der es zu Fehlentwicklungen kommen ließ, die kaiserlichen Funktionäre mit fester Hand führte, respektierten diese ihre Grenzen und beschränkten sich auf die ihnen übertragenen Aufgaben. Fälle von »Machtmißbrauch« kamen nicht mehr vor.[16]

Neros eigene Verwaltung hatte folgende Struktur: Helius, ein Freigelassener des Claudius und früherer Verwalter der kaiserlichen Besitzungen in Asien, wurde im Laufe der Zeit zu einer Art »Vize« des Kaisers. Ihm wurde die Regierung Roms anvertraut, als Nero ein Jahr in Griechenland residierte. Epaphroditus wurde Neros Privatsekretär. Der diskrete und geschickte Domitius Phaon übernahm im Jahr 55 Pallas' Stelle als Sekretär *a rationibus,* das heißt, als Finanzminister[17]. Weiterhin teilte Nero die früher von Narcissus geleitete kaiserliche Kanzlei (*ab epistulis*) in zwei Abteilungen und vertraute die lateinische Sektion (*ab epistulis Latinis*) Polyclitus, die griechische (*ab epistulis Graecis*) seinem ehemaligen Lehrer Berillus an. Im Grunde waren sie Staatssekretäre (im modernen Sinn des Wortes) und übernahmen unter Neros Aufsicht die Verantwortung für die Außenpolitik (sie hielten Kontakt zu den verschiedenen Gemeinden, nahmen

Nachrichten aus den Provinzen in Empfang, wurden bei Bedarf als Botschafter entsandt).[18] Doriphorus war bis 62 Minister *a libellis* und wurde dann von Xenophon aus Kos abgelöst, den wir schon anläßlich der Ermordung des Claudius am Werk gesehen haben. Als Arzt traute Nero ihm nicht (einer, der schon einmal an der Ermordung eines Kaisers beteiligt war, könnte es wieder versuchen...), aber er schätzte seine intellektuellen Fähigkeiten und brachte ihn in der Verwaltung unter.

Weiter gab es den Sekretär *a cognitionibus,* der die Dokumente für die kaiserlichen Gerichtstage vorbereitete. Man weiß nicht mit Sicherheit, wer unter Nero dieses Amt innehatte. Vielleicht war es auch nur ein einfacher Schreiber, denn Nero kümmerte sich mit großer Sorgfalt persönlich um die Rechtsfälle. Schließlich war da noch der Sekretär *a studiis,* der für die Archive verantwortlich war. Im Jahr 66, gegen Ende von Neros Herrschaft, übernahm der Freigelassene Patrobius die *Cura ludorum* (die Organisation der Spiele, denen unter Nero besondere Bedeutung zukam), ein Posten, der bis zu diesem Zeitpunkt von einem Ritter bekleidet worden war[19]. Weitere wichtige Stellen wurden unter Nero von den Freigelassenen Paetinus, Acratus, Faebus und Neophitus eingenommen[20].

Alles in allem bildeten diese Männer ein eingespieltes Team, das gute Arbeit leistete, fest zusammenhielt und dem Kaiser sehr ergeben war. Fast alle hielten ihm bis zum Schluß die Treue, selbst dann noch, als sein Schicksal schon besiegelt war. Helius, Patrobius und Paetinus wurden von Galba hingerichtet; Phaon und Epaphroditus kamen mit dem Leben davon und waren noch unter Domitian im Amt.[21]

Die Freigelassenen waren jedoch nicht die einzigen Mitarbeiter des Kaisers, zusätzlich gab es noch das *Consilium principis.* Dieses von Augustus geschaffene Gremium hatte zwar nur informellen Charakter, war aber von nicht zu unterschätzender Bedeutung, da es in politischen Grundsatzfragen beratende Funktion hatte. Dort wurden finanztechnische, militärische und außenpolitische Fragen, Gesetzesentwürfe, Probleme der Thronfolge und die wichtigsten Rechtsfragen beraten. Das Gremium bestand aus dreißig Senatoren und Rittern aus dem engsten Freundeskreis des Kaisers, seine Zusammensetzung variierte jedoch je nach Bedeutung und Vertraulichkeit des zu behandelnden Themas. Man kann folglich wohl behaupten, daß Kaiser, *Consilium,* Freigelassenen-Funktionäre und der Präfekt der Prätorianer den Kern der Regierung des Reiches bildeten.

Von Neros Beratern sind uns nur Seneca und Burrus namentlich bekannt, und zweifellos waren sie die weitaus einflußreichsten. Der Prätorianerpräfekt Afranius Burrus stammte aus Vaison in Gallien. Beim Militär hatte er keine große Karriere gemacht – weiter als bis zum Tribun hatte er es nicht gebracht –, aber gerade die Einstellung und die Loyalität des Offiziers waren seine Vorzüge. Außerdem hatte er sich als Vermögensverwalter von Agrippina und anderen bedeutenden römischen Familien in finanziellen Dingen bemerkenswerte Kenntnisse erworben. Dieser schon betagte, verstümmelte, schweigsame und ergebene Mann, der selbst keine großen Ambitionen hatte und weit weniger intrigant war als Seneca, war für den jungen Kaiser zu Beginn seiner Regierungszeit eine verläßliche Stütze. Sein Tod im Jahr 62 war für Nero ein harter Schlag, und es gelang ihm nicht, für diesen sicherheitsempfindlichen Bereich einen angemessenen Nachfolger zu finden.

Seneca dagegen war von ganz anderem Schlag. Lucius Annaeus Seneca kam aus der Provinz, er wurde in Cordoba geboren und stammte aus einer wohlhabenden, erzkonservativen Familie. Dank seinen intellektuellen Fähigkeiten hatte er im kaiserlichen Rom sein Glück gemacht und sich Zutritt zur Senatsaristokratie verschafft. Wie alle Aufsteiger hing Seneca weit mehr an den Symbolen seines neuen sozialen Status als diejenigen, die schon lange dieser Klasse angehörten. Da er jedoch alle an Intelligenz und Bildung weit übertraf, wußte er seine konservativen reaktionären Tendenzen erfolgreich zu verbergen. Er tat alles, um seinen ehemaligen Schüler, dessen Hauptratgeber er inzwischen geworden war, im Sinne einer Politik augusteischen Zuschnitts zu beeinflussen. Augustus hatte es meisterhaft verstanden, mit schönen Worten als Vertreter und Schutzgott des Volkes aufzutreten, gleichzeitig aber die finanziellen Interessen und Privilegien des Adels nicht anzurühren und alles so zu belassen, wie es war. Seneca verschleierte das Wesen dieser Politik, indem er großartige Moralpredigten hielt, die Abkehr von allem Materiellen, von Reichtum, Habgier und Ehrgeiz forderte und für ein einfaches, genügsames Leben eintrat.

Angesichts solcher Reden war Nero ziemlich verunsichert, nicht nur weil er persönlich ganz andere Neigungen hatte, sondern auch weil er als Herrscher von einer gänzlich anderen Einschätzung der Bedürfnisse seiner Untertanen ausgehen mußte [22]. Außerdem konnte ihm, wie übrigens jedermann, nicht entgangen sein, daß einem Mann wie Seneca zu Predigten solcher Art jede moralische Autorität fehlte, denn dieser hatte in wenigen Jahren ungeheure Reichtümer angehäuft, er hatte sich als Erbschleicher betätigt und zu Wucherzinsen große Geldsummen verliehen (im Jahr 61 war seine plötzliche Rückforderung der unglaublichen Summe von zehn Millionen Sesterzen, die er an die Britannier verliehen hatte, eine der Ursachen für einen der wenigen Kriege in Neros Regierungszeit). Kurz und gut: Senecas Devise war »Wasser predigen und Wein trinken« oder, um es mit Cassius Dio zu sagen: »Er wurde dabei ertappt, das genaue Gegenteil von dem zu tun, was er als Philosoph predigte [23].«

In Rom wimmelte es nur so von Gerüchten über Senecas moralische Hemmungslosigkeit. Als der betagte Publius Suillius, Konsul unter Claudius, im Jahr 58 schließlich in aller Öffentlichkeit sagte, was sonst nur hinter vorgehaltener Hand gemurmelt wurde, mußte Nero sogar zugunsten seines Beraters intervenieren. Suillius stellte ganz offen die Frage, »durch welche Weisheit, durch welche philosophischen Lehren er binnen vier Jahren (...) dreihundert Millionen Sesterzen zusammengebracht habe«. Und weiter: »In Rom gingen ihm die Testamente kinderloser Leute wie bei einer Treibjagd ins Netz, Italien und die Provinzen würden durch seinen unermeßlichen Zinswucher ausgesaugt.«[24]

Als Seneca diese Reden zu Ohren kamen, stürzte er zu Nero, um Suillius' Kopf zu verlangen. Vor die Entscheidung zwischen Seneca und Suillius gestellt, blieb Nero zu diesem Zeitpunkt keine Wahl: Suillius wurde wegen einiger Denunziationen unter Claudius angeklagt und vor Gericht gestellt. Zu seiner Verteidigung führte er an, ausschließlich auf Anweisung von Claudius gehandelt zu haben. Darauf erwiderte Nero, daß sich in den Akten seines Stiefvaters keinerlei Hinweise auf Befehle zur Denunziation fänden. Um die Sache abzukürzen: Suillius wurde auf die Balearen ins durchaus komfortable Exil geschickt. Aber Seneca war immer noch nicht zufrieden und redete dem Senat ein, auch Suillius' Sohn Nerullinus wegen Erpressung anzuklagen. In diesem Fall erhob Nero allerdings Einspruch, indem er das Prinzip vertrat, man könne die Kinder nicht für die Taten der Eltern büßen lassen.[25]

Seneca war in der Kunst der Heuchelei erfahren und wußte sich in jeder Lage zu helfen. Nach Claudius' Tod verfaßte er für Nero die Trauerrede auf seinen Stiefvater, brachte aber gleichzeitig, wie schon erwähnt, unter dem Titel *Apokolokyntesis divi Claudii* (Die Verkürbissung des Kaisers Claudius) ein grobes, vulgäres Pamphlet in Umlauf, indem er den verstorbenen Kaiser nicht zuletzt wegen seiner physischen Defekte erbarmungslos verspottete. Diese Schmähschrift war gleichzeitig auch als Warnung an die Adresse der Gefolgsleute von Claudius' Sohn Britannicus und an Agrippina gedacht, die – Ironie des Schicksals – offiziell für den Kult des »göttlichen Claudius« zuständig war. Obwohl Agrippina ihn mit Wohltaten bedacht und beinah »Wunder« an ihm vollbracht hatte, zögerte Seneca nach Neros Thronbesteigung keine Sekunde, sich von ihr abzuwenden. Zwischen den beiden entbrannte ein erbarmungsloser grausamer

Kampf um den Einfluß auf den jungen Kaiser, da sie beide der trügerischen Illusion erlagen, ihn nach Gutdünken manipulieren zu können.

In der *Apokolokyntosis* gibt sich Seneca einer geradezu widerlichen Verherrlichung Neros hin, kürt ihn zum »exzellenten Dichter«, vergleicht ihn gar mit der Sonne und prophezeit ihm, daß er Nestor an Jahren übertreffen werde[26].

In seiner moralischen Widerwärtigkeit stellt Seneca den Prototyp eines Intellektuellen im Dienst der Macht dar, eine Gestalt, die alle Zeiten überlebt hat. »Ein Literat, der sich beschützen läßt, hat entweder keine eigene Macht und ist deshalb zum Hofdichter geboren, oder er hat doch Macht, ohne sie anzuwenden, dann verdient er als Verräter an der Wahrheit, der Kunst und an sich selbst erst recht, geschmäht zu werden[27].«

Wenn der Name Seneca für uns auch heute noch einen positiven Klang hat, so geht dies einmal mehr auf die christlich inspirierte Geschichtsschreibung zurück, die deshalb ein überaus günstiges Bild von ihm zeichnete, weil seine Philosophie Vorstellungen von Moral und göttlicher Vorsehung enthält, die sich in der christlichen Ethik und Theologie wiederfinden. Außerdem glaubte man aufgrund eines untergeschobenen Briefwechsels mit Paulus, daß Seneca einer der ersten Anhänger des christlichen Glaubens gewesen sei.

Was jedoch das Verhältnis von Seneca und Nero betrifft, so befinden sich die christlichen Geschichtsschreiber in einer ziemlich verzwickten Lage. Sollte es denn der Wahrheit entsprechen, daß Nero die ihm zur Last gelegten Verbrechen zu Beginn seiner Regentschaft tatsächlich begangen hat, dann muß Seneca mindestens sein Komplize, wenn nicht gar ihr geistiger Urheber gewesen sein. Deshalb ist es vollkommen unverständlich, daß die moralische Verurteilung allein den jungen Kaiser trifft und der Philosoph verschont bleibt. Hat er die Verbrechen aber nicht begangen, ist die Fiktion vom Ungeheuer Nero hinfällig.[28]

Wie dem auch sei, Senecas Einflußnahme beschränkte sich in

jener Anfangszeit hauptsächlich darauf, daß er für ein gutes Einvernehmen mit dem Senat eintrat. Es kostete ihn wenig Mühe, den Kaiser von der Notwendigkeit einer friedlichen Koexistenz zu überzeugen, denn zumindest der junge Nero sah sich vor allem als Vermittler, im Unterschied zum heftigen, ungestümen Caligula (auch er alles andere als verrückt), dessen entschieden demokratisch orientierte Politik er schließlich mit mehr Geduld, längerem Atem und größerem Geschick fortsetzen sollte. [29]

Bevor es anläßlich der Ablehnung der Steuerreform im Jahr 58 endgültig zum Streit mit dem Senat kam, hat sich Nero lange bemüht, dessen Bedürfnisse zu befriedigen, um die Aristokratie für seine Politik zu gewinnen.

Wie wir bereits gesehen haben, stieß Neros Versuch, die Senatoren an Schaltstellen der Verwaltung zu setzen, faktisch auf eine derartige Ablehnung, daß daraufhin den Freigelassenen Tür und Tor geöffnet wurde. Weiter haben wir gesehen, daß er in der Frage des »Machtmißbrauchs der Freigelassenen«, einem der brennendsten Probleme aus der Hinterlassenschaft des Claudius, eine eher auf Ausgleich bedachte Position einnahm. Im übrigen fällte er in jenen ersten Jahren noch viele andere Entscheidungen zugunsten der Senatoren.

So legte er mit einer seiner ersten Maßnahmen für die wenigen Senatoren, die sich in finanziellen Schwierigkeiten befanden und den vorgeschriebenen Zensus verloren hatten, ein Einkommen in Höhe von einhundertfünfundzwanzigtausend Sesterzen fest. Weiterhin stellte er die Gleichberechtigung zwischen den beiden Konsuln wieder her, auch für den Fall, daß einer der beiden der Kaiser selbst war, und nahm damit letzterem, sich selbst also, jede zusätzliche Macht. Außerdem führte er eine Neuregelung im Berufungsverfahren gegen zivilrechtliche Urteile ein. Wer sich mit einem solchen Fall an den Senat wandte, konnte das nun nicht mehr kostenlos tun, sondern mußte die gleiche Kaution hinterlegen, wie sie vorher nur bei direkt an den Kaiser gerichteten Berufungsverfahren üblich gewesen war. Auch hinter dieser Maßnahme steckte die Absicht, den Senat wieder aufzuwerten.

Unter Nero taucht auf den Gold- und Silbermünzen das Zeichen EX S.C. (*Ex Senatus Consultu*) wieder auf, das seit Augustus nicht mehr in Gebrauch war. Nicht daß der Senat dadurch das Münzrecht erlangt hätte[30] (da Nero sämtliche Finanzdinge aufmerksam verfolgte, übte er stets eine strenge Kontrolle über die Münze aus); es handelte sich dabei vor allem um eine Geste der Ehrerbietung, für das Prestige des Senats aber durchaus nicht unwichtig, zumal in einer Zeit, da Münzen, besonders in den entfernten Provinzen des Reiches, eine der wenigen Möglichkeiten für Werbung und Propaganda boten.[31]

Durch systematische Ernennung von Vertretern (*suffecti*) erweiterte Nero den Kreis der Konsuln und gewährte dieses Amt, das zu den angesehensten und begehrtesten gehörte, auch Personen, deren notorische Feindseligkeit ihm gegenüber allgemein bekannt war[32].

Neben dieser Appeasementpolitik gegenüber dem Senat zeichnen sich die ersten Jahre von Neros Herrschaft durch ein optimales Funktionieren der Verwaltung aus.

In seiner ersten Rede vor dem Senat hatte Nero versprochen, er werde, anders als Claudius, nicht alle Rechtsfälle an sich ziehen, damit die Arbeit der verschiedenen rechtsprechenden Instanzen nicht behindert werde. Außerdem werde er alle *intra cubiculum principis* genannten Geheim- und Ermessensverfahren abschaffen, die bis zu diesem Zeitpunkt offensichtlich jeder Art von Willkür Vorschub geleistet hatten. »Und«, so Tacitus, »er hielt Wort[33].«

Bei jedem Rechtsstreit, der in seine Kompetenz fiel, ging er mit größter Sorgfalt zu Werke. Er reformierte die althergebrachte Praxis, der zufolge das Urteil noch am Verhandlungstag gesprochen werden mußte, verwandte vor jedem Urteilsspruch wenigstens einen Tag auf seine Bearbeitung und verfaßte eine schriftliche Begründung. Anstelle einer zusammenhängenden Anhörung der beiden Parteien favorisierte er die Erörterung der Anklagepunkte im einzelnen, denn so ließen sich die Hauptpunkte besser herausarbeiten und allzu lange Plädoyers vermeiden. Um eine gegenseitige Beeinflussung zu verhindern, durften sich seine Rechtsberater nicht untereinander beraten. Jeder für sich mußte seine persönliche Meinung schriftlich niederlegen, diese Stellungnahmen wurden dann gesammelt und in einer gemeinsamen Denkschrift vorgelegt. Dann zog sich Nero zur Urteilsfindung zurück und schrieb eigenhändig das Urteil samt Begründung nieder.[34] An der Wahrung dieser Rechtsform hielt Nero unverändert selbst in den stürmischen Jahren fest, in denen die wiederholten Mordversuche durch die Aristokratie ganz andere Verfahren hätten rechtfertigen können.

Im Bereich der Rechtsprechung fällte er noch weitere wichtige Entscheidungen, die alle von gesundem Menschenverstand geprägt waren. Er legte zum Beispiel fest, daß Anwälte für Prozesse eine angemessene Vergütung erhielten (Höchstsätze wurden eingeführt), die Prozeßkosten sollten jedoch insgesamt zu Lasten der Staatskasse gehen, denn die Rechtsprechung wurde als staatliche Dienstleistung betrachtet, auf die alle Bürger Anspruch haben sollten. Außerdem wurde die Bezahlung der Steuerdenunzianten, die unter Tiberius und seinen Nachfolgern von der Polizei eingesetzt worden waren, erheblich reduziert.

Zwischen 54 und 61 wurden zwölf Provinzstatthalter wegen verschiedener Veruntreuungen vor Gericht gestellt, eine im Verhältnis zur Zeit vor und nach Nero relativ große Zahl. Sechs von ihnen wurden freigesprochen, unter den sechs Verurteilten aber waren immerhin drei, die von Nero direkt ernannt worden waren. Auch in diesen Fällen handelte es sich, wie Warmington schreibt, schlechthin um gesunden Menschenverstand, denn »ein gewissenhafter Kaiser konnte kein Interesse daran haben, daß sein Ruf durch die Taten von tyrannischen Statthaltern oder Prokonsuln Schaden nahm[35]«. Zu den Freigesprochenen gehörte auch der kretische Prokonsul Acilius Strabo. Sein Fall ist uns im Detail überliefert und verdient eine ausführliche Darstellung, da er uns gestattet, Neros Vorgehen genauer zu analysieren. Strabo hatte von Claudius die Sondererlaubnis erhalten, die auf Kreta anfallenden Eigentumsfragen selbständig zu entscheiden. Die vormals eigenstaatliche Insel gehörte nunmehr zum Römischen Reich, befand sich aber in Privatbesitz. Strabo hatte in allen Streitfragen gegen die Interessen der Privatbesitzer entschieden. Daraufhin wandten sich die Kreter an den Senat, der den Fall an den Kaiser überwies, da er über Claudius' Anweisungen an Strabo nicht informiert war. Nero sprach den Angeklagten frei, »legalisierte aber«, so Warmington, »durch einen Gnadenakt den Privatbesitz der Kreter, wahrscheinlich wegen ihrer langen Ansässigkeit«.[36]

Im Jahr 56 verbot der Kaiser allen Provinzstatthaltern die Ausrichtung von Gladiatorenspielen und Tierhetzen. Zur Finanzierung *ad abundantiam* dieser Veranstaltungen, die keinem anderen Zweck dienten, als die Beliebtheit der Statthalter beim Volk zu steigern und ihre Unregelmäßigkeiten vergessen zu machen, waren in der Vergangenheit große Geldsummen von der einheimischen Bevölkerung erpreßt worden. Dieser Unsitte setzte Nero ein Ende.[37]

Ganz allgemein kümmerte er sich viel eingehender um eine gute Verwaltung der Provinzen als seine Vorgänger und beschäftigte sich sowohl mit Kleinigkeiten, wie der Regelung des Fischereirechts[38], als auch mit großen Problemen. In Ägypten zum Beispiel untersagte er Personen ohne Wohnsitz jeglichen Grunderwerb, wovon natürlich vor allem Römer betroffen waren[39], ein weiterer Versuch seinerseits, den Großgrundbesitz der Aristokratie zu beschränken.

Weiterhin begann Nero im Jahr 57 mit Ansiedelungsprogrammen in Süditalien und ließ in Capua, Nocera, Pozzuoli und Tarent durch Kriegsveteranen neue Kolonien gründen. Da es jedoch viele Veteranen vorzogen, in die Provinzen zurückzukehren, in denen sie ihren Militärdienst geleistet hatten, gelang das Vorhaben nur zur Hälfte.[40]

Einige antike Historiker (hier wäre besonders Cassius Dio zu nennen, aber auch Tacitus, der sich allerdings weniger deutlich äußert, während Sueton anderer Meinung war), aber auch einige moderne[41] vertreten die These, die Regierung des Reiches habe zu Beginn von Neros Regierungszeit faktisch in den Händen von Seneca und Burrus gelegen. Cassius Dio schreibt dazu: »Seneca und Burrus übernahmen persönlich die Leitung der Regierung[42].« Daher die Bekundungen über »gutes Regiment« in den Jahren 54 bis 58.

Diese These stellt den verzweifelten Versuch der nerokritischen Geschichtsschreibung dar, das positive Bild des Nero der frühen Jahre in Einklang zu bringen mit der ins Monströse verzerrten, karikaturhaften Darstellung des späten Nero, die ihm für die folgenden Jahre zurechtgeschneidert wurde. Hierbei handelt es sich ganz eindeutig um eine willkürliche Auslegung, denn besagte These kann bestenfalls für die allerersten Monate aufrechterhalten werden, als Nero, zwischen Agrippina und Seneca hin und her gerissen, sich schließlich für Seneca entschied. Als frischgekrönter Kaiser brauchte er dieses kurze Intermezzo, um sich einzugewöhnen und seine Maßnahmen zu treffen, aber bereits im Verlauf dieses ersten Jahrs zeichnete sich ein Regierungsstil ab, der eindeutig seine Handschrift trägt.[43]

Es ist nicht zu übersehen, daß ein Großteil der »Bekundungen über gutes Regiment« auf das Konto der Rechtsprechung geht, der Nero den Quellen zufolge besondere Aufmerksamkeit schenkte. Seine Unabhängigkeit von Seneca schließlich ist hinreichend dadurch belegt, daß er in der Frage der Freigelassenen, deren Bürgerrechte der Senat gesetzlich einschränken wollte[44], eine Position vertrat, die der Senecas diametral entgegengesetzt war. Dieselben Quellen dokumentieren im übrigen eine Unzahl von Fällen, bei denen Nero persönlich in die Staatsgeschäfte eingriff. Darüber hinaus ist überliefert, wie Nero sich in den Diskussionen mit seinen Beratern verhielt.[45] Nero »was a pupil not a puppet«, wie Miriam Griffin schreibt.[46] Schon seine Ausbildung zielte darauf, einen Kaiser zu erziehen, sein Charakter gehörte sicher nicht zu den einfachsten, und er war, vielleicht auch nur aus Größenwahn, einfach nicht der Typ, der sich auf der Nase herumtanzen ließ. In den Anfangsjahren übte Seneca zweifellos einen gewissen Einfluß aus, doch beschränkte er sich vorwiegend darauf, für eine Politik des Ausgleichs mit dem Senat einzutreten.

Gleichwohl sind es sicherlich nicht die Anfangsjahre, in denen Seneca Nero zur Seite stand, die Neros Herrschaft Gewicht verleihen. Im Gegenteil. Es ist an der Zeit, daß endlich mit der Legende vom *Quinquennium Neronis* aufgeräumt wird. Trajan, der von 98 bis 117 regierte, hat das *Quinquennium Neronis* als die blühendste und friedlichste Zeit in der Geschichte des Reiches bezeichnet (der Zeit vor ihm, versteht sich).[47] Einem bewährten polemischen Grobraster zufolge wurde das *Quinquennium* üblicherweise auf jene ersten fünf Regierungsjahre datiert, als Nero noch dem Rat des weisen Seneca folgte[48]. Nun ist aber festgestellt worden, daß Trajan sich in Wirklichkeit auf die letzten fünf Jahre bezog[49]. Zu Recht. Denn erst nachdem er sich endlich von jeglicher Bevormundung durch Agrippina, Seneca und den Senat befreit hatte, konnte Nero von 64 bis 68 seine Politik voll entfalten und in Verwaltung, Kultur, Bauwesen, Finanzen und Diplomatie Zeichen setzen, die dauerhafte Spuren hinterließen[50].

Neros erstes großangelegtes politisches Projekt vor diesem Zeitraum war die Steuerreform im Jahr 58, mit der er alle indirekten Steuern abschaffen wollte. Dabei handelte es sich weder um einen plötzlichen Einfall noch um eine Kurzschlußhandlung, sondern um eine von langer Hand geplante und sorgfältig vorbereitete komplexe Wirtschaftsreform. Gemeinsam mit seinen Finanzberatern Phaon und Burrus hatte Nero das ganze Jahr 57 daran gearbeitet. Um die notwendigen Entscheidungsbefugnisse nicht aus der Hand zu geben, war er ein ganzes Jahr Konsul geblieben, was allein schon ziemlich ungewöhnlich war. Mit dieser Reform verfolgte er zwei Hauptziele: die Entwicklung des Handels, womit er die aktivsten Bevölkerungsschichten fördern wollte, und die Verbesserung der Lebensbedingungen der unteren Klassen.

Nero hatte stets eine Vorliebe für die Menschen niedrigster Herkunft. Daß das keine pure Demagogie war, sondern echte Zuneigung, verrät uns allein schon der Umstand, daß er als Kind, zu unverdächtigen Zeiten also, als er noch nicht im entferntesten daran dachte, eines Tages Kaiser zu werden, die Haare lang trug wie das Volk und ein leidenschaftlicher Anhänger der »Grünen« war, die beim Volk sehr beliebt waren. Er mischte sich gern unters Volk, und zwar nicht nur, um dessen Huldigung entgegenzunehmen und »das Bad in der Menge« zu genießen, wie es sonst bei den Diktatoren, und nicht nur bei ihnen, Brauch ist. Zu Beginn seiner Herrschaft ging er nachts häufig allein aus, wahrte als Sklave verkleidet seine Anonymität und suchte Kneipen und mehr oder weniger berüchtigte Orte auf, um dem Volk aufs Maul zu schauen und zu hören, was die Leute so redeten, ein Schwätzchen zu halten und sich auf seine Art zu vergnügen, ohne kaiserlichen Flitter und ohne Leibwache.

Unter den Niedrigen gab Nero den Niedrigsten den Vorzug. Die römische Plebs bestand aus zwei Gruppen: der *plebs frumentaria* und der *sordida plebs*. Zur *plebs frumentaria* gehörten Arme, die jedoch die römischen Bürgerrechte besaßen und auf regelmäßige kostenlose Getreidezuweisungen und *una tantum,* Geldzuwendungen (*congiaria*), Anrecht hatten, folglich relativ privilegiert waren. Die Angehörigen der *sordida plebs* waren sowohl vom Bürgerrecht als auch von der entsprechenden Unterstützung ausgeschlossen und bildeten in einer Stadt von einer Million Einwohnern die Mehrheit. Nero versuchte immer, den Ärmsten zu helfen, ohne den anderen etwas wegzunehmen. Wiederholt warf er die in den staatlichen Speichern angehäuften Getreidevorräte auf den Markt, um die Preise zu senken und somit jenen das

Leben zu erleichtern, die nicht in den Genuß der Zuwendungen kamen.[51] Während einer Hungersnot im Jahr 64 setzte er die Zuwendungen aus und ließ alles verfügbare Getreide auf den Markt bringen, wiederum mit dem Ziel, die Preise zu senken. Ganz Rom profitierte von dieser Maßnahme, ganz besonders natürlich die Ärmsten.[52]

Bekannt ist außerdem, daß Nero dem Stadtpräfekten zu einem nicht näher bestimmten Zeitpunkt die Anweisung gab, Beschwerden von Sklaven nachzugehen, die sich über schlechte Behandlung oder Willkür seitens ihrer Herren beklagten[53]. Etwas ziemlich Außerordentliches, wenn man bedenkt, daß Sklaven in der damaligen Gesellschaft rechtlich nicht als Menschen galten, sondern als Gegenstände angesehen wurden.

Mit der Zeit wurde diese zunächst nur instinktive Sympathie für die Entrechteten zu Mittel und Zweck von Neros Politik, spätestens aber seit seinem Entschluß, sich offen auf das Volk zu stützen, um an der Macht zu bleiben (auf welch schwachen Füßen seine Macht damit stand, wußte er selbst am besten).

Von Augustus bis Claudius hatten alle vorherigen Kaiser das Volk bei Laune gehalten, indem sie ihm ab und an Geschenke machten (zum Beispiel die *congiaria,* von der schon die Rede war). Auch Nero griff zu diesem Mittel, wenn auch in geringerem Umfang, was Anzahl und Menge betraf, aber im Unterschied zu seinen Vorgängern[54] versuchte er, von den vereinzelten karitativen Hilfsaktionen wegzukommen und durch eine Wirtschaftspolitik zugunsten der weniger Begüterten eine grundlegende Verbesserung in die Wege zu leiten. Sein erster Versuch in dieser Richtung war die Steuerreform im Jahr 58, in der, wie Levi schreibt, »Nero einen neuen Weg sah, die Lage seiner Untertanen zu verbessern[55]«. Schauen wir uns das doch einmal näher an.

Das Reich hatte ein kompliziertes System indirekter Steuern (*vectigalia*). Die wichtigsten Steuern waren die *portoria* (Zölle, die deshalb so hießen, weil sie hauptsächlich in Häfen erhoben wurden). Seit Tiberius das Reich in zehn Distrikte eingeteilt hatte, mußten bei Überschreitung der Distriktgrenzen auf alle Waren Zölle entrichtet werden. Der Grad der Besteuerung variierte je nach Herkunft und Wert der Ware. Während der Warenverkehr zwischen den westlichen Provinzen und Italien in beiden Richtungen mit zweieinhalb Prozent besteuert wurde, betrug der Satz für Waren aus den anderen Provinzen fünf Prozent. Da diese Steuer an jeder weiteren Distriktgrenze fällig wurde, multiplizierte sie sich schnell. Verschlimmert wurde dieses an sich schon drückende System noch dadurch, daß viele Städte die Erlaubnis besaßen, in eigener Regie zusätzlich Transitzölle zu erheben.[56] Welchen Sinn hatte nun Neros Steuerreform, und welche Folgen hätte sie gehabt? Das soll uns Mario Attilio Levi, Experte auf diesem Gebiet, erklären. Er schreibt: »Zwar trafen die *portoria* über den Konsum vermittelt alle Bevölkerungsgruppen, die weniger Begüterten aber natürlich stärker als die Reichen. (...) Die Abschaffung der indirekten Steuern wäre allen Verbrauchern zugute gekommen, sofern sie von festen Einkommen lebten, das heißt, Verwaltungsbeamten und Soldaten, Händlern und Transportunternehmern. Durch die Abschaffung der Steuern wären die überteuerten Preise gesunken, der Austausch wäre gefördert, der Handel verbessert worden, und die Lebenshaltungskosten wären gesunken. Möglicherweise aber hätte eine Öffnung für Waren aus den Provinzen und aus dem Ausland zu einer Flucht von Zahlungsmitteln geführt und der italienischen Landwirtschaft empfindlichen Schaden zugefügt[57]: Die einzigen Opfer der Reform wären folglich die italienischen Grundbesitzer gewesen. Vielleicht hatte Neros Plan auch tatsächlich einen Fehler. Die Senatoren bemängelten nämlich, daß dem Staat dadurch Einnahmen in Höhe von fünfundzwanzig Millionen Denaren, fünfzehn Prozent der Gesamteinnahmen verlorengingen, ohne durch Neueinnahmen ausgeglichen zu werden. Möglicherweise hätte ein reichlicheres Umsatzsteueraufkommen dieses Defizit leicht wettgemacht. Auf jeden Fall aber wären die Interessen der italienischen Grundbesitzer berührt worden, und die Steuerpächter hätten ohne Arbeit dagestanden und ihr Einkommen verloren.«[58]

Neros Plan traf also laut Levi vor allem die Großgrundbesitzer, mithin die Senatoren, deren Ländereien oft die Größe von Provinzen hatten, und die Steuerpächter, die verhaßten Staatspächter (*pubblicani*), zumeist Ritter, die häufig von Senatoren als Strohmänner benutzt wurden, denn diese Aktivität war den Senatoren offiziell verboten.

Deshalb lehnte der Senat Neros Vorschlag ab. Er griff auf die altbewährte Taktik zurück, mit der die etablierten Klassen seit Menschengedenken Reformen zu boykottieren pflegen: »die Flucht nach vorn«. Nachdem die Senatoren »seine Großzügigkeit sehr gepriesen hatten[59]«, vertraten sie die Meinung, bei Abschaffung der indirekten Steuern müßten logischerweise auch die direkten Steuern ausgesetzt werden[60]. Das war natürlich ausgeschlossen. Neros Vorschlag sah sogar eine leichte Erhöhung der direkten Steuern vor, um den Einnahmeausfall in gewissem Umfang auszugleichen.[61]

Angesichts der Ablehnung durch den Senat mußte Nero sich mit einigen unwesentlichen, unsystematischen Einzelmaßnahmen begnügen, die folglich kaum Wirkung versprachen, obwohl Tacitus sich dazu herabließ, sie als durchaus angemessen zu bezeichnen[62].

So veröffentlichte Nero die bis dahin geheimgehaltenen Steuerbestimmungen und legte fest, daß nicht eingezogene Steuerforderungen nach einem Jahr verfallen sollten. Außerdem wurden alle Sondersteuern abgeschafft und die Prozesse gegen die Steuerpächter, die sie ausgeheckt und auf mehr oder weniger legalem Wege eingeführt hatten, sollten in Rom, aber auch in den Provinzen vorrangig behandelt werden. Dieses »Maßnahmepaket« diente vor allem dazu, den eklatantesten Mißbräuchen durch die Staatspächter Einhalt zu gebieten. Ergänzt wurde es noch durch die Abschaffung der Vermögenssteuer für Handelsschiffe, womit vor allem das Ziel verfolgt wurde, die Lieferungen von überseeischem Getreide nach Rom zu erleichtern, ursprünglich eines der Hauptziele der gescheiterten Reform[63].

Bereits im Jahr 58 begann Nero somit, sich vom Senat zu distanzieren, der »Bruch« erfolgte jedoch stufenweise und wurde endgültig erst im Jahr 66 nach den Verschwörungen des Adels vollzogen. Dem Kaiser wurde nämlich immer klarer, daß jegliche Sozialpolitik, wie wir heute sagen würden, an einer führenden Klasse scheitern mußte, die nicht hinzunehmen bereit war, daß ihre Privilegien und immensen Reichtümer auch nur minimal tangiert wurden.

Erst nachdem der Senat entscheidend geschwächt war und Nero sich endlich von Seneca befreit hatte[64], gelang ihm schließlich in den Jahren 63/64, was er 58 nicht geschafft hatte. Diesmal faßte er die Sache allerdings anders an. Er nahm eine Abwertung der Währung vor und setzte damit ein finanztechnisches Mittel ein, das er bei der Opposition deshalb leichter durchbringen konnte, weil es extrem kompliziert war.

Bei Neuprägungen im Zeitraum 63/64 wurde der Goldgehalt des Aureus von 122,9 auf 114,1 und der Silbergehalt des Denarius von 61,46 auf 52,68 Punkte gesenkt. Es war schon früher vorgekommen, daß der Wert der Münzen gesenkt wurde (jedoch nur bei Silbermünzen), um die Staatskasse aufzufüllen, doch wurden diese Maßnahmen stets geheimgehalten. Nero hingegen machte dies offiziell und erreichte, daß die Wertminderung wenigstens innerhalb des Reiches akzeptiert wurde[65], kein einfaches Unterfangen, wenn man bedenkt, daß sich nach damaligen Vorstellungen Nominalwert und Realwert unbedingt entsprechen mußten. Es handelte sich also um eine offizielle Abwertung, bei der die Wertminderung mit technischem Geschick in bestimmten Grenzen gehalten wurde, so daß weder das Einschmelzen alter Münzen zu Goldbarren noch das Horten[66] sich gelohnt hätten, beides Reaktionen, die die ganze Operation zunichte gemacht hätten. Ziel der Maßnahme war nämlich nicht so sehr die Auffüllung der Staatskasse als vielmehr Neros Wunsch, eine größere Menge Geld in Umlauf bringen, um der wirtschaftlichen Depression und der Unterbeschäftigung entgegenzuwirken. Es war also kein Zufall, daß die Wertminderung für Aureus (7 %) und Denarius unterschiedlich ausfiel, denn der Denarius war tatsächlich im Umlauf, während der Aureus vor allem gehortet wurde, Mittel- und Unterschicht jedenfalls bekamen ihn nie zu Gesicht[67] (Im übrigen begünstigte die Wertverschiebung Gold/Silber von 12/1 auf 11/1 zugunsten des Silbers an sich schon die weniger Begüterten, die im Gegensatz zu den Gold hortenden parasitären Klassen ausschließlich Silber besaßen[68].)

Um zu verhindern, daß sich die ganze Aktion in einer fruchtlosen Inflation erschöpfte, verknüpfte Nero die Erhöhung der im Umlauf befindlichen Geldmenge mit einer frenetischen Bautätigkeit, um so der gesamten Wirtschaft neue Impulse zu geben[69]. Dabei kam ihm der berühmt-berüchtigte Brand von Rom zu Hilfe. Danach verlieh Nero der Hauptstadt ein neues Gesicht, baute die Via Sacra, den Circus Maximus und die Portikus Miliarius wieder auf, begann ein neues Amphitheater aus Holz und eine neue Domus für die Vestalinnen, gab den Campus Neronianus, das Celimontanusaquädukt sowie eine neue Tiberbrücke in Auftrag und ließ den Palatin pflastern. Diese forcierte Bautätigkeit führte zu einen Aufschwung der Ziegelindustrie, der sich positiv auf alle andern Wirtschaftsbereiche auswirkte und der Arbeitslosigkeit und Unterbeschäftigung ein Ende setzte oder sie doch wenigstens drastisch reduzierte. Die jährliche Inflationsrate blieb unter zwei Prozent (das Grundnahrungsmittel Getreide war sowieso nicht betroffen); auf diese Weise wuchsen Produktion und Handel. Wirklich zum Tragen kam diese Politik jedoch erst, als ihr Erfinder bereits tot war.

Nero war also, wie Thornton schreibt, ohne daß er es wußte, aber durchaus nicht ohne Absicht, ein Keynesianer *ante litteram*[70]. Die Geldabwertung war die wichtigste Maßnahme zur Währungssanierung im ersten Jahrhundert und führte zu einem der dauerhaftesten Erfolge Neros. Dabei waren seine Motive derart »ernsthaft, realistisch und so wenig einer kaiserlichen Laune entsprungen[71]«, daß selbst seine Nachfolger, trotz der nach seinem Tod über ihn verhängten *damnatio memoriae,* nicht im entferntesten daran dachten, in dieser Frage einen Rückzieher zu machen. Das ehemalige Münzgewicht erlangte nie wieder Gültigkeit.

Alles in allem war Neros Regierungszeit durch eine wirtschaftliche und soziale Dynamik gekennzeichnet, die sich sowohl in Rom als auch in den Provinzen bemerkbar machte; besonders in Gallien und Germanien wurde der Prozeß der Romanisierung beschleunigt. Richtig ist allerdings auch, daß in der Staatskasse unter anderem deshalb chronische Ebbe herrschte, weil es keinerlei Kriegsbeute gab. Der Geldmangel war so groß, daß Nero nach 62 sogar mit einer jährlichen Überweisung von sechzig Millionen Sesterzen aus seinem Privatvermögen aushelfen mußte. Doch dazu kam es nur deshalb, weil er das Geld großzügig und gezielt ausgab, um die allgemeine Situation zu verbessern.

Seit dem Jahr 58, das einen Wendepunkt in seiner Herrschaft markiert, nähert sich Nero außerdem langsam, aber stetig einer Monarchie hellenistischen Typs. Nach und nach werden dem Senat seine bereits ausgehöhlten Rechte genommen. Gleichzeitig jedoch setzt Nero seine Versuche fort, der Kurie wenigstens in allen die Senatoren direkt betreffenden Fragen eine gewisse Autorität und Autonomie zu erhalten. Ein dramatisches Ende findet diese Politik der Verständigung mit der Aristokratie erst durch die Verschwörung des Vinicianus im Jahr 66.

Mit dem Versuch, eine absolutistische Monarchie zu errichten, ist Nero wieder einmal seiner Zeit voraus, auch wenn ihm darin jener Caligula zuvorgekommen war, der ihm von allen iulisch-claudischen Kaisern am ähnlichsten war und genau wie Nero selbst nicht zufällig in dem Ruf stand, ein verrücktes Ungeheuer zu sein[72]. Wie die Geschichte noch zeigen sollte, war ein multinationales, multiethnisches Reich dieser Größenordnung auf eine zentrale Entscheidungsinstanz angewiesen, da es sonst unweigerlich zerfallen wäre. Um Kultur und Ansprüche vor allem der östlichen Provinzen zu berücksichtigen, war andererseits jedoch ein Perspektivwechsel dringend erforderlich, denn die traditionelle Denkweise der römischen Stadtbürger mochte für die Beherrschung einer begrenzten bäuerlichen Gesellschaft taugen, nicht aber für einen Koloß, wie er inzwischen entstanden war. Für diese Zusammenhänge fehlte den Senatoren jedoch jedes Verständnis, ja sie wollten sich nicht einmal damit auseinandersetzen (daher auch die ständige, gereizte, reaktionäre Polemik gegen die »Provinzler«, die »Graeculi« und die Freigelassenen).

In diesem Zusammenhang muß darauf hingewiesen werden, daß unter den damaligen Verhältnissen der Absolutismus keineswegs mit einer konservativen, gegen das Volk gerichteten Politik gleichzusetzen war. Im Gegenteil. Demokratie bedeutete zu jener Zeit (und vielleicht nicht nur damals) keineswegs, daß die Macht, wie der Begriff glauben macht, tatsächlich vom Volk ausging, sondern vielmehr die Vorherrschaft von Lobbies und Adel. Im Laufe der Geschichte sollte dieses Phänomen noch wiederholt auftreten. So zum Beispiel, als mit dem Aufkommen der absolutistischen Monarchien in Europa die Könige im Namen des Volkes zur Gegenmacht gegen die Feudalherren wurden, oder beim Übergang von den Stadtrepubliken zur Fürstenherrschaft in Italien. Exemplarisch ist der Fall Florenz, wo es Eliten gab, die sich formell auf die Demokratie beriefen, faktisch aber repressive Oligarchien waren. Sie wurden später von den Medici abgesetzt, die sich auf eine größere soziale Basis stützen konnten.

Im Unterschied zu Caligula dachte Nero allerdings nie an eine Monarchie theokratischen Typs (wo der König zum Gott wird), obwohl diese Regierungsform der von Nero zum Vorbild gewählten hellenistischen Kultur entsprochen hätte (im östlichen Denken war die Vergöttlichung des Monarchen unabdingbar, ohne diese Legitimation wäre seine Souveränität undenkbar gewesen). Als der Konsul Cerialis Anicius im Jahr 65 den Vorschlag machte, dem *divo Neroni* auf Staatskosten einen Tempel zu errichten, antwortete Nero: »Kommt überhaupt nicht in Frage. Denn göttliche Verehrung genießt ein Prinzeps nicht eher, als bis er unter den Menschen zu wirken aufgehört hat.«[73] Bereits zu Beginn seiner Regierungszeit hatte er ähnliche Ehren abgelehnt, als sie ihm von der griechischen Gemeinde in Ägypten angetragen wurden. (Gerade ein Gott-Kaiser hätte sich im übrigen soweit wie möglich vom Volk fernhalten müssen, und das stand zu sehr im Widerspruch zu dem extrovertierten, überschwenglichen Charakter Neros, der sich bekanntlich gern unters Volk mischte.) Wenn also in den östlichen Provinzen hier und da Zeichen von Vergöttlichung des Kaisers auftauchten, so erklärten sie sich, wie gesagt, aus einem Bedürfnis dieser Völker.

Nero war übrigens, so unwahrscheinlich es auch klingen mag, auf Ehrungen, die ihm als Kaiser zuteil wurden, nicht besonders erpicht. Die erste Bemerkung in dieser Richtung hatte er im Senat gemacht, als dieser ihm voreilig seinen Dank aussprechen wollte: »Wenn ich ihn verdient habe.«[74] Weiterhin hatte er den Titel »Vater des Vaterlandes« abgelehnt (später allerdings akzeptierte er ihn dann doch), und auch den von ihm als »lächerlich« bezeichneten Vorschlag zurückgewiesen, das Jahr solle nicht mit dem Monat Januar, sondern mit seinem Geburtsmonat Dezember beginnen. Im Jahr 55 dann verhinderte er durch seinen Einspruch, daß ihm zu Ehren Gold- und Silberstatuen aufgestellt würden, und 58 wies er das unterwürfige Angebot des Senats zurück, er möge das Konsulat auf unbefristete Zeit übernehmen, was ihm im übrigen nur Antipathien eingebracht hätte, ohne seine Macht tatsächlich zu vergrößern. Während Claudius »sich nicht weniger als siebenundzwanzigmal zum Imperator ausrufen ließ, um mehr oder weniger unwichtige Erfolge zu feiern, wurde Nero diese Ehre nur zwölfmal zuteil, obwohl er sicherlich größeres Anrecht darauf gehabt hätte«[75]. Nach ihm wurde Vespasian, dessen militärische Erfolge als Kaiser eher bescheiden waren, zwanzigmal zum Imperator ausgerufen [76].

Dafür war Nero auf fast kindliche Weise zeitlebens begierig, als der Künstler anerkannt zu werden, der er seinem Selbstverständnis nach war. Den Ehren, die ihm als Person des öffentlichen Lebens, als Repräsentant der Institution zuteil wurden, konnte er nie viel abgewinnen und gab jenen den Vorzug, von denen er mehr oder weniger naiv annahm, daß sie dem Menschen gälten.

3
PAZIFIST UND GEGNER
VON GEWALT

Sueton schreibt: »Das Reich zu vergrößern und auszubauen, lag nicht in Neros Absicht[1].« Für Krieg und militärische Dinge hatte er nichts übrig. Er übernahm nie persönlich das Kommando über das Heer, und selbst die traditionellen Truppenbesuche ließ er ausfallen. Wenn er die Soldaten in finanzieller Hinsicht bevorzugt behandelte, dann geschah das ausschließlich im Rahmen einer Politik, die allgemein darauf zielte, feste Einkommen zu garantieren und die Lage des Proletariats zu verbessern. Nero behielt die Steuerbefreiung für die Truppe bei, allerdings nur für Soldaten, die keiner zweiten Arbeit nachgingen (das gab es auch damals schon)[2].

Allerdings wäre es unangemessen, wenn man daraus den Schluß zöge, er habe sich um Außenpolitik nicht gekümmert und sei während seiner Amtszeit nicht in der Lage gewesen, auftretende militärische Probleme zu bewältigen. Auf diesem Gebiet verfolgte er schlicht eine schon von Augustus eingeschlagene defensive Strategie, die eher auf diplomatische Einflußnahme und Abschreckung als auf Eroberung und militärischen Angriff setzte. Sein eigener konstruktiver Beitrag bestand hingegen darin, großräumige Einflußzonen zu bilden, ein für die damalige Zeit äußerst originelles Konzept.[3] Bei Bedarf war er jedoch durchaus in der Lage, die fähigsten Feldherrn auszuwählen. Mit Hilfe dieser moderaten, vorsichtigen Politik, die Diplomatie und Verhandlungen der militärischen Intervention vorzog, ohne letztere jedoch vollkommen auszuschließen, erzielte Nero dauerhafte Erfolge, die seinen Vorgängern versagt geblieben waren.

Als Nero den Thron bestieg, gab es zwei ungelöste Probleme: die unsicheren Grenzen in Britannien und die fortwährenden

Auseinandersetzungen mit den Parthern. Beide löste er auf brillante Weise.

Die hundert Jahre früher von Julius Caesar durchgeführte Invasion Britanniens gehörte zu den weniger gelungenen Unternehmungen dieses großen Feldherrn. Es stellte sich nämlich heraus, daß die ganze Invasion kaum mehr gewesen war als eine ausgedehnte Rekognoszierung.[4] Erst Claudius eroberte dann den Südosten der Insel. Dieses Gebiet erstreckte sich bis zu einer Linie, die von Seaton (dem heutigen Devonshire) diagonal nach Nordosten bis nach Lindum (Lincoln) führte und dem Verlauf der Flüsse Severn und Trent folgte. Innerhalb dieser Grenzen gab es zwei formal unabhängige, aber Rom tributpflichtige Staaten: das sogenannte »Regnum«[5] und den Staat der Icener im östlichen Anglia. Die Verhältnisse waren jedoch äußerst instabil, da die Britannier sich gedemütigt fühlten, kaum romanisiert waren und den Verlust der Unabhängigkeit nur schwer ertrugen. Hinzu kam, daß jenseits dieses Gebietes, in Wales, weitere äußerst wilde, kämpferische Stämme lebten, wie die Silurer und andere »Banden«, die von fanatischen Priestern, den Druiden, angeführt wurden und für die empfindlichen Grenzen eine ständige Bedrohung darstellten.

Bekanntlich dachte Nero zwischen 54 und 56 sogar daran, die Insel ganz aufzugeben[6], da sie schwer zu verteidigen war, es an Truppen mangelte und die Einwohner ausgesprochen kriegerisch waren, ja er befürchtete sogar, das Ganze werde in einem Desaster enden, wie es Augustus im Jahr 6 mit dem Aufstand der Pannonier und vor allem mit der Niederlage im Teutoburger Wald im Jahr 9 widerfahren war (»Varus, Varus, gib mir meine Legionen wieder!«). Doch dann verzichtete er auf diesen Rückzugsplan, da er bei den Römern mit ihrem militaristischen Eroberungsdenken auf Unverständnis gestoßen wäre. So faßte er schließlich den Entschluß, aus der Provinz Britannien eine Art Pufferzone unter römischer Kontrolle zu machen, ähnlich wie es im Osten für Armenien geplant war. Den richtigen Mann für diese Aufgabe hatte er auch schon gefunden: Cogidubnus, den Herrscher des Regnum. Aber im Unterschied zur Lage im Osten, wo man es jenseits von Armenien mit dem »starken« Staat der Parther zu tun hatte, der durch solide, dauerhafte Verträge eingebunden werden konnte, traf man dagegen in Britannien nur auf völlig unberechenbare Stämme. Zu diesem Zeitpunkt gab es in Rom außer der pazifistischen Richtung, die von Nero, Seneca und vielleicht noch von Burrus vertreten wurde, in militärischen Kreisen und im Senat auch eine starke Gruppe von Kriegsbefürwortern. Da der Kaiser damals noch auf den Senat Rücksicht nehmen mußte, beschloß er, zuerst in Wales »aufzuräumen«, wo die Druiden und Silurer eine ständige Bedrohung darstellten und eine wirkliche Konsolidierung der Grenzen verhinderten. Diese Operation wurde im Jahr 58 dem Statthalter Quintus Veranius anvertraut, der als großer Stratege galt[7]. Unglücklicherweise starb dieser kurz darauf, hatte aber vorher noch Zeit gefunden, in einer von ihm verfaßten Abhandlung die Eroberung von Wales für machbar zu erklären. Seinen Platz nahm Suetonius Paulinus ein, der aufgrund gewisser reichlich gewagter Operationen, die er in den vierziger Jahren in Mauretanien durchgeführt hatte, in dem Ruf stand, ein Hardliner zu sein. Paulinus begriff sofort, daß jeder Versuch, Wales zu unterwerfen, leicht zu vereiteln und somit sinnlos gewesen wäre, wenn es nicht vorher gelang, die fast uneinnehmbare Insel Mona (Anglesey) zu erobern, die den druidischen und silurischen Aufständischen als Basis diente. Folglich konzentrierte er dort den Angriff und besetzte die Insel schließlich nach dramatischem Schlachtverlauf. Just in diesem Moment, als Paulinus im Westen operierte, brach im Osten der Aufstand der Icener los.

Ausgelöst wurde die Revolte durch den Tod des Königs Prasutagus, der als *longa manus* der Römer die Icener jahrelang regiert hatte[8]. In seinem Testament hatte Prasutagus Nero gemeinsam mit seinen beiden Töchtern als Erben eingesetzt. Doch seine eigentliche Absicht, dem Kaiser zwar die Ehre zu erweisen, die

Unabhängigkeit seines Staates aber wenigstens formal zu bewahren, trat unverhüllt zutage. In Rom jedoch entschied man anders. Das Reich der Icener wurde der Provinz einverleibt. Boudicca, die Gemahlin des Prasutagus, rebellierte. Sie war eine furchterregende Virago, die Tacitus folgendermaßen beschreibt: »Sie war sehr hochgewachsen von Gestalt, in ihrem Aussehen höchst erschrecklich, mit wildem Blick und rauher Stimme. Das üppige blonde Haar fiel ihr bis auf die Hüften herab.«[9] Vom römischen Kaiser und Weltbeherrscher hielt sie offenbar nicht viel und nannte ihn »Fräulein Domitia Nero«. Boudicca war nicht nur stolz, sondern, um es mit Cassius Dio zu sagen, auch »intelligenter als die normalen Frauen«. Sie wußte, daß der Zeitpunkt günstig war, da Paulinus' Truppen weit weg und die wenigen römischen Befestigungen nicht besetzt waren. Gleichzeitig war der Unmut unter den anderen Stämmen, zu denen auch die benachbarten Trinovanten gehörten, groß.

Dieser Unmut hatte viele berechtigte Gründe. Der römische Prokurator Catus Decianus hatte seine Habgier an den Icenern ausgelassen und Ländereien enteignet, die Claudius ihnen überlassen hatte. Bei der Untersuchung, die Nero anstellen ließ, als alles vorbei war, rechtfertigte sich Decianus damit, daß er durch die Enteignungen nur habe eintreiben wollen, was Claudius geliehen habe. Eine Ausrede, der niemand Glauben schenkte und die nur die Habgier und Überheblichkeit des Prokurators verschleiern sollte. Verschlimmert wurde die Lage noch durch die Spekulationen der römischen Wucherer, allen voran Seneca[10]. Außerdem waren die Britannier psychologisch nicht darauf vorbereitet, regelmäßig Tributzahlungen an den römischen Fiskus zu leisten, viel lieber waren ihnen unberechenbare und unregelmäßige Abgaben, mochten sie auch noch so drückend sein.[11]

Der Groll der Trinovanten hatte darüber hinaus noch andere, besondere Gründe. Ausgerechnet an der Stelle, wo sich früher ihre Hauptstadt Camulodunum (Colchester) befunden hatte, ließ Claudius von Veteranen eine Kolonie gründen, die ihrerseits den

Einheimischen viel Land wegnahmen. Schließlich war die Romanisierung auch kulturell nur langsam vorangekommen, oder sagen wir lieber: Sie hatte eigentlich noch gar nicht begonnen. Kurz und gut, Britannien war von Grund auf schlecht regiert worden, dafür mußte man jetzt bezahlen.

Zunächst wurde Camulodunum von den Aufständischen angegriffen. Der unfähige Prokurator Decianus, der sich in Londinium (London) aufhielt, schickte nur zweihundert Mann Verstärkung, die gemeinsam mit der kleinen Garnison und Tausenden von Kolonisten massakriert wurden. Daraufhin floh Decianus nach Gallien. Die 9. Legion Hispana wurde auf dem Weg nach Camulodunum aufgehalten, und ihr Kommandant Petilius Cerialis konnte gerade noch die Reiterei in Sicherheit bringen, nachdem er das Fußvolk bereits verloren hatte. Danach zogen die Britannier auf die anderen regionalen Zentren Londinium und Verulamium (St. Albans). Paulinus erreichte zwar rechtzeitig den Ort des Geschehens, sah sich aber genötigt, auf die Verteidigung der beiden Städte zu verzichten, da er seine Truppen zu Recht für zahlenmäßig unterlegen hielt. So wurden Londinium und Verulamium zerstört, siebzigtausend Römer und romfreundliche Einheimische fanden den Tod. Neros schlimmste Befürchtungen schienen sich zu bewahrheiten.

Paulinus gelang es jedoch, das Blatt zu wenden. Nachdem er die 14. Legion Gemina und die 20. Legion Valeria Victrix mit den Hilfstruppen zu einem Heer von zehntausend Mann zusammengezogen hatte, lockte er die möglicherweise durch ihre Erfolge zu übermütig gewordenen Britannier in eine günstig gelegene Schlucht, wo er den Rücken frei hatte, und vernichtete in einem geschickt geplanten Angriff die Übermacht der allerdings schlecht organisierten Gegner.[12] Boudicca nahm sich das Leben, und damit war die Unabhängigkeitsbewegung zerschlagen.

Nach gewonnener Schlacht stand man nun vor der Alternative, ob zukünftig eine Politik der Vergeltung oder der Versöhnung verfolgt werden sollte. Paulinus drängte auf Vergeltung und verhielt sich entsprechend, der neue Prokurator Julius Classicianus dagegen plädierte für Versöhnung. Diese Rivalität drohte neue Schwierigkeiten heraufzubeschwören. Um zuverlässige Informationen über die Lage zu erhalten, entsandte Nero seinen Außenminister, den Freigelassenen Polyclitus. Äußerst geschickt schlichtete dieser den Streit zwischen Heerführer und Prokurator. Nach seiner Rückkehr lobte er in dem Bericht an Nero die militärischen Verdienste von Paulinus, betonte aber gleichzeitig, daß dessen Härte nicht mehr notwendig sei, vielmehr die Gefahr bestehe, daß sie das Gegenteil des Angestrebten bewirke. Um seinen Feldherrn nicht zu demütigen, ließ Nero zunächst einmal Zeit verstreichen und löste ihn erst bei nächster Gelegenheit ab. Einige Jahre später wurde Paulinus übrigens durch die ungewöhnliche Ehre eines zweiten Konsulats belohnt. Sein Posten in Britannien wurde im Jahr 61 von dem Senator und Konsul Petronius Turpillianus übernommen, zu dem Nero großes Vertrauen hatte. Auf Neros Anweisung betrieb Turpillianus (wie auch sein Nachfolger Trebellius Maximus) eine Befriedungs- und Wiederaufbaupolitik und eine stillschweigende, vorsichtige, aber effektive Romanisierung der aufständischen Britannier. Die Städte Londinium und Verulamium, die vorher nur aus einer Anhäufung von Häusern, Werkstätten und Lagern bestanden hatten, wurden nach römischem Vorbild städtebaulich reorganisiert. Zum erstenmal in der Geschichte des Landes wurde Londinium Hauptstadt, und das sollte auch in Zukunft so bleiben.

Mario Attilio Levi schreibt: »An dem Konflikt zwischen Julius Classianus und Suetonius Paulinus, an der Untersuchung durch Polyclitus und an dem Wirken der beiden nachfolgenden Statthalter läßt sich deutlich ablesen, daß Nero in Britannien eine Politik der Versöhnung und der Normalisierung betreiben wollte, da die vorhergehenden Ereignisse ja gezeigt hatten, daß Methoden wie Ausplünderung und gewalttätige Repression ein Volk wie die Britannier keineswegs einschüchterten. (...) Nero hatte begriffen, daß nur ein verändertes Verhalten von römischer

Seite, eine Zusammenarbeit mit der einheimischen Bevölkerung und die Herstellung erträglicher Lebensbedingungen die Provinz erhalten und neue Gefahren von Leben und Besitz der Römer abwenden konnten. Folglich gab er der Verwaltung maßvolle, ausgewogene Anweisungen.«[13]

Die durch den Boudicca-Aufstand ausgelöste Krise machte zwar faktisch die Eroberung von Wales hinfällig, das erst unter Vespasian wieder eingenommen wurde, dafür war aber die Lage in Britannien im Jahr 67 militärisch so ruhig, daß Nero die 14. Legion abziehen und in den Osten verlegen konnte.

Noch besser lief es im Konflikt mit den Parthern, auch wenn dieser sehr viel länger dauerte. Parthien umfaßte damals den heutigen Iran und Irak, erstreckte sich jedoch im Osten bis in die endlosen, unbekannten Weiten Asiens. Unter den Ländern, die an das Römische Reich grenzten, war Parthien damals die einzige Macht, die es mit Rom aufnehmen konnte. 53 vor Christus hatte Crassus eine Invasion versucht und war dabei gemeinsam mit sieben Legionen umgekommen (Karrhae); auch Mark Anton, der es 37/36 vor Christus noch einmal versucht hatte, mußte große Verluste hinnehmen und wurde schließlich zum Rückzug gezwungen. Parthien hatte sich als uneinnehmbar erwiesen. Allerdings hatten die Parther ihrerseits die gleichen Probleme mit den Römern, denn auch ihre militärischen Unternehmen hatten stets in einem Desaster geendet. Es gab also eine Pattsituation. Zwischen den beiden Kolossen eingekeilt, lag das unglückliche Armenien, dessen Position ungefähr so hoffnungslos war wie viel später die Lage Polens zwischen den beiden Großmächten Deutschland und Rußland. Keine der beiden Supermächte konnte zulassen, daß Armenien endgültig von der anderen Seite eingenommen würde, denn beiden war es ein Dorn im Auge[14], vor allem aber den Römern, da seine Einnahme den Parthern den Weg nach Syrien, einer der reichsten Provinzen des Reiches, geöffnet hätte. Folglich war Armenien dauernd umkämpft. Weder Parther noch Römer dachten jedoch ernsthaft an eine Annexion, denn sie hätte den »totalen Krieg« ausgelöst, woran beide kein Interesse hatten. So beschränkten sich beide auf den Versuch, ihnen ergebene Vasallen als Könige einzusetzen. Dieses Hin und Her führte in Armenien zu einer endlosen Serie von Staatsstreichen.

Der Partherkönig Vologaeses stammte aus dem Geschlecht der Arsakiden, die das riesige Reich nach göttlichem Recht seit Urzeiten regiert hatten. Als Nero die Nachfolge von Claudius antrat, war es Vologaeses gerade gelungen, seinen Bruder Tiridates zum König von Armenien zu machen, nachdem der Thron zuvor jahrelang mit romfreundlichen Herrschern besetzt gewesen war. Mit einer solchen Lösung konnte sich Rom auf keinen Fall zufriedengeben, und schon gar nicht ein frisch gekrönter Kaiser, der auf sein Prestige bedacht sein mußte.

So nahm ein Konflikt seinen Anfang, der neun Jahre dauern sollte. Paradoxerweise entsprach das Ergebnis des Krieges der Ausgangslage: Tiridates blieb König von Armenien. Wichtig waren jedoch die veränderten Vorzeichen, denn Tiridates erhielt die Souveränität nun nicht mehr von den Parthern, sondern von den Römern. Das Ganze hatte eher symbolischen Charakter, war im wesentlichen eine Prestigefrage, spielte jedoch damals im Verhältnis der Supermächte eine ähnlich wichtige Rolle wie heute. Übrigens hatte Nero diese Lösung von vornherein im Auge gehabt und Tiridates über diplomatische Kanäle den Rat zukommen lassen, er solle eine Bittschrift an ihn richten. Auf diese Art könne er mit Roms Einverständnis auf dem Thron bleiben. Offensichtlich rechneten Nero und seine Berater damit, daß eine Pro-forma-Unterwerfung von Tiridates' Seite ausreichen würde, die Römer (die auf die Parther wegen Karrhae immer noch schlecht zu sprechen waren) davon zu überzeugen, daß sie einen großen Sieg errungen hätten, denn schließlich war Tiridates als Arsakide Parther. Gleichzeitig wäre damit eine Serie unsinniger Kriege beendet worden, die bisher dazu geführt hatten, daß römische und parthische Marionetten einander auf dem armenischen Thron ablösten. Die Finte mißlang jedoch, weil Vologaeses nicht mitspielte.

Neros erste militärische Maßnahme war die Ernennung von Domitius Corbulo, »einem der fähigsten Heerführer Roms«, zum Kommandanten der Partherfront.[15] Daß Corbulo ein großer Feldherr war, erfuhr man eigentlich erst, als der Konflikt mit den Parthern schon beendet war. Denn berühmt wurde er nicht so sehr aufgrund großer Schlachten (wovon es in diesem Krieg sehr wenige gab), sondern weil er die Zeit fand, seine Memoiren zu schreiben, in denen er, was durchaus menschlich ist, sich und seine Taten verherrlichte. Corbulo war eine stattliche Erscheinung und zudem eine faszinierende Persönlichkeit, hatte schon unter Claudius ein Kommando in Germanien gehabt und war Statthalter von Kappadokien und Galatien gewesen. Seine Fähigkeit bestand allerdings hauptsächlich darin, die Disziplin der Soldaten aufrechtzuerhalten, indem er selbst mit gutem Beispiel voranging. Mit Geschick sorgte er dafür, daß die Truppen durch Exerzieren und Manöver, durch Druck und Demonstration von Stärke einsatzfähig blieben. Um es mit Tacitus zu sagen, wollte »er lieber den Kriegszustand haben als wirklichen Krieg führen«.[16] Er war also genau der richtige Mann für einen Konflikt, der nach Meinung der Regierung in Rom nicht auf die Spitze getrieben werden sollte. Darin kam ihm auch der vorsichtige Partherkönig Vologaeses entgegen, der mehr oder weniger die gleichen Intentionen hatte. Der Krieg mit den Parthern erschöpfte sich also in unzähligen Scharmützeln, kaum angedeuteten Angriffen, Rückschlägen, Verhandlungen, diplomatischen Schritten und Täuschungsmanövern, deren Details ich dem intelligenten Leser ersparen möchte.

Nero mußte zum erstenmal persönlich eingreifen, als es aus Neid zwischen Corbulo und dem syrischen Statthalter Ummidius Quadratus zum Konflikt kam. Die beiden hatten wohl auch deshalb kein gutes Verhältnis, weil Quadratus die 3. Legion Gallica und die 6. Legion Ferrata an Corbulo abtreten mußte. Der Zufall wollte es, daß ausgerechnet Quadratus während einer der vielen Verhandlungen mit Vologaeses die Geiseln übernahm, die dieser als Pfand für den Waffenstillstand geschickt hatte. Corbulo fühlte sich beleidigt. Nero glättete geschickt die Wogen, indem er beiden mitteilen ließ, daß sie für den Erfolg, der im übrigen völlig unbedeutend war [17], geehrt würden.

Dadurch ermutigt, konnte Corbulo daraufhin den Feldzug beginnen. Er ließ es jedoch langsam angehen. Zunächst entließ er alle Soldaten, die aufgrund der langen Pause nicht mehr einsatzfähig waren, hob dann an Ort und Stelle neue Rekruten aus und erhöhte die Zahl der Legionen auf drei, indem er sich von Nero zusätzlich die 4. Legion Scythica geben ließ, die vorher in Germanien stationiert gewesen war. Um Disziplin und Widerstandskraft der Abteilungen zu stärken, ließ er die Truppe den Winter in Zelten verbringen, unter klimatischen Bedingungen, die so hart waren, daß es aufgrund von Erfrierungen sogar einige Todesfälle gab. Wer zu desertieren versuchte, wurde sofort hingerichtet.

Im Frühjahr 58 begannen dann endlich die eigentlichen militärischen Operationen. Bei der armenischen Hauptstadt Artaxata stellte sich Corbulo Tiridates zum Kampf. Tiridates aber zog sich zurück und räumte das Feld. Artaxata wurde zerstört. Im folgenden Jahr unternahm Corbulo einen langen und schwierigen Marsch nach Tigranokerta, der zweiten Hauptstadt des Reiches. Die Stadt wurde besetzt, blieb aber unversehrt, wahrscheinlich auf Befehl aus Rom. Da er kaum auf Widerstand stieß, wäre Corbulo gern nach Osten weitergezogen und hätte Armenien zur römischen Provinz gemacht. Aber Nero stoppte ihn, weil ein weiterer Vormarsch nach Osten zu direkten Auseinandersetzungen mit den Parthern geführt hätte. Das aber wollte Nero verhindern, denn Armenien sollte keine Provinz werden (dann hätte er zwei Legionen dort stationieren müssen), sondern lediglich ein Protektorat. Corbulo erhielt also aus Rom den Befehl, einen kappadokischen Prinzen auf den Thron zu setzen, der lange in Rom gelebt hatte und im Jahr 60 den Namen Tigranes V. annahm. Diesmal waren die Parther nicht einverstanden, zumal Tigranes im Jahr 61 die Unvorsichtigkeit beging, eigenmächtig [18] das zum Einflußbereich der Parther gehörende benachbarte Adiabene (Assyrien) anzugreifen. Möglicherweise wollte Tigranes durch diese Tat sein Prestige bei der lokalen Bevölkerung aufbessern, die ihn kaum kannte und der er wegen seiner kappadokischen Abstammung fremd geblieben war.

Vologaeses ordnete die Mobilmachung an und beauftragte den Adligen Monaeses und den adiabenischen König Monobazos, Tigranes zu vertreiben. Das reichte bereits, um sich nach einigen Scharmützeln auf einen Kompromiß zu einigen: Sowohl Römer als auch Parther zogen sich aus Armenien zurück. Allein gelassen, nahm Tigranes das Ende aller Knechtsnaturen: Er wurde gestürzt und aus dem Land gejagt. Man hörte nie wieder von ihm.

In der Zwischenzeit verzichtete Corbulo auf das Gesamtkommando und erbat von Nero brieflich die Entsendung eines weiteren Heerführers, der die armenische Front übernehmen sollte, während er sich zum Schutz Syriens zurückziehen wollte.

Der neue Kommandant Cesennius Paetus erreichte erst im Winter 62 das Einsatzgebiet und brachte eine neue Legion mit, die 5. Macedonica, die in Medien ausgehoben worden war. So verfügten beide Heerführer über je drei Legionen. Da Paetus ungestümer war als sein Kollege, wollte er die Parther sofort zum Kampf fordern und hatte Corbulo aufgefordert, ihm zu Hilfe zu kommen. Ob Corbulo sich absichtlich Zeit ließ oder nicht, ist nicht bekannt, jedenfalls kam er nicht rechtzeitig an. So stellte sich Vologaeses im Frühjahr 62 in Randeia, im Taurosgebirge, dem Kampf mit Paetus und besiegte ihn. Der römische Kommandant kapitulierte und stellte als einzige Bedingung den freien Abzug der überlebenden Truppen aus Armenien. Vologaeses nahm diese Bedingung sofort an, da auch er nicht die Absicht hatte, bis zum Letzten zu gehen.

Für die Römer war das unter anderm deshalb eine schmachvolle

Niederlage, weil die Soldaten beim Verlassen des Schlachtfeldes mit Beschimpfungen überhäuft wurden, die sie jedoch ohne Reaktion über sich ergehen ließen, um bloß fortzukommen.

Alle glaubten, daß einem Kommandanten wie Paetus, der den Kaiser und die römischen Feldzeichen in Mißkredit gebracht hatte, eine schlimme Zeit bevorstünde. Dazu kam es aber nicht. Dem besiegten Heerführer wurde, als er mit dem Schlimmsten rechnend nach Rom zurückkehrte, keinerlei Strafe auferlegt. Tacitus schreibt, daß »sich der Kaiser damit begnügte, ihn mit Spottreden zu verhöhnen, etwa mit folgenden Worten: Er verzeihe ihm auf der Stelle, damit er, der so sehr zur Angst neige, nicht durch allzu lange Ungewißheit noch krank werde«.[19] Paetus überlebte Nero und erhielt unter einem seiner Nachfolger noch einmal ein Kommando in den Ostprovinzen[20].

Aus seiner neugewonnenen Position der Stärke wollte Vologaeses inzwischen wieder verhandeln: Die Parther seien bereit, Armenien zu räumen, wenn Tiridates als König anerkannt werde. Da Corbulo einverstanden war[21], wurde die Sache zur Entscheidung an den Kaiser übergeben. Einige Monate später kam, im Frühjahr 62, die ablehnende Antwort. Nero betraute Corbulo erneut mit dem Gesamtkommando und schickte ihm aus Pannonien die 15. Legion Apollinare und weitere Truppen, damit er Paetus' Verluste ersetzen konnte. Corbulos Heer wuchs somit auf sechzigtausend Mann an und erreichte damit etwa eine Größenordnung wie unter Crassus: eine beeindruckende militärische Macht. Dieses demonstrative Muskelspiel reichte, um Vologaeses zur Annahme der Lösung zu bewegen, die Nero von vornherein angestrebt hatte. Die Römer würden Tiridates auf dem armenischen Thron akzeptieren, aber seine Herrschaft sollte unter dem Protektorat von Rom stehen. Damit es die ganze Welt wisse (*urbi et orbi*), sollte Tiridates nach einer komplizierten Zeremonie, die den armenischen König unmißverständlich zum Untertanen des römischen Kaisers machte, von Nero selbst in Rom gekrönt werden. Die ersten Schritte der vereinbarten Prozedur wurden gleich an Ort und Stelle in Corbulos Lager vollzogen. Tiridates legte die armenische Krone einem Nerobildnis zu Füßen und verpflichtete sich, sie erst aus den Händen des Kaisers in Rom wieder in Empfang zu nehmen. Das war im Jahr 63.

Tiridates' Reise nach Rom fand jedoch erst 66 statt und wurde zu einem denkwürdigen Ereignis, zu einem der vielen bizarren Wunderdinge, wie sie für Neros Regierungszeit typisch waren. Sie dauerte neun Monate, weil Tiridates als Priester der Zarathustra-Religion (der Kult der Arsakiden) nicht übers Meer fahren durfte, denn durch seine bloße Anwesenheit hätte er die Meeresoberfläche unweigerlich verseucht [22]. Es blieb also nur der Landweg. Neben dem König zu Pferde reisten seine Ehefrau, die anstelle eines Schleiers eine goldene Maske trug, und der adiabenische König Monobazos. Es folgten Fürsten und Potentaten, jeder mit eigenem Gefolge und mitgeführten Geschenken, die Leibwache bildeten außer den römischen Soldaten noch weitere dreitausend parthische und armenische Ritter. Ein Konvoi aus Menschen, Wagen und Tieren, wie ihn die antike Welt noch nie gesehen hatte.[23]

Die gesamte Reise wurde von Rom bezahlt und kostete achthunderttausend Sesterzen am Tag, hinzu kamen noch, wie es in der Vereinbarung festgelegt worden war, zweihundert Millionen Sesterzen für Geschenke. Die Kosten für die Reise und die anschließenden Feierlichkeiten beliefen sich auf eine Jahreseinnahme des römischen Staates. Aber wahrscheinlich war das Geld gut angelegt. Denn die Tatsache, daß der Bruder des Partherkönigs, ein Nachfahre jener seit Urzeiten mit den Römern verfeindeten Arsakiden, durch die halbe Welt reiste, um sich dem römischen Kaiser zu unterwerfen und ihm zu huldigen, war eine propagandistische Meisterleistung von außergewöhnlicher Tragweite.[24]

Die unabsehbare Karawane zog von Artaxata durch ganz Kleinasien, setzte über den Bosporus, durchquerte den Balkan, erreichte Oberitalien und wandte sich dann südwärts nach Ancona, wo sie von Nero erwartet wurde [25]. Mit den Triumphinsignien angetan, setzte sich der Kaiser in einem zweispännigen Wagen an die Spitze des Zuges und geleitete ihn, von einer verzückten Menge flankiert, bis nach Rom. Dort war erst vor kurzem der nach dem Brand im Jahr 64 begonnene Wiederaufbau der Hauptstadt beendet worden, und die ganze Stadt war jetzt festlich beflaggt und an den strategischen Punkten mit Golddekorationen geschmückt. Die Krönungszeremonie fand auf dem Forum statt. Außer Nero, der weiterhin die Triumphinsignien trug, waren der gesamte Senat und die Prätorianer anwesend. Während Tiridates dem Kaiser Gehorsam gelobte, wurde seine Rede für das Volk simultan ins Lateinische übersetzt. Das hörte sich etwa so an: »Herr, ich bin Arkases' Nachfahre, Bruder der Könige Vologaeses und Pakoros und dein Sklave. Ich bin zu dir, mein Gott, gekommen, um dich zu verehren, wie ich Mitras verehre.«[26] Nero antwortete in dem barocken, schwülstigen Stil, den er besonders bei offiziellen Ansprachen an Ausländer benutzte: »Du hast wohl daran getan, selbst zu kommen, um dich meiner Gegenwart zu erfreuen. Nicht dein Vater hat dir dieses Königreich hinterlassen; und deine Brüder, die es dir gaben, konnten es nicht für dich beschützen. Sondern dies ist mein gnädiges Geschenk an dich, und ich mache dich zum König von Armenien, damit du und deine Brüder lernen, daß ich die Macht habe, Reiche zu geben und Reiche zu nehmen.«[27] Dann setzte er Tiridates die ersehnte Krone auf das gebeugte Haupt. Um die Situation zu entschärfen und die Stimmung aufzulockern, nahm er daraufhin die Kithara zur Hand und improvisierte ein Lied für den Gast, der nach Zeugenaussagen ziemlich verdutzt war.

Die gesamten Feierlichkeiten wurden auf Neros Wunsch wie ein militärischer Triumph gestaltet. Damit sollte demonstriert werden, daß dem auf friedlichem Weg Erreichten die gleiche politische Bedeutung, wenn nicht gar größere, zukomme wie den durch Schlachten errungenen Siegen. In dieser Beziehung hatte dieser »Triumph« im Jahr 66 durchaus Ähnlichkeit mit demjenigen des Jahres 68, bei dem Nero, nachdem er von den griechischen Spielen und den dortigen Erfolgen zurückgekehrt war, vor allem die Gleichwertigkeit von künstlerisch-sportlichem *agon* und kriegerischem *certamen* hervorheben wollte. Die »Triumphe« von 66 und 68 bekräftigten einmal mehr die politische und kulturelle Ausrichtung seiner gesamten Regierungszeit.[28]

Zum Abschluß der Feierlichkeiten schloß Nero als Zeichen dafür, daß an allen Grenzen des Reiches Frieden herrsche, die Doppeltüren des Janustempels. In der gesamten römischen Geschichte gelang es nur drei Kaisern – Augustus, Vespasian und Nero –, diese Türen eine Zeitlang geschlossen zu halten. In adligen, traditionell kriegerisch eingestellten Kreisen dürfte diese Tatsache wohl kaum als besonderes Verdienst Neros gewürdigt worden sein, denn Tacitus, der ihre Meinung stets angemessen vertrat, läßt in seinem Kommentar nur schlecht verhohlene Verachtung durchklingen: »Denn zu keiner anderen Zeit war der Friede so ungestört[29].«

Neben der Währungsreform und dem Aufbau der kaiserlichen Verwaltung gehörte der Friede mit den Parthern zu Neros dauerhaftesten Erfolgen. Er hielt ein halbes Jahrhundert, für die damalige Zeit ein sehr langer Zeitraum. Cizek schreibt dazu: »Bei dieser Gelegenheit zeigte sich Nero äußerst einfallsreich und geschickt. Indem er ausnahmsweise den römischen Alleinanspruch auf die Beherrschung der ›bewohnten Welt‹ hintanstellte, war es ihm gelungen, die althergebrachte, erbarmungslose Rivalität mit den Parthern durch eine solide Allianz zu ersetzen.«[30] Die Parther hielten Rom lange die Treue, sie nutzten weder den Aufstand in Judäa noch die Krise, die nach Neros Tod 68/69 das Reich erschütterte, zu ihrem Vorteil und bemühten sich, auch mit den Nachfolgern der iulisch-claudischen Dynastie gute Beziehungen zu pflegen. Erst fünfzig Jahre später setzten mit Trajans Expansionspolitik die Feindseligkeiten wieder ein.

Weitere Eroberungen Neros wie zum Beispiel die Kottischen Alpen und der Pontus Polemoniacus waren kaum der Rede wert, vor allem im Verhältnis zu einer vierzehnjährigen Regierungszeit. Auch in diesen beiden Fällen gab es kein Blutvergießen. Die Kottischen Alpen, ein kleiner Staat mit der Hauptstadt Segusius (Susa), kam friedlich zu Rom, als der alte König Kotys ohne Erben starb. Was das kleine, aber strategisch wichtige Reich Pontus am Schwarzen Meer betrifft, so dankte König Polemon einfach ab und ging seiner Wege.

Nero war kein Freund des Krieges, interessierte sich dafür aber um so mehr für Entdeckungen jeglicher Art, teils, weil sie Geografie und Naturwissenschaft voranbrachten und den Handel förderten, teils auch aus bloßer Neugier. Sicherlich war dieses Interesse außer durch seinen Lehrmeister Chairemon auch durch Seneca gefördert worden, der sich leidenschaftlich für *Naturwissenschaftliche Untersuchungen* interessierte, um den Titel eines seiner vielen bedeutenden Bücher zu zitieren [31].

Im Jahr 61 (das Datum ist jedoch unsicher) organisierte Nero eine Expedition, um die Quellen des Nils zu entdecken [32]. Die Forscher erreichten Ägypten übers Meer, überschritten beim ersten Nilkatarakt (wo sich heute der Assuanstaudamm befindet) die südliche Grenze des Reiches, passierten den Zusammenfluß von Nil und Atbara und erreichten Meroë (Bakarwiga), die Hauptstadt von Napata, mit der die Römer bereits Handelsbeziehungen unterhielten. Von hier brachen sie in Richtung Süden auf, mußten aber bald in Sudd, dem Süden des heutigen Sudans, vor riesigen Sümpfen haltmachen. Sie hatten jenseits der Grenze des Römischen Reiches fünfzehnhundert Kilometer Luftlinie zurückgelegt. Mit Ebenholz beladen kehrten sie aus diesem Gebiet zurück, das erst 1839 erneut erforscht werden sollte [33], und erzählten von seltsamen Tieren wie Nashörnern, Papageien und Pavianen mit Hundegesichtern. Unter Nero drangen kaiserliche Schiffe sogar noch weiter nach Süden, bis nach Sansibar, vor.

Im Norden kamen die römischen Emissäre bis ins Baltikum, das Nero besonders interessierte, weil von dort der Bernstein kam, den er bei seinen Theateraufführungen benutzte. Auf seiner

Reise nach Griechenland ließ er den Ausoniussee ausloten, von dem die Rede ging, er habe keinen Grund. Außerdem finanzierte er lange Zeit Ausgrabungen in Karthago, um den Schatz der Königin Dido zu finden.

Im Jahr 66 wurden Teile von Corbulos Truppen abkommandiert und als Kundschafter in den Kaukasus geschickt. Mit Hilfe ihrer Berichte prüfte Nero die Möglichkeit, eine Expedition dorthin auszurichten, diesmal jedoch nicht aus rein geografischem und wissenschaftlichem Interesse, sondern weil er die Okkupation des getreidereichen Südrußlands plante (die regelmäßige Getreideversorgung war eines der größten Probleme Roms, und Nero kümmerte sich stets eingehend darum). Zu diesem Zweck wurde sogar aus ausgesuchten Rekruten, die unter anderm mindestens ein Meter achtundsiebzig groß sein mußten, eine neue Legion, die 1. Italica, aufgestellt.[34] Das Projekt zerschlug sich jedoch nach Neros Tod. Bekannt ist außerdem, daß er im letzten Jahr seiner Regierung plante, auf den Spuren Alexanders des Großen eine Expedition nach China zu unternehmen[35].

Seit Beginn seiner Regierungszeit hatte Nero stets nach der Devise gehandelt: Diplomatie statt Krieg, und Krieg nur, wenn es für das Prestige des Reiches und die Sicherung seiner Grenzen unumgänglich war; Entdeckungsreisen statt Eroberungen, und Eroberungen nur, wenn sie ohne Blutvergießen zu bewerkstelligen waren. Die gleichen Prinzipien versuchte er auch in der Kulturpolitik zu verankern. So wählte er als kaiserlichen Kult den Kult des Apoll, dessen vorgeblich religiöse Bedeutung in Wahrheit vor allem politische und kulturelle Implikationen hatte. In der römischen wie in der hellenistischen Welt wurde Apoll (Phöbus) gleichermaßen als Gottheit verehrt. Mit diesem Synkretismus beabsichtigte Nero hervorzuheben, daß er sich selbst als Kaiser aller Völker sah, nicht nur als Herrscher der römisch-italischen Gemeinde. Rom sollte nach wie vor *caput mundi* bleiben, doch den Provinzen gestand er das Recht zu, mit gleicher Sorgfalt regiert zu werden. Außerdem war Apoll der Gott der

Künste, der Medizin, der Gesundheit, der Harmonie und somit des Friedens.

Nero tat alles, um eine friedliebende Einstellung zu ermutigen, sei es durch Hofschriftsteller wie zum Beispiel Calpurnius Siculus, sei es durch die Gestaltung von Münzen, Inschriften und Statuen, die ja in der Antike eine Form der Propaganda darstellten. Eine Inschrift, die am Fuße einer als Votivgabe gedachten Herkulesfigur (heute im Museum von Aquileia) angebracht wurde, macht uns deutlich, welche Botschaft Nero im Rahmen der damaligen Möglichkeiten vermitteln wollte. Die Herkulesfigur, Symbol der rohen Kraft, wird dem Gott Apoll geweiht, um besonders hervorzuheben, daß ein segensreicher Frieden höher zu schätzen sei als selbst die Vorteile eines gewonnenen Krieges. Diese Auffassung war Teil einer allgemeinen Politik, oder vielmehr Teil einer authentischen Kulturrevolution, die, wie wir noch sehen werden, auch in der Bevorzugung der künstlerisch-sportlichen gegenüber den roh-militärischen Leistungen (wie Gladiatorenkämpfe) ihren Ausdruck fand. Natürlich wurde das Ganze von Roms führender Klasse nicht gern gesehen, da sie gerade durch Militarismus, Imperialismus und Eroberungspolitik ihr Glück gemacht hatte. Diese Verherrlichung des Friedens war einer der Hauptgründe, wenn nicht der Grund schlechthin, für den Sturz des »verrückten« Kaisers.

Im Grunde ist Neros Friedensliebe in der Politik nichts anderes als die äußerlich sichtbare Spiegelung seines Charakters. Es mag unglaubwürdig klingen, daß einer, der als grausamer Tyrann, als Herrscher eines der unmenschlichsten Terrorsysteme der Geschichte gilt, keineswegs blutrünstig war: Er verachtete Krieg, Gewalt, grausame Spiele und Hinrichtungen. Sein Verhalten änderte sich nur, wenn er bedroht wurde oder Angst bekam, auch wenn man vielleicht zugeben muß, daß »er leicht Angst bekam«, wie Michael Grant schreibt[36]. Aber auch in solchen Fällen zeigte er nie übertriebene Grausamkeit. Warmington vermerkte, daß er sicher nicht zu jener Kategorie von Menschen gehörte, die »körperliches und geistiges Leiden ihrer Opfer sadistisch genießen«[37]. In der Regel war Nero ein sehr toleranter Mensch, bisweilen ein wenig duckmäuserisch und paternalistisch. Genauso wie er die abenteuerliche Kriegstreiberei verachtete, hatte er eine wahre Abneigung gegen die unnütze Vergeudung von Menschenleben. So verbot er auch, daß die Gladiatorenkämpfe bis zum bitteren Ende geführt wurden, selbst wenn die Gladiatoren zum Tode verurteilt waren[38]. Folglich entwickelten sich die Kämpfe während seiner Regierungszeit immer mehr zu harmlosen Fechtpartien, das Publikum verlor das Interesse (denn es wollte natürlich Tote sehen), und schließlich wurden sie nach und nach abgeschafft. Da er den Geschmack des Völkes nicht vollkommen ignorieren konnte, ersetzte Nero die Gladiatorenkämpfe durch Tierhetzen, aber auch durch phantasievolle Aufführungen, bei denen Wasserspiele und technische Kunststücke im Vordergrund standen. Bei einer dieser Aufführungen öffnete sich der Boden der Arena, man sah einen magischen Wald mit glitzernden Büschen und duftenden Brunnen, der von exotischen Tieren bevölkert war. Ein andermal sah man einen römischen Ritter auf einem Elefanten, der auf einer Seilkonstruktion in der Luft schwebte.[39] Häufig war es Nero selbst, der aufgrund seines Interesses für technische Neuerungen die gewagtesten Lösungen erfand.

Erst wenn man bedenkt, daß unter dem frommen Augustus mindestens zehntausend Gladiatoren dazu gezwungen wurden, sich gegenseitig umzubringen oder gräßlich zu verstümmeln, nur um die Menge zu unterhalten[40], kann man Neros Versuch, auch in diesem Bereich die Einstellung und die Sitten der Römer zu verändern, angemessen würdigen.

Sueton schreibt: »Man muß sich eigentlich darüber wundern, und es ist ganz merkwürdig, daß Nero nichts so geduldig ertrug wie die Schimpfreden und Schmähungen der Leute[41].« Besonders nach Agrippinas Ermordung im Jahr 59 tauchten auf den Mauern Roms äußerst boshafte Spottgedichte auf: »Neues

Exempel: Nero ist der, der die eigene Mutter tötete!«; »Nero, Orest, Alkmäon: Muttermörder!«; »Wahrlich! Ein echter Sproß von Äneas' Stamme ist Nero: Schafft' er die Mutter doch, jener den Vater beiseit'«.[42] »Indessen ließ Nero«, wie Sueton uns berichtet, »nach den Verfassern keine besonderen Nachforschungen anstellen. Er verhinderte sogar die härtere Bestrafung einiger, die durch Angeber bereits beim Senat angezeigt waren.«[43] Mit der gleichen Großzügigkeit behandelte er den Philosophen Isidorus den Zyniker, als dieser ihn einmal wegen seiner Art, das öffentliche Vermögen zu verwalten, im Vorbeigehen auf der Straße heftig beschimpfte. Unbeschadet davon kam auch der Schauspieler Datus, als er Nero in einem Stück anklagte, nicht nur Agrippina, sondern auch Claudius umgebracht zu haben und das gleiche Schicksal für den gesamten Senat zu planen[44].

In einem anderen Fall las der Prätor Antistius im Jahr 62 öffentlich aus seinen Gedichten, die sehr gewagte Äußerungen über den Kaiser enthielten. Diesmal lag der Fall jedoch anders, weil die Beleidigung von einer Person ausging, die ein öffentliches Amt bekleidete, und der Vorgang dadurch zum institutionellen Problem wurde. Seit Augustus konnte ein solcher Angriff auf den Kaiser als Hochverrat angesehen werden. Antistius wurde angezeigt, im Senat vor Gericht gestellt und für schuldig befunden. Der designierte Konsul folgte der Stimmung im Senat und schlug als Strafe den Tod durch Geißelung vor. Thrasea Paetus, der in der Curie große Autorität besaß, widersprach und führte aus, eine solche Strafe sei für einen Senator, und das sei Antistius schließlich, inzwischen obsolet geworden. Dann plädierte er für Verbannung. Die Senatoren kamen zu keiner Entscheidung, was häufig vorkam, wenn es nicht um ihre konkreten Interessen ging. Schließlich übergaben sie die Sache dem Konsul, damit er sie Nero vorlege und, die Schmeichelei auf die Spitze treibend, ihn darum bitte, daß er sie zu einer der beiden Möglichkeiten autorisiere. Nero antwortete schriftlich, daß er den Grund für Antistius' heftigen Angriff absolut nicht verstehe, da er ihn weder provoziert noch beleidigt habe. Er gab Thrasea darin recht, daß die Geißelung barbarisch sei, und kündigte an, daß er die Strafe auf jeden Fall abmildern werde, auch wenn der Senat für die Todesstrafe stimme. Nachdem das geklärt war, fügte er hinzu, die Senatoren könnten jedoch frei entscheiden und, was ihn betreffe, den unvorsichtigen Prätor auch freisprechen. Antistius kam mit der Verbannung davon.[45]

Sueton behauptet, daß Nero »aus Verachtung für die öffentliche Meinung«[46] zu solchen Entscheidungen veranlaßt wurde. Doch das war sicher nicht der Grund, denn Nero nahm auf die öffentliche Meinung sehr viel Rücksicht, besonders seit sein Verhältnis zum Senat und den Intellektuellen immer gespannter wurde (das war schon im Jahr 59 der Fall, erst recht aber im Jahr 62) und er sich nur noch auf die Gunst des Volkes stützen konnte. Grundsätzlich widerstrebte es ihm, Vergehen zu bestrafen, die wir heute als Gesinnungstaten bezeichnen würden, jedenfalls solange er selbst die Zielscheibe war. Waren hingegen andere die Opfer, mußte er der politischen Opportunität Rechnung tragen. Als der Schriftsteller Fabritius Veiento, einer seiner besten Freunde bei Hofe, beschuldigt wurde, Schmähschriften mit heftigen, ungerechtfertigten Angriffen gegen Senatoren und Priester verfaßt zu haben, zog er den Fall an sich[47], verbannte Veiento, nachdem dessen Schuld gerichtlich erwiesen war, aus Italien und ordnete die Verbrennung der Schmähschriften an.[48]

Von Nero stammt der berühmte Satz »quam vellem nescire literas!« (»Wenn ich doch bloß nicht schreiben könnte!«), den er gesagt haben soll, als ihm das erste Todesurteil zur Unterschrift vorgelegt wurde. Die Anekdote wird von Seneca in *De clementia* erzählt und hat sich wahrscheinlich genau so zugetragen. Wenn möglich, sah Nero von einer Strafverfolgung ab, war das nicht möglich, griff er zur jeweils milderen Strafe; hatte er die Wahl zwischen Todesstrafe und Exil, entschied er sich unweigerlich für letzteres; die Todesstrafe verhängte er nur, wenn es sich absolut nicht vermeiden ließ, bei Schwerverbrechen nämlich oder bei Attentaten auf sein Leben wie im Fall der Adelsverschwörungen. Den Adligen ließ er immer die Möglichkeit zum Selbstmord, um ihnen die Schmach der öffentlichen Hinrichtung zu ersparen. Das mag uns unwichtig erscheinen (denn schließlich ging es in jedem Fall ums Sterben), aber für die Mentalität der Antike war es das nicht, gab doch erst der Tod dem Leben den entscheidenden Sinn. Ein würdevoller Tod konnte ein erfolgreiches Leben krönen, ein gescheitertes aber auch wettmachen, er öffnete den Weg zum Ruhm. Für die Menschen der Antike war Ruhm erstrebenswerter als Erfolg, denn nur der Ruhm hatte in der Zukunft und damit für die Nachwelt Bestand, der Erfolg aber blieb auf die vergängliche Gegenwart beschränkt. Ruhm zu erlangen war ihre Art, sich unsterblich zu fühlen, und um die schmale Pforte der Unsterblichkeit durchschreiten zu können, war ein würdevoller Tod unabdingbar. Der Inbegriff eines würdigen Todes war neben dem Tod auf dem Schlachtfeld, wenn man mit vollem Bewußtsein und gelassen Hand an sich legte. Das Beispiel von Sokrates machte Schule.

Obwohl Nero viele Aristokraten aus politischen Gründen in den Tod schickte, hatte er doch einen extremen Widerwillen, einfache Leute, arme Teufel und normale Kriminelle hinrichten zu lassen. Lieber als zum Tode verurteilte er sie zu Zwangsarbeit [49]. Häufig jedoch begnadigte er sie oder stellte das Verfahren ein. Exemplarisch für dieses Verhalten ist die Geschichte von Bassus. Unmittelbar nach der Pisonischen Verschwörung im Jahr 65 setzte der Karthager Cesellius Bassus, der nur zu diesem Zweck nach Rom gekommen war, Himmel und Hölle in Bewegung, um eine Audienz bei Nero zu erlangen. Als sie ihm gewährt wurde, erzählte er dem Kaiser, er habe auf seinem Feld in der Nähe von Karthago eine tiefe Grotte entdeckt, auf deren Grund eine große Menge Gold liege. Bassus glaubte, es handele sich um den Schatz der Phönizierin Dido, die ihn nach der Gründung Karthagos dort versteckt habe, damit die Begierde der Nachbarvölker nicht geweckt werde. Immer wenn Nero von Entdeckungen und

Schätzen hörte, insbesonders aber wenn es um den Schatz der Dido ging (wir erinnern uns, daß er schon seit langem entsprechende Suchexpeditionen finanzierte), glaubte er alles bereitwillig, und diesmal rüstete er sofort eine Expedition aus, ohne Bassus' Glaubwürdigkeit hinreichend zu prüfen. Während die Boote nach Karthago unterwegs waren, sprach man in Rom von nichts anderem. Die Schmeichler sangen wie üblich bei Nero ein Loblied auf Apoll, da die Erde jetzt nicht nur die üblichen Früchte trage, sondern auch Gold, pures Gold. Als die Expedition an Ort und Stelle eintraf, machte sich Bassus in Begleitung der Soldaten und der Bauern, die zur Untersuchung des Geländes angeheuert worden waren, auf die Suche und ging immer wieder das gesamte Gelände ab, doch die Grotte blieb unauffindbar. Zum Schluß schüttelte er sich, als wenn er soeben aufgewacht wäre, und gestand, daß er Grotte und Schatz nur geträumt habe. Da ihn seine Träume aber bisher nie getrogen hätten, habe er auch diesen für wahr gehalten. Der krankhafte Lügner wurde auf der Stelle von den örtlichen Behörden festgenommen. Bassus hatte Nero zum Narren gehalten und der Lächerlichkeit preisgegeben. Unter jedem anderen Kaiser, auch unter denen mit weniger schlechtem Ruf als Nero, wäre Cesellius Bassus kaum mit dem Leben davongekommen, wahrscheinlich hätte man sich sogar eine ausgesuchte Quälerei für ihn ausgedacht. Nero aber ordnete an, den Verrückten laufen zu lassen.[50]

Sein Hang zur Milde kennzeichnete also keineswegs nur die ersten Jahre, als er nach dem bewährten Schema noch unter dem wohlwollenden Einfluß Senecas stand, sondern äußerte sich auch während der harten Jahre der aristokratischen Verschwörungen, insbesondere in seinem Verhalten gegenüber den »einfachen Leuten«.

Deshalb ist die unter anderen von Diderot[51] vertretene These nicht haltbar, Seneca habe sein Buch *De clementia* hauptsächlich geschrieben, weil er bereits geahnt habe, welche Bestie in Nero schlummerte, und deshalb vorbeugen wollte, indem er seinem ehemaligen Schüler den Archetypus des aufgeklärten, nachsichtigen Herrschers vor Augen führte. Wenn überhaupt, dann stimmt das Gegenteil. Denn Seneca schrieb sein Werk, als Nero bereits über ein Jahr regierte und seine Toleranz hinreichend unter Beweis gestellt hatte, und nahm die natürliche Veranlagung des jungen Mannes zum Vorbild. Im übrigen waren sich die beiden in diesem Punkt einig. Der junge Kaiser aus spontaner Neigung, der gealterte Philosoph aus Vorsicht und politischem Kalkül.

4

DER KAISER ALS LYRASPIELER,
LIEDERMACHER,
SCHAUSPIELER UND RENNFAHRER

Nichts hat wohl mehr Sarkasmus und Hohn hervorgerufen als Neros öffentliche Auftritte als Lyraspieler (die Lyra war die Gitarre der Antike), Sänger, Musiker, Dichter, Schauspieler, Tänzer und Rennfahrer. Doch hinter dem unbestreitbaren Narzißmus des jungen Kaisers verbarg sich nicht nur eine echte Leidenschaft für die Künste, sondern auch ein politisches und pädagogisches Programm, das er während seiner gesamten Regierungszeit verfolgte. Dabei handelt es sich um den Versuch einer authentischen *Kulturrevolution.* Dieser Versuch war allerdings seiner Zeit zu weit voraus, mußte zwangsläufig Schiffbruch erleiden und riß dabei am Ende seinen Schöpfer schließlich mit ins Unglück. Trotzdem sehen einige Autoren darin Neros originellste Leistung [1] (nicht umsonst wurde seine Regierungszeit als »Neronismus« bezeichnet und inspirierte einige seiner Nachfolger).

Nero versuchte die Mentalität der römischen Gesellschaft zu verfeinern und zu veredeln und sie an die weit zivilisierteren und kultivierteren hellenistischen Sitten und einen entsprechenden Lebensstil heranzuführen. Dabei trafen zwei ganz unterschiedliche Menschenbilder aufeinander. Bei den Römern galten Ernsthaftigkeit, Sparsamkeit, Sittsamkeit und *certamen,* der Kampf, als Ausdrucksformen der Tugend. Gymnastik und Sport wurden nur anerkannt, solange sie dem militärischen Training dienten. Es gab eine Art Trennung von Körper und Geist. Der Körper galt als minderwertig, wurde vom Geist scharf getrennt und erlangte nur in der Schlacht seinen Wert. Für die Römer waren Sport und Gymnastik, jede Art von Körperertüchtigung, die als Selbstzweck betrieben wurde, ein Zeichen von Schwäche und Verweichlichung. Auch künstlerische Veranstaltungen waren eines richtigen Römers unwürdig, denn seine öffentlichen und privaten Tugenden waren ganz woanders angesiedelt. Tacitus bringt das sehr deutlich zum Ausdruck, wenn er mit Verachtung von denjenigen spricht, die »sich in diesen Kampfspielen anstelle des Kriegs- und Waffendienstes übten[2]«. Und weiter: »Oder werde etwa die Gerechtigkeit eine Förderung erfahren, und würden die Ritterdekurien ihr hohes Richteramt besser ausfüllen, wenn sie weibischen Klängen und dem süßen Wohllaut der Stimmen mit sachkundigem Ohr gelauscht hätten[3]?«

In der griechischen Kultur stand hingegen der *agon* im Zentrum von Kultur und Sitte: Sowohl auf sportlichem als auch auf künstlerischem Gebiet wurde bei Spiel, Wettstreit und Wettkampf derjenige gekürt, der seine Fähigkeiten in allen Bereichen am weitesten entwickelt hatte. Alles Bestreben richtete sich auf einen Menschen, der sportliche Leistung und körperliche Schönheit mit Sensibilität, Intelligenz und Spiritualität zu einer Einheit zu verschmelzen wußte. Levi hat darauf aufmerksam gemacht, daß es sicher kein Zufall ist, wenn »in der römischen und italischen Bildhauerei jene idealtypischen Athletenfiguren fehlen, die in der griechischen Kunst das Idealbild des Menschen darstellen«.[4] Dies andere Verständnis vom Menschen äußerte sich auch in der Auffassung vom Schauspiel und beeinflußte schließlich die gesamte Kunst. Die Römer liebten gewalttätige Vorstellungen wie etwa die Gladiatorenkämpfe; diese wurden berufsmäßigen Kämpfern niederer Herkunft, wenn nicht gar Gefangenen und Sklaven übertragen, weil öffentliche Darbietungen an sich als Genre für Menschen niedriger Herkunft galten. Künstlerische Veranstaltungen, ob Poesie, Theater, Musik oder Tanz, waren eine Sache für Höflinge, Gaukler und Narren. Ein römischer Adliger durfte solche Neigungen allenfalls privat pflegen, wenn ihm denn wirklich daran lag (keinesfalls jedoch Pantomime und Tanz, die als besonders verderbt galten), aber nie und nimmer war es ihm gestattet, damit an die Öffentlichkeit zu treten. Die

einzige einem römischen Adligen von der Gemeinschaft zuge-
standene literarische Gattung war lange Zeit die Redekunst, die
im übrigen politischen und nicht etwa künstlerischen Zwecken
diente.

Nero brach mit diesen bewährten Traditionen. Seine persönlichen Auftritte als Sänger, Lyraspieler, Musiker, Schauspieler und
Rennfahrer sollten vermitteln, daß die Kunst in ihren verschiedenen Ausdrucksformen an sich erhaben ist; daß sie dadurch
einer kollektiven Teilnahme würdig ist und deshalb auch keine
Klassengrenzen kennt, sie ist von allen für alle und schließt Reiche und Arme, Aristokraten und Plebejer ein.

Im übrigen stand Neros persönliche Teilnahme an künstlerischen
Veranstaltungen am Ende einer längeren Entwicklung, denn sein
Debüt im Jahr 64 in Neapel fand erst zehn Jahre nach seiner
Thronbesteigung statt. Diese zehn Jahre hatte er darauf ver-
wandt, die organisatorischen, kulturellen und propagandistischen
Voraussetzungen zu schaffen, die zur Hellenisierung des römischen Lebensstil notwendig waren. Allein diese Tatsache macht
deutlich, daß ihn dazu nicht nur die bloße Lust zur Selbstdarstel-
lung trieb, sondern daß seine Motive viel weitreichender waren.
Er hielt sich immerhin zehn Jahre zurück, was ihm bei seinem
Charakter sicher nicht leichtgefallen sein dürfte (»Musik, die im
verborgenen bleibt, hat keinen Wert«, beschwerte er sich[5]), um
seiner Reform Glaubwürdigkeit zu verschaffen und um − letzt-
lich erfolglos − zu verhindern, daß das gesamte Vorhaben nur für
eine persönliche Marotte gehalten würde. So gesehen war sein
Bühnenauftritt nichts anderes als die endgültige Weihe einer
Kulturpolitik, der er viel Zeit und Energie gewidmet hatte.

Den Anfang machte er mit der Errichtung von Ringkampfschu-
len und Sporthallen und dem Aufbau kaiserlicher Schulen, wo
alle, die an den inzwischen von ihm gestifteten Sport- und Mu-
sikwettbewerben[6] teilnehmen wollten, eine entsprechende Ausbildung erhalten konnten.[7] Er gründete das Korps der Augustianer, deren Aufgabe vor allem darin bestand, für seine Kulturre-

volution Propaganda zu machen, und warb zu diesem Zweck junge Adlige an, die durch Körperkraft und Schönheit auffielen. Wir können sie getrost die Jugend des Regimes nennen, eine Jugend, die nicht dem Kampfgeist, sondern der Kultur ergeben war. Als Nero gegen Ende seiner Regierungszeit öffentlich aufzutreten begann und an offiziell ausgeschriebenen Wettbewerben teilnahm, wurden die durch robuste junge Männer aus dem Volk (die sogenannten »Neronianer«) verstärkten Augustianer zu seiner persönlichen Claque. Schließlich sorgte Nero auch durch die Gestaltung der Münzen für eine nachhaltige Verbreitung des neuen Kurses.

Die ersten von Nero organisierten Spiele im Jahr 57 standen noch ganz im Zeichen der Tradition, da weiterhin die klassischen Gladiatorenkämpfe durchgeführt wurden, doch der Rausch des Blutvergießens war ihnen bereits genommen. Einzige Neuheit war eine spektakuläre Seeschlacht, die sich auf einem eigens dafür hergerichteten künstlichen See abspielte. Auch die Spiele im Jahr 59 waren noch eher traditionell ausgerichtet, jedoch wurden bereits Theaterstücke eingeschoben, bei denen neben den Berufskünstlern auch Senatoren und Ritter auftraten. Nero hatte sie durch hohe Gagen dafür gewonnen.

Im gleichen Jahr feierte man die *Iuvenalia*. Den Anlaß bot Neros erster Bartschnitt. Bei den Römern wurde der erste Bartschnitt traditionell als Familienfest begangen, und diese Tradition wollte Nero beibehalten[8]. So hatten die *Iuvenalia* denn auch tatsächlich streng privaten Charakter, da sie vor geladenen Gästen im kaiserlichen Theater in den Gärten des Vatikans stattfanden. Es gab Musik-, Theater- und Tanzwettbewerbe, an denen viele Adlige beiderlei Geschlechts teilnahmen. Bei dieser Gelegenheit trat auch die achtzigjährige Elia Catella auf und erhielt großen, herzlichen Beifall. Zum Schluß nahm Nero die Lyra zur Hand und sang einige selbstkomponierte Lieder. Strenggenommen kann man nicht von einem öffentlichen Auftritt sprechen, denn der Kaiser sang für seine Gäste, wie er es seit langem hinter den

Mauern seines Palastes zu tun pflegte. Das reichte jedoch, um Tacitus gegen den Kaiser (»als letzte Schandtat betrat Nero selbst die Bühne«)[9] und gegen die Aristokraten, die sich dazu hergegeben hatten, aufzubringen: »Nicht Adel, nicht Alter oder frühere Ehrenämter bedeuteten für jemand ein Hindernis, eines griechischen oder römischen Schauspielers Kunst einzuüben bis hin zu unmännlichen Gebärden und Singweisen[10].« Außerdem spielten sich die *Iuvenalia,* wenn man Tacitus folgt, in einer Atmosphäre kollektiver Orgien ab.

Im Jahr 60 organisierte Nero dann schließlich die ersten Spiele (*Neroneen*), die wirklich als »seine« Spiele bezeichnet werden können und alle fünf Jahre gefeiert werden sollten. Außer einer Würdigung der Rhetorik hatten die *Neroneen* eigentlich nichts Römisches mehr. Sie orientierten sich an griechischen Vorbildern, vor allem an den Pythischen Spielen in Delphi, ohne jedoch den Einfluß anderer Kulturen des Reiches auszuschließen. Bei den Wettbewerben gab es drei Sparten: Musik, Poesie und Beredsamkeit; Athletik und Gymnastik; Wagenrennen. Für diese Spiele ließ Nero ein Theater aus Stein bauen, das zum festen Austragungsort für Veranstaltungen dieser Art bestimmt war und die bisher üblichen provisorisch aufgeschlagenen Ränge und Bühnen ablöste, weil sie teuer und zudem häufig auch gefährlich waren. Außerdem weihte er auf dem Marsfeld ein großartiges Gymnasium ein, »das prächtigste in ganz Rom[11]«.

Die Spiele verliefen diesmal wohl auch deshalb in größter Fröhlichkeit und ohne Skandale und Zwischenfälle, weil die Tänzer, die in der Vergangenheit häufig Unruhen ausgelöst hatten, ausgeschlossen waren. Selbst der Obermoralist Tacitus mußte zugeben: »Der Freude mehr als der Ausgelassenheit seien in ganzen fünf Jahren ein paar Nächte gewidmet, in denen sich bei dem hellen Fackelschein nichts Unerlaubtes verbergen könne[12].«

Bis zu seinem öffentlichen Debüt wartete Nero noch weitere vier Jahre und wählte dann als Ort Neapel, die Stadt der griechischen Kultur, weil er annahm, daß sie dieses einzigartige Ereignis wohlwollend aufnehmen werde (»nur die Griechen haben ein feines Ohr für Musik«, pflegte Nero zu sagen)[13]. Der Erfolg des Kaisers, der mehrmals auf die Bühne gerufen wurde, war beinah genauso groß wie der Skandal.

Nun galt es nur noch, das Tabu auch in Rom zu brechen. Da die Senatoren befürchteten, der Kaiser werde an den *Neroneen* teilnehmen, was für sie dem schlimmsten Affront gegen die römische Tradition gleichgekommen wäre, boten sie ihm im darauffolgenden Jahr vorsorglich den Sieg im Gesangswettbewerb an, um seinen Auftritt zu verhindern.[14] Daraufhin entgegnete Nero, daß er weder auf die Fürsprache noch auf den Machtspruch des Senats angewiesen sei und unter gleichen Bedingungen mit den anderen Konkurrenten teilnehmen wolle[15]. Trotzdem zögerte er, denn er wußte sehr gut, daß es gefährlich wäre, die Aristokratie noch weiter zu reizen, zumal die Pisonische Verschwörung wenige Monate zuvor schon eine deutliche Warnung gewesen war. Um der Versuchung zu widerstehen, verließ er das Theater, das Publikum aber rief ihn lautstark zurück und bat ihn, zu singen. Daraufhin versprach er, den Zuhörern den Gefallen zu tun, jedoch später in seinen Gärten. »Als aber auch die diensttuende Wachabteilung der Soldaten die Bitten des Volkes unterstützte, sagte er sogleich mit größter Bereitwilligkeit sein Auftreten auf dem Theater zu. Unverzüglich befahl er seinen Namen in das Verzeichnis der auftretenden Kitharöden einzutragen und zog, wie alle übrigen, sein Los aus der Urne.«[16] Er sang die *Niobe,* wollte aber nicht, daß bei dieser Gelegenheit Preise verliehen würden, und verschob alles auf das folgende Jahr.

Trotz aller Schwärmerei für das Theater und das entsprechende Ambiente behielt Nero stets seine kaiserlichen Pflichten im Auge. Zu Beginn seiner Regierungszeit ergriff er zum Beispiel strenge Maßnahmen gegen die Rennfahrer. Nach alter, allgemein akzeptierter Sitte pflegten sie mit ihren Wagen brüllend und schreiend durch die Straßen der Stadt zu rasen und dabei Menschen und Gegenstände mitzureißen. Dieser wilde Brauch wurde von Nero verboten.

Auch seine Vorliebe für die Tänzer hinderte ihn nicht daran, im Jahr 56 gegen sie vorzugehen. Die Tänzer waren wahre Massenidole und wurden von ihren Fans (darunter auch untadelige Senatoren) mit geradezu hysterischer Leidenschaft verehrt, was immer wieder zu handfesten Auseinandersetzungen zwischen unterschiedlichen Fangruppen führte und von den Tänzern selbst noch genüßlich gefördert wurde. Nero machte kurzen Prozeß und schickte sie gemeinsam mit ihren glühendsten Verehrern in die Verbannung.[17] Erst im Jahr 60 wurde ihnen die Rückkehr nach Rom und die Wiederaufnahme ihrer Arbeit gestattet, von der Teilnahme an Spielen mit religiösem Charakter blieben sie jedoch weiterhin ausgeschlossen. In den Anfangsjahren (im Jahr 55, um genau zu sein) wurde auch die Wachkohorte abgezogen, die den Spielen gewöhnlich beiwohnte, denn »die Soldaten sollten«, wie Tacitus schreibt, »wenn sie mit dem ausgelassenen Treiben auf der Bühne nicht in Berührung kamen, unverdorbener bleiben und das Volk die Probe ablegen, ob es auch nach dem Abzug der Wache eine besonnene Haltung bewahren könne«[18]. Aber diese Maßnahme, die das Volk zur Selbstdisziplin erziehen sollte und wahrscheinlich allzu aufgeklärt war, mußte bald rückgängig gemacht werden.

Obwohl Nero seine geplante Kulturrevolution ganz allmählich voranbrachte, stießen die Neuerungen bei einem Großteil der Aristokratie und auch bei den Intellektuellen auf heftige Ablehnung. Das bezeugen die Schriften des Tacitus, der die neuen Sitten auf Schritt und Tritt als »verachtenswert«, »entwürdigend«, »schändlich« und »degeneriert« bezeichnete. Auch ein Dichter wie Juvenal hielt ihm in einer sarkastischen Satire weniger den Muttermord vor als vielmehr die Tatsache, daß er Gedichte und Tragödien schrieb und als Sänger auftrat[19]. Die Intellektuellen bildeten eine Front zur Verteidigung der römischen Kultur und nahmen einhellig Stellung gegen die hellenistische.

Aber die Entwicklung des Römischen Reiches sollte Nero recht geben: Eine Verschiebung des kulturellen Schwerpunkts nach Osten war unvermeidlich. Was die Römer aus einer Position der Stärke im ersten Jahrhundert nicht akzeptieren wollten, mußten sie dann im dritten und vierten Jahrhundert über sich ergehen lassen, weil sie der Entwicklung nicht mehr Herr werden konnten.

Auch in anderer Beziehung war Nero sehr weitsichtig. Er hatte begriffen, daß die große Zeit der *civitas* vorbei war, wie sehr die Moralisten und Konservativen sie auch beschwören mochten, und daß die traditionellen Werte für ein Reich dieser Größenordnung nicht mehr ausreichten, um als integrierende Kraft zu wirken. Mit seiner Kulturrevolution wollte Nero nicht allein Sitten, Lebensstil und Denkweise der Römer hellenisieren; ihm war darüber hinaus daran gelegen, sie mit der Lebensweise anderer Völker und dadurch mit den kosmopolitischen Anforderungen eines Weltreiches vertraut zu machen, die aus dem beschränkten Gesichtskreis des klassischen römischen Bürgers, der das Kapitol für den Nabel der Welt hielt, nicht mehr zu bewältigen waren.[20]

Natürlich beschwerte sich Tacitus über die »(...) hereingeholte Zuchtlosigkeit; deren Zweck und Folge sei es, daß man alles, was irgendwo sich verführen lasse oder verführen könne, auch in Rom zu sehen bekomme (...)«.[21] Doch Tacitus war kaum gestorben, als dieser von Nero eingeleitete Prozeß der Internationalisierung der Sitten und Werte unter Hadrian (117–138) seine Vollendung erreichte[22].

Wie aber war Nero als Sänger und Lyraspieler? Er war ein Profi, jedenfalls verhielt er sich so. Schon als Kind war er zur Musik hingeführt worden, da er sich früh als dazu begabt erwies. Nach seiner Thronbesteigung berief er Terpnus, den größten Lyraspieler seiner Zeit, als Lehrer zu sich, um seine Ausbildung zu vervollkommnen.

Den Äußerungen des kompetenten Philosophen Musonius [23] zufolge, die dieser einige Jahre nach Neros Tod machte, hatte Nero einen angenehmen, gedämpften Baß, dem es jedoch an Kraft und Volumen fehlte. Nero verwandte viel Energie darauf, seine Stimme zu stärken und unterzog sich einer strengen Schulung. Stundenlang lag er auf dem Rücken, mit einer Bleitafel auf dem Brustkorb, und er befolgte eine strenge Diät, wie sie die damaligen Experten für Sänger vorschrieben: keine Äpfel und keine frischen Feigen, da sie für die Stimmbänder als schädlich galten, wenig Brot, dafür getrocknete Feigen und Knoblauch. Um schlank zu bleiben, benutzte er wie alle Römer Brechmittel und Klistiere.

Wenn er an Wettbewerben teilnahm, hielt er sich mit beinah manischer Sorgfalt an die Regeln: Er setzte sich nicht, wischte sich den Schweiß nicht ab und verhielt sich den Preisrichtern gegenüber extrem unterwürfig. Offensichtlich wollte er behandelt werden wie alle andern Teilnehmer auch. Aber das war natürlich ausgeschlossen. Wenn auch seine sonst unbestrittene Intelligenz häufig durch seine übergroße Eigenliebe und seine Leidenschaft für die Kunst getrübt gewesen sein mag, so konnte sich Nero doch nicht darüber hinwegtäuschen, daß es seine Position war, die ihm den Erfolg sicherte, und nicht seine tatsächliche oder vermeintliche Begabung. Gleichwohl war seine Leidenschaft so groß, daß ihn immer wieder die Angst befiel, es nicht zu schaffen. Wie alle Künstler erfaßte ihn unmittelbar vor dem Auftritt Lampenfieber. »Diese Furchtsamkeit und Angst«, schreibt Grant, »das Verhalten gegenüber seinen Mitbewerbern und die Ehrfurcht vor den Kampfrichtern sind kaum zu glauben [24].«

Wie jeder gute Künstler klatschte er gern über seine Kollegen. Er nahm es aber auch nicht krumm, wenn diese ihn ihrerseits aufs Korn nahmen. [25] Wie wir schon gesehen haben, nahm er persönliche Angriffe äußerst tolerant auf [26]. Im übrigen teilte er in diesen Dingen genausoviel aus, wie er einsteckte. Er schrieb wütende Epigramme gegen Afranius Quintianus und Claudius Pollio, während er selbst von Persius[27] und anderen verspottet wurde.

Neben klassischen Texten sangen die Lyraspieler häufig Texte, die sie selbst verfaßten und vertonten. So auch Nero. Heute würde man ihn als Liedermacher bezeichnen. Seine Lieder und die der andern Stars wurden auf den Straßen und in den Häusern der ganzen Stadt gesungen. Römische Damen, Jungen und Mädchen kannten sie auswendig.

Diese Liedertexte bildeten allerdings nur einen Teil von Neros umfangreicher Gedichtproduktion. Es gab nichts, womit er sich in seiner dichterischen Wißbegier nicht beschäftigte. Er schrieb Gelegenheitsverse, religiöse, lyrische, erotische und satirische Gedichte, verfaßte Dramen und Tragödien (*Attis* und *Die Bacchanten*), für die sein Baß besonders geeignet war. Vor allem die Epik begeisterte ihn. Unter dem Titel *Troica* schrieb er ein mehrbändiges Poem über den Trojanischen Krieg, dessen gelungenster Teil den Fall der Stadt schilderte (*Troiae halosis*). Als Zweiundzwanzigjähriger hatte er das Werk begonnen und beendete es, als er siebenundzwanzig war. Was den Aufbau betrifft, so orientierte Nero sich am epischen Poem der Klassiker Homer und Vergil, deren Rehabilitierung er befürwortete, obwohl er dadurch in einen gewissen Widerspruch zum hellenistischen Denken geriet. Doch sein gedrechselt-manieristischer Stil voll gelehrter Hinweise trug fast barocke Züge und war von klassischer Nüchternheit weit entfernt, entsprach hingegen ganz seinem ästhetisierenden Geschmack.

Gegen Ende seiner Regierungszeit plante er sogar ein Epos über die römische Geschichte und sprach darüber mit einigen Freunden. Eines Tages fragte er in Anwesenheit einiger Höflinge den afrikanischen Gelehrten Annaeus Cornutus, wie lang ein solches Gedicht seiner Meinung sein müsse. Während die Höflinge einwarfen, daß selbst vierhundert Bücher nicht zu lang seien, antwortete Cornutus, das sei wohl übertrieben, er halte aber ein solches Werk insgesamt für undurchführbar. Diesmal nahm Nero es schlecht auf, Cornutus setzte keinen Fuß mehr an den Hof, das Projekt aber ließ Nero fallen.

Tacitus unterstellt, Nero habe sich die Gedichte »von Leuten, die einiges Geschick im Verseschmieden besaßen, aber keins, das auffiel [28]« korrigieren und zusammenfügen lassen, also auf Ghostwriter zurückgegriffen. Aber Sueton widerlegt das so ausführlich, daß an seiner Version kaum Zweifel möglich sind. Er schreibt: »Es sind nämlich Schreibtafeln und Hefte von ihm in meine Hände gekommen mit einigen sehr bekannten, von seiner eigenen Hand geschriebenen Versen; ihnen konnte man auf den ersten Blick ansehen, daß sie weder anderswoher entlehnt noch nach dem Diktat eines anderen nachgeschrieben, sondern ganz wie von einem, der genau überlegt und aus Eigenem schafft, aufgesetzt worden waren. Soviel war darin getilgt oder durchgestrichen oder übergeschrieben.« [29]

War Nero also ein guter Dichter? Wir kennen sein Werk zu wenig, um gesicherte Aussagen machen zu können. Neuere Untersuchungen von Historikern, Philologen und Schriftstellern, die sich an dieses schwierige Unternehmen gewagt haben, sind zu Ergebnissen gekommen, die für Nero recht schmeichelhaft sind [30]. Infolge der nach seinem Tod über ihn verhängten *damnatio memoriae* wurde sein gesamtes Werk vernichtet [31]. Erhalten sind nur ein tatsächlich sehr schöner, lyrischer Vers aus seiner Feder (»der Hals der Venustaube schimmert bei jeder Bewegung«) und drei Verse aus der *Troica* [32]. Die von Persius in einer seiner Satiren zitierten Verse erscheinen dagegen eher wie eine Parodie auf Neros Stil, als daß sie wirklich von ihm stammen könnten [33].

Laut Seneca war Nero ein »ausgezeichneter« Dichter [34]. Da der Philosoph jedoch ein hemmungsloser Schmeichler war, ist diese Würdigung mit Vorsicht zu genießen. Vertrauenswürdiger ist da schon Martial, der Nero nach dessen Tod als gebildeten Kollegen bezeichnete [35]. Wahrscheinlich kommt diese Einschätzung der Wahrheit am nächsten. Nach allem, was wir wissen, bevorzugte Nero tatsächlich seltene, gewählte, ausgesuchte, aber präzise Wörter und pflegte das Pittoreske, Exotische, Sensationelle, Mitleiderregende jeweils der aktuellen Mode entsprechend[36]. Er achtete auf einen empfindsamen, harmonischen und leichten Rhythmus und legte offensichtlich mehr Wert auf den Klang des Verses als auf dessen Inhalt. Das ist verständlich, da viele seiner Gedichte zu dem Zweck geschrieben wurden, anschließend vertont und mit Lyrabegleitung gesungen zu werden. Es leuchtet deshalb ein, daß Nero vor allem auf die Phonetik achtete.[37]

Kurz und gut, er verstand sein Geschäft, aber ein Genie war er nicht. Er besaß Leidenschaft und hier und da auch Talent, aber die Kunst, die wahre Kunst blieb in unerreichbar weiter Ferne. Denn Nero gehörte zu jener Kategorie von unglücklichen Menschen, die zwar über Bildung und Geschmack verfügen, denen jedoch der göttliche Funke der Inspiration fehlt, die im übrigen nur sehr wenigen zuteil wird.

Wäre er nicht Kaiser gewesen, hätte Nero als Sänger und Lyraspieler sicher nicht diesen Erfolg gehabt, aber seine künstlerische Betätigung wäre auch nicht ins Lächerliche gezogen worden, denn das hatte er genausowenig verdient.

Auch als Schauspieler trat er auf, spielte unter anderem den *Blinden Ödipus,* den *Rasenden Herkules,* die kreißende *Kanache* und den *Muttermörder Orest,* bei seiner Vorgeschichte eine Wahl von zweifelhaftem Geschmack (aber bekanntlich provozierte er gern). Er gab Alkmaion, Thyestes, Kreon und Attis. Am liebsten spielte er tragische und verzweifelte Rollen. Zweifellos gefiel ihm das Melodrama, auch wenn er im Alltagsleben durchaus Ironie und Selbstironie besaß. Er verkörperte auch gern weibliche Rollen wie Antigone oder Niobe, die durch den Schmerz über das Massaker an ihren Kindern versteinerte, oder auch Kanache, deren Kind aus der blutschänderischen Beziehung zu ihrem Bruder den Hunden vorgeworfen wurde. Daraufhin kursierte in aristokratischen Kreisen das Witzwort: »Was macht der Kaiser? Er bekommt ein Kind.«[38] Wenn er eine dieser weiblichen Rollen spielte, trug er eine Maske, die den Gesichtszügen seiner jeweiligen Mätresse nachgebildet war.

Nichts als herbe Enttäuschungen brachte ihm das heißgeliebte Ballett (er erinnerte sich häufig an den Tänzer, der in frühester Kindheit sein Lehrmeister gewesen war). Zu seinem Kreis gehörte auch der Tänzer Paris, ein Nurejew jener Zeit, der außergewöhnliche Schönheit mit Grazie, Geschmeidigkeit und Ausdruckskraft vereinte. Paris war ein so hervorragender Tänzer, daß »seine Interpretation der Liebesszene zwischen Mars und Venus, bei der er nacheinander beide Rollen spielte, selbst einen so asketischen Heiligen wie Apollonius von Tyana davon überzeugte, daß an solchen Darbietungen doch wirklich etwas dran sei[39]«. Natürlich gab Paris Nero Unterricht. Aber alle Anstrengungen blieben vergeblich, da Neros Körperbau einfach zu schwerfällig war. Nach einigen Versuchen verzichtete er dann schweren Herzens aufs Tanzen.

Seit seiner Kindheit war Nero außerdem ein leidenschaftlicher Pferdenarr und versuchte sich deshalb auch als Rennfahrer, wo er sich wirklich gut schlug. Er hatte sich im Vatikantal eine kleine Rennbahn bauen lassen[40], und wann immer es seine Zeit erlaubte, »stellte er in seinen Gärten vor Sklaven und vor dem niedrigen Volk seine Übungen an (...)[41].« Im Circus Maximus, einem gewaltigen Amphitheater mit einhundertzwanzigtausend Plätzen, erzielte er mit seinem Viergespann große Siege. Als er es dann aber bei den Olympischen Spielen übertrieb und ein Zehngespann fuhr, hatte er Pech: Er wurde heruntergeschleudert, verletzte sich und mußte schließlich aufgeben. Seine Begeisterung für die Partei der »Grünen« ging so weit, daß er stets grün gekleidet zum Rennen erschien. Begeistert stürzte er sich in die endlosen Diskussionen der Fans und schimpfte und stritt wie ein Plebejer. Das Wagenrennen war bei den Römern der mit Abstand beliebteste Sport. Selbst die Kinder konnten die Stammbäume der besten Pferde auswendig hersagen und kannten alle Wagenlenker samt ihren Stärken und Schwächen[42], genauso wie man heute alles über Fußballmannschaften weiß.

Trotzdem sollte nach Neros Willen auch hier ein neuer, zivilisierter »griechischer« Geist Einzug halten. Er machte nicht nur den Ausschreitungen der Rennfahrer ein Ende, sondern verurteilte auch das Prinzip des Sieges um jeden Preis und durch jedes Mittel und bestrafte Unkorrektheiten, um den sportlichen Charakter des Rennens hervorzuheben und einen fairen Wettkampf zu ermöglichen. Um auch die Jüngeren zum Zuge kommen zu lassen, setzte er für die Fahrer am Ende ihrer Karriere eine Art Rente aus. Außerdem hatte er im Jahr 54 eine Reform der Preisgelder durchgeführt, um die Verteilung gerechter zu gestalten.[43]

Sosehr Neros künstlerische Auftritte auch von vielen Senatoren und Intellektuellen verurteilt wurden, sosehr versetzten sie die Menge in Verzückung. Selbst Tacitus mußte, wenn auch mit großem Abscheu, zugeben: »Und der Stadtpöbel jedenfalls, auch die Schauspieler bei ihrem Gebärdenspiel zu ermutigen gewohnt, klatschte in rhythmischem Takt geregelten Beifall. Man hätte meinen können, sie freuten sich, und vielleicht freuten sie sich wirklich in ihrer Unbekümmertheit um die öffentliche Schande.«[44]

In der Literatur wird behauptet, während seiner Auftritte sei es verboten gewesen, das Theater zu verlassen, und eine Schar von Geheimagenten habe die Zuschauer kontrolliert, um Desinteressierte zu bestrafen. Aber Vespasian, der sich als guter Militär wenig oder gar nicht für Kunst interessierte, schlief in aller Öffentlichkeit einfach ein, wenn Nero sang.[45] Trotzdem betraute Nero ihn wenig später mit der Aufgabe, den Aufstand in Judäa niederzuschlagen. Es war ihm völlig gleichgültig, ob Vespasian seine Gesangskunst würdigte, ihn interessierte nur, daß er ein guter Feldherr war.[46]

Niemand wurde also genötigt, Neros Auftritten beizuwohnen. Es war vielmehr so, daß das Volk diesen Kaiser liebte, weil er sich mit ihm auf eine Stufe stellte, sich gern in seiner Mitte aufhielt, mit echter Begeisterung an seinen Vergnügungen teilnahm und sich offen, tolerant und großzügig zeigte. Gerade das konnte Nero wie kein anderer. Leutselig begrüßte er selbst die Ärmsten und wußte sogar ihre Namen[47], undenkbar für einen Adligen, der solche Leute höchstens mit dem Stock berührt hätte. Außerdem ließ er sich nicht lange bitten. Einmal hatte er in Neapel lange gesungen und war daraufhin in die nahe gelegenen Thermen gegangen, um sich zu entspannen. Später kam er zurück und schlemmte gemeinsam mit den Orchestermitgliedern; als die Menge lautstark eine Zugabe verlangte, rief er trotz seiner großen Müdigkeit: »Erst will ich ein Schlückchen trinken, dann bringe ich euch etwas Schönes zu Gehör.«[48]

Nach Meinung von Cazenave und Auguet war im damaligen Rom das Amphitheater der Ort, wo »die Identifikation des Volkes mit dem Kaiser deutlich zum Ausdruck kam«[49]. Dort erkannte das Volk an einer Reihe von Gesten und Zeichen »seinen« Kaiser. Und Nero verstand es meisterhaft, diese Symbiose mit der Menge zu bewirken. Er war ein »Meister der Kommunikation[50]«, ein großartiger Showmaster. Als wäre er seiner Zeit um zwanzig Jahrhunderte voraus, entdeckte er das Spektakel als politische Veranstaltung, ohne jedoch, im Gegensatz zu gewissen modernen Politikern, das Wesentliche zu vergessen. Wenn es nach ihm gegangen wäre, hätte er sicher die ganze Welt in eine einzige große, ununterbrochene Feuerwerksshow verwandelt.

Selbstverständlich diente Neros künstlerischer Exhibitionismus nicht nur kulturellen, pädagogischen und politischen Zielen, er entsprach einfach seinem Naturell, seinem narzißtischen Bedürfnis nach Zurschaustellung und anderen, tiefer liegenden Motiven. Wie für alle, die schreiben, war für Nero das Verfassen von Gedichten ursprünglich eine Art Flucht. Seit seine Mutter ihn dazu gezwungen hatte, »zu lernen, was man als Kaiser braucht«, fühlte er sich durch diese aufgezwungene Zukunftsperspektive unterdrückt. Dagegen setzte er sich zur Wehr, indem er zu Poesie, Theater und Pferden seine Zuflucht nahm und aus dieser Beschäftigung eine Art Rückzugsort für sein »wahres« Leben machte. Im Grunde war er ausgelassen, stets zu Streichen und Spielen aufgelegt und steckte voller Lebensfreude. Aber schon in frühester Kindheit war seine Gedanken- und Gefühlswelt, die immer etwas Kindliches behalten sollte, mit der finsteren, düsteren Atmosphäre am kaiserlichen Hof[51] zusammengeprallt, die von Drohungen, Ängsten, Verdächtigungen, Intrigen und Verbrechen geschwängert war. Zweifellos war Nero nicht zum Machtmenschen geboren, aber nachdem er einmal die Verantwortung übernommen hatte, kam er seinen Verpflichtungen mit Sorgfalt, Intelligenz, Phantasie und Weitsicht nach. Fast bis zu seinem Tod verwandte er einen großen Teil seiner enormen Energie darauf. Aber er trug schwer daran. Nicht, daß die Aufgabe ihn überfordert hätte – er war ihr durchaus gewachsen und zeigte es auch –, aber er litt zutiefst darunter, denn er fühlte sich in eine Rolle gepreßt, die ihm nicht entsprach. Diese Ausweglosigkeit war der Kern seines persönlichen Dramas. Deshalb verspürte er ein elementares Bedürfnis, sich auf irgendeine Weise aus dieser bedrohlichen Umklammerung zu befreien. In der realen Welt suchte er einfach sooft wie möglich das Weite und flüchtete sich in die Häuser und Villen von Freunden, »ganz ohne Wachen und das lästige Gefolge, das seine Stellung mit sich brachte«, wie Tacitus zutreffend beobachtet[52]; in der Welt der Phantasie versetzte er sich als Schauspieler in die Figuren, die er auf der Bühne darstellte.

Gegen Ende seiner Herrschaft genügte ihm das offenbar nicht mehr. Es liegt auf der Hand, daß er von einem gewissen Moment an versuchte, sich als Sänger, Schauspieler und professioneller Künstler eine andere Identität zu schaffen. Es ging ihm nicht mehr nur darum, eine andere Rolle zu spielen, er wollte tatsächlich jemand anderer sein. Das ging sogar so weit, daß er, als alles bereits über ihm zusammenbrach, erklärte, er könne immer noch mit seiner Kunst weiterleben, selbst wenn er die Macht verliere. Dabei begriff er offensichtlich nicht, daß er einen Punkt erreicht hatte, wo ihm nur noch die Alternative blieb zwischen einer Existenz als Kaiser und dem Tod.

Obwohl seine Position es ihm leichtgemacht hätte, seinen Größenwahn zu befriedigen, versuchte Nero in den letzten Jahren seines Lebens, zwischen seinen megalomanen Ansprüchen und seiner Machtposition zu trennen. Erstere projizierte er jetzt ausschließlich auf die freie Kunst, denn dort entschied nicht die Position, sondern die individuelle Befähigung. Er wollte einfach als Mensch geschätzt werden, nicht als Kaiser. Aber das war natürlich unmöglich. In den Augen der Untertanen fallen Kaiser und Mensch zusammen, folglich bestand seine Frustration darin, daß er bis zum Schluß nie sicher sein konnte, ob seine künstlerischen Triumphe seinem Talent oder seinem kaiserlichen Rang zuzurechnen waren. Dieser schizophrene Versuch, sich selbst in zwei Personen zu spalten, dieser paranoide Versuch, das Unversöhnliche zu versöhnen, wird ihn am Ende das Leben kosten. Wahrscheinlich ist seine sonst unerklärliche Tatenlosigkeit angesichts der sich überstürzenden Ereignisse im Jahr 68 teilweise auf sein unterbewußtes Bedürfnis zurückzuführen, sich aus einer Situation zu befreien, die auch für ihn unerträglich geworden war.

Bei genauerem Hinsehen liegt die Paradoxie von Neros ungewöhnlicher Entwicklung darin, daß er, um mit Oscar Wilde zu sprechen, in seinem persönlichen und politischen Leben Künstler war, in der Kunst aber nur ein solider Handwerker. Nero selbst wäre es umgekehrt wahrscheinlich lieber gewesen.

Neben der Frustration, als Künstler nie unabhängig beurteilt zu werden, tritt in seiner komplexen, widersprüchlichen Persönlichkeit noch eine andere, ebenfalls mit seiner Rolle verbundene Angst zutage: die Angst vor der Unmöglichkeit, normal zu sein. Im Grunde hatte er nämlich den plebejischen Wunsch, wie alle andern zu sein und ein normales Leben zu führen. Deshalb mischte er sich auch so gerne unter das einfache Volk und tauchte förmlich darin unter.

Zu Beginn seiner Herrschaft pflegte er abends auszugehen. Als Sklave verkleidet, das Gesicht unter einer großen Filzmütze verborgen, begab er sich meistens allein, manchmal auch in Gesellschaft seiner Freunde, zum Ponte Milvio, dem berüchtigtsten Ort in ganz Rom, und verbrachte die Nacht in Kaschemmen, Tavernen und Bordellen. Es bereitete ihm großes Vergnügen, sich unerkannt unter die anonyme Menge zu mischen. Dabei kam es fast immer zu Schlägereien, auch wenn er selbst nicht provozierte. Da er ziemlich stark war, schließlich hatte er auch als Athlet Ambitionen und trainierte jeden Tag, teilte er meistens Prügel aus, manchmal mußte er aber auch einstecken. Es kam vor, daß er mit den Spuren dieser nächtlichen Schlägereien im Gesicht in den Palast zurückkehrte. Einmal hätte er um Haaresbreite ein Auge verloren, ein andermal wurde er von dem Senator Iulius Montanus zusammengeschlagen, weil er dessen Frau ein gewagtes Kompliment gemacht hatte. Tacitus erzählt, Montanus habe sich, als er den Kaiser erkannte, schnell entschuldigt, was jedoch fatal gewesen sei, denn daraufhin sei er zum Selbstmord genötigt worden[53]. Einige Jahre später jedoch treffen wir den gleichen Iulius Montanus quicklebendig wieder, und zwar im wichtigen Amt des Quästors[54]. Diese Episode veranlaßte Nero dann allerdings dazu, vorsichtiger zu sein und sich unauffällig von Leibwächtern begleiten zu lassen. Aber so machte ihm die Sache keinen Spaß mehr, und schließlich gab er diese gefährliche Gewohnheit auf, verzichtete aber nicht darauf, sich ansonsten weiterhin unters Volk zu mischen, in der Öffentlichkeit zu Abend zu essen und auf der Straße stehenzubleiben, um sich mit dem einen oder andern zu unterhalten.

Seine nächtlichen Streifzüge auf eigene Faust räumen auch mit der verbreiteten, aber falschen Meinung auf, Nero hätte es an Mut gefehlt. Während seines ersten öffentlichen Auftritts in Neapel wurde das Theater durch ein heftiges Erdbeben erschüttert, doch Nero sang unbeeindruckt sein Stück zu Ende[55]. Danach brachte er den Göttern Opfer dar und hielt es für ein gutes

Omen, daß der Erdstoß weder Tote noch Verletzte gefordert hatte.

Nero liebte die hoffnungslosen Fälle und fühlte sich zu den Verachteten, Verspotteten und Unverstandenen hingezogen, mit denen er sich offensichtlich identifizierte. Held seines Trojanischen Krieges ist weder der Pelide Achilles noch der Held Hektor, weder der muskulöse Ajax noch der listige Odysseus, sondern der verachtete Paris. In dem schönen, strahlenden Paris, der zwar sportlich, aber nicht kriegerisch war, die Genüsse des Lebens liebte und als Künstler von »richtigen Männern« verachtet wurde, sah Nero nicht allein ein Vorbild, das er den Römern im Rahmen seiner Kulturrevolution vorhalten konnte, sondern vor allem sich selbst [56]. In der Phantasie nahm er Rache, denn in seiner Version besiegte Paris in einer Reihe von Kämpfen die vielbesungenen griechischen und trojanischen Helden, allerdings ohne seine Identität preiszugeben [57]. Auch seine Vorliebe für die Rollen als Bettler, Sklave und Verrückter [58] erklärt sich aus dieser Sympathie für die »anderen«.

In all dem spielte natürlich die Lust, zu verblüffen und zu provozieren eine gewisse Rolle. Es machte ihm ungeheuren Spaß zu provozieren. Trotz oder vielleicht gerade wegen seiner strengen Erziehung hatte Nero den unbändigen Instinkt des übermütigen Lümmels. Sueton berichtet, daß Nero einmal, als die Tänzer und ihre Fans bei der üblichen Prügelei angekommen waren und der Streit mit Steinen und zertrümmerten Bänken ausgefochten wurde, aus purem Vergnügen selbst einen Stein warf und obendrein einen Prätor verwundete [59]. Und doch haben wir hier den gleichen Mann vor uns, der später zur Aufrechterhaltung der öffentlichen Ordnung die unpopuläre Entscheidung traf, die Tänzer und ihre Fans aus Italien zu verbannen.

Als gegen Ende seiner Regentschaft die Aristokraten begannen, ihn Ahenobarbus zu nennen, und den Namen seines Vaters benutzten, um ihn zu beleidigen und seine plebejische Herkunft hervorzuheben, erklärte Nero voller Anmaßung, er werde gerade deshalb seinen Geschlechtsnamen wieder annehmen und den Adoptivnamen ablegen[60].

Auch im alltäglichen Leben war sein Verhalten extrem unbefangen, ohne Hemmungen, und nichts lag ihm ferner, als sich wegen seiner Position mit Unnahbarkeit zu umgeben. Eines Tages wünschte der gestrenge Philosoph Demetrius aus der Schule der Zyniker die von Nero erbauten Neuen Thermen zu besichtigen. Die Thermen waren ein äußerst elegantes, funktionales Gebäude mit revolutionären architektonischen Lösungen wie aufstrebende Kreuzgewölbe, die man allgemein erst Jahrzehnte später baute. Angesichts ihrer Schönheit sagte Martial: »Wer ist schlimmer als Nero? Was gibt es Besseres als seine Thermen?«[61] Aber Demetrius gefielen sie natürlich nicht, er verurteilte sie als unnütz und bezeichnete das Baden selbst als aufreibend und unmoralisch[62]. Nach wenigen Schritten fiel er dann fast in Ohnmacht, als er in der angrenzenden Ringkampfhalle Nero erblickte, der bis auf einen winzigen Lendenschurz nackt war und bei seinen gymnastischen Übungen ein Liedchen trällerte[63].

Die Antipathie eines Demetrius und ähnlicher Leute wurde von Nero voll und ganz erwidert, denn er war ein extravertierter, vitaler, überschwenglicher Typ und haßte griesgrämige, ganz besonders aber scheinheilige Menschen. Sueton berichtet, der Kaiser sei überzeugt gewesen, daß alle Männer ihre sexuellen Laster hätten, viele sie jedoch hinter der Maske eines strengen, rechtschaffenen Benehmens versteckten. Deshalb war er denjenigen gegenüber sehr nachsichtig, die ihre Schwächen offen zugaben.[64] Neros Freund Petronius, der seinem Denken sehr nahestand, singt: »Denn wer kennt die Vereinigung nicht, nicht Freuden der Venus? Wer verwehrt seinem Leib Wonne im wohligen Bett? Selbst der weise Vater Epikur sieht in diesem Spiel den Zweck des Lebens.«[65]

Seine Verachtung der Scheinheiligkeit beschränkte sich natürlich nicht auf sexuelle Dinge. Nero mißtraute zutiefst dem Laster, das sich als Tugend verkleidet. Da gab er lieber dem Laster den Vorzug. Das mag daher rühren, daß er in Seneca einen Meister der Doppelzüngigkeit zum Lehrer gehabt hatte. Deshalb bewunderte er auch die wenigen Menschen, die ihren Prinzipien getreu zu leben vermochten. Eines der seltenen Male, als eine schwere Krankheit ihn niederwarf (er mußte unbedingt im Winter in der Quelle der Acqua Marcia baden)[66], behaupteten die Höflinge in der Absicht, ihm zu schmeicheln, daß das Ende des Römischen Reiches gekommen sei, falls das Schicksal ihm den Tod bestimmt habe. »Nein«, erwiderte Nero, »es gibt einen Mann, der das Reich führen kann.« »Wer denn?« fragten die Höflinge erstaunt. »Memmius Regulus«, antwortete Nero.[67] Besagter Publius Memmius Regulus war einer dieser wenigen integren Menschen und genoß zu Recht großes Ansehen und öffentliche Anerkennung[68]. Als *homo novus* aus der Provinz gekommen, war er von Tiberius zum Senator ernannt worden, hatte den gesamten *cursus honorum* (Quästor, Prätor, Konsul, Statthalter) durchlaufen und überall beachtliche Charakterfestigkeit und absolute Loyalität bewiesen. Auch hatte er seine Position nicht ausgenutzt, um sich zu bereichern, denn er besaß nur bescheidene Ländereien in Arriccia. Ein integrer Mensch also und noch dazu ein geschickter, erfahrener Politiker. Wenn Nero wirklich der leichtsinnige und haltlose Prahlhans gewesen wäre, als der er immer geschildert wird, dann hätte er als Nachfolger irgendeinen Draufgänger aus seinem Gefolge benannt (denn daran bestand keinerlei Mangel), der ihm in Neigung und Geschmack sicherlich näher gestanden hätte. Verantwortungsbewußt nominierte er dagegen Regulus.[69] Mit seiner gewohnten Boshaftigkeit wunderte sich Tacitus, daß Regulus diese Nominierung überlebte, denn nach Neros Genesung hätte er seiner Meinung nach eigentlich in Lebensgefahr schweben müssen[70]. Aber die Dinge liefen anders: Nachdem er nochmals zum Konsul gewählt worden war, starb Regulus im Jahr 63, im Bett.

Nero führte einen »fröhlichen Hof«, und zwar in dem Sinn, wie

er uns aus der Renaissance geläufig ist. Man pflegte einen raffi-
nierten, ästhetisierenden, eleganten, ironischen, libertären, skep-
tischen, sinnlichen, eher amoralischen als unmoralischen Stil.
Nichts galt als selbstverständlich, alles wurde in Frage gestellt
und diskutiert.[71] Bei Hofe verkehrten Philosophen, Dichter,
Schriftsteller, Maler, Architekten und Musiker, aber auch Schauspieler, Tänzer, Athleten, Gladiatoren[72] und sogar ein Schuhma-
cher aus Beneventum, ein gewisser Vatinius, der es Nero angetan
hatte und über den er sich köstlich amüsierte, weil er Neros Abneigung gegen den Adel kannte und deshalb zu ihm sagte: »Ich
hasse dich Nero, weil du Senator bist!«[73]
Trotz Agrippinas altem Verbot waren viele Philosophen Stamm-
gäste: Außer seinen ehemaligen Lehrern Seneca und Chairemon
sind die Namen von Cornutus und Telesinus überliefert; von den
Musikern die Crème de la crème: Terpnus und Menecrates; der
göttliche Tänzer Paris; viele Dichter: von Lucan über Petronius,
Calpurnius Siculus, Fabritius Veiento bis zu Cocceius Nerva,
dem zukünftigen Kaiser, den Nero selbst den »Tibull der Zeit«
nannte.[74] Es ist bekannt, daß Nero arme, noch unbekannte Dichter im Palast aufnahm und großzügig mit Geld versorgte. Dazu
gehörten der Grieche Lucilius[75] und Bebius Italicus, der wahrscheinlich die *Ilias Latina* geschrieben hat. Den Philosophen, ob
sie nun zu seinem Kreis gehörten oder nicht, hatte Nero eine besondere Steuerbefreiung gewährt, und auch finanziell schlecht-
gestellten Schauspielern und Athleten griff er unter die Arme.
Zu seinen Freunden war Nero äußerst großzügig[76]. Dabei ging
es aber nicht nur um Geld (davon profitierten eigentlich alle: von
Terpnus über Menecratus bis Paris, ganz zu schweigen von
Seneca, der von Nero große Reichtümer erhielt, wovon allerdings
dings ein Teil als Bezahlung für seine Arbeit als heimlicher
»Premierminister« galt), sondern um etwas viel Wichtigeres:
Nero war stets zu helfen bereit. Als einmal ein sehr guter Freund
schwer erkrankte, setzte er Himmel und Hölle in Bewegung und
warf sein ganzes Ansehen in die Waagschale, um den damals

berühmtesten Arzt aus Ägypten kommen zu lassen. Auf die gleiche Art stand er Lucilius in einer äußerst heiklen Situation bei. Sueton schreibt, daß ihm das Geld durch die Finger rann. »Von Reichtum und Geld, meinte Nero, hätte man nur dann einen Genuß, wenn man verschwenderisch damit umginge.«[77] Aber das stimmte nicht ganz. Für schöne Dinge gab er bereitwillig viel Geld aus, war dabei jedoch immer noch so maßvoll, daß es seinem Freund Salvius Otho mühelos gelang, ihn zu übertreffen. Plutarch berichtet, daß Nero eines Tages ein sehr teures Parfüm benutzte und Otho davon anbot. Daraufhin »ließ dieser bei einem Bankett, zu dem er Nero am nächsten Tag eingeladen hatte, das gleiche Parfüm in goldenen und silbernen Leitungen, die eigens zu diesem Zweck verlegt wurden, im Speisesaal zirkulieren«.[78] Ein derartiger Luxus vermochte selbst Nero zu schockieren.

Jedenfalls war Nero mit dem Geld des Staates so vorsichtig, wie er mit dem eigenen großzügig war. Von Anfang an legte er fest, daß sein Vermögen streng von Fiskus und Erarium getrennt werde, und wenn Geld transferiert werde, dann aus seiner Privatkasse an die Staatskasse und nicht umgekehrt. So übte er im Jahr 62 scharfe Kritik an der üblen Gewohnheit seiner Vorgänger, Ausgaben zu bewilligen, bevor die entsprechenden Einnahmen eingegangen waren[79]. Die Forschungen über die Münze von Alexandria, der wichtigsten des Reiches, belegen, daß Nero während der ersten acht Jahre seiner Regentschaft in Währungsfragen äußerst vorsichtig war[80]. Als er ab 64 eine Politik der großen Ausgaben einleitete, so geschah das, wie wir schon gesehen haben, erst nach reiflicher Überlegung und ausschließlich mit dem Ziel, die wirtschaftliche Depression zu bekämpfen[81].

Selbst ein junger Mann, umgab sich Nero gern mit jungen Männern. Er war erst kurze Zeit auf dem Thron, als Annaeus Lucanus, Annaeus Serenus, Claudius Senecio und Marcus Salvius Otho an den Hof kamen. Der Dichter Lucanus, Senecas Neffe, war zwei Jahre jünger als Nero; Serenus, Sohn eines Konsuls, und Senecio, Sohn eines kaiserlichen Freigelassenen, waren gleichaltrig. Der Bemerkenswerteste der Gruppe aber, der den Kaiser am meisten beeinflußte, war sicherlich der fünf Jahre ältere Otho.

Otho stammte aus einer Familie des Hochadels, die mit Livia, der Gemahlin des Augustus, verwandt war. Schon als Kind war Otho so ausgelassen, daß er von seinem Vater mit mancher Tracht Prügel traktiert wurde[82]. Aber es war alles vergeblich gewesen. Genau wie Nero ging er nachts gern aus und trieb sich auf der Suche nach Abenteuern auf den Straßen herum. Er soll sich damit amüsiert haben, jeden hinreichend »angetrunkenen Menschen, der ihm begegnete, zu packen und ihn auf einem ausgebreiteten Mantel zu prellen[83]«. Er gehörte sicher zu denen, die Nero bei seinen nächtlichen Eskapaden begleiteten. Otho war klein, untersetzt und X-beinig, hatte eine Halbglatze und Plattfüße und war ein großer Frauenheld. Waren die Frauen jung, verführte er sie zum Vergnügen, waren sie alt, dann ihres Geldes wegen. Er war ein Libertin, ein Valmont des ersten Jahrhunderts. Wie alle Playboys widmete er seinem Körper große Aufmerksamkeit; sein Barthaar machte er geschmeidig, indem er es mit aufgeweichtem Brot einrieb, außerdem enthaarte er sich und kleidete sich mit ausgesuchter Eleganz. Er war es auch, der die Sitte einführte, seine Füße und die seiner Gäste beim Gelage in duftende Essenzen zu tauchen. Natürlich kam er mit seinem Geld nicht aus, und eines schönen Tages stand er mit zweihundert Millionen Sesterzen in der Kreide. Aus Gründen, mit denen wir uns noch beschäftigen werden, wurde er gewissermaßen dadurch gerettet, daß Nero ihn als Statthalter nach Lusitanien schickte, wo er sein Amt geschickt und besonnen ausübte. Würdevoll war auch sein Tod, der ihn nach nur dreimonatiger Regierungszeit ereilte, in der er sich darum bemüht hatte, einen sanften »Neronismus« zu vertreten und seinen Freund zu rehabilitieren (was ihm bei der Truppe den Namen »Nero-Otho« einbrachte).

Er war es auch, der Neros erste Begegnungen mit Claudia Acte deckte, einer Freigelassenen aus Syrien, in die sich der Kaiser hoffnungslos verliebt hatte. Das geschah im Jahr 55, wenige Monate nach Neros Thronbesteigung. Nero war damals siebzehn, Acte höchstwahrscheinlich ein paar Jahre älter.

Agrippina entdeckte die heimliche Liebschaft und kochte vor Wut. Dabei ließ sie sich nicht so sehr durch moralische Bedenken als vielmehr von der Sorge um Neros Image leiten. Für einen frischgekrönten Kaiser war es keineswegs opportun, in den Armen einer Freigelassenen entdeckt zu werden. Außerdem befürchtete Agrippina, ihren Einfluß auf den Sohn zu verlieren, wenn eine andere Frau ins Spiel kam.[84] Als Nero erklärte, daß er sich von Octavia scheiden lassen und Acte heiraten wolle, war sie zutiefst schockiert. Sie wurde immer wütender und erwiderte, daß sie nie und nimmer eine Freigelassene als Schwiegertochter akzeptieren werde. Außerdem wollte sie von Nero wissen, ob er sich des Risikos bewußt sei, das eine Scheidung von Octavia mit sich brächte. Statt einer Antwort machte sich Nero mit Hilfe zweier gefälliger ehemaliger Konsuln, die auch bereit waren, als Zeugen aufzutreten, daran, einen falschen Stammbaum für die schöne Syrerin zu fabrizieren, der ihre Abstammung von keinem geringerem als dem Geschlecht der Attaliden, der früheren Herrscher von Pergamon, belegen sollte.

Das Verhältnis zwischen Mutter und Sohn war zum Zerreißen gespannt. Hier stießen zwei Charaktere aufeinander, die beide gleichermaßen stolz, dickköpfig und reizbar waren. Es verging kaum ein Tag, ohne daß Agrippina Nero über seine Beziehung zu Acte ausfragte und ihm Vorwürfe machte. Aber je mehr die Mutter dagegen war, desto trotziger wurde Nero und drohte schließlich sogar, er werde abdanken und sich nach Rhodos zurückziehen[85], wenn man ihm nicht erlaube, Acte zu heiraten. Verständlicherweise schäumte Agrippina vor Wut, denn eine solche Dummheit, eine Schwärmerei, eine Bagatelle drohte ihre langwierige, mühselige Arbeit zunichte zu machen, für die sie sogar Verbrechen nicht gescheut hatte. Aber was für Agrippina eine Bagatelle, war für Nero Liebe, seine erste große Liebe. Seneca, der die Beziehung zu Acte mit Wohlwollen betrachtete, da sie sich gegen Agrippina verwenden ließ [86], schlug schließlich folgende Lösung vor: Zwar müsse Nero sich eine Heirat aus dem Kopf schlagen, doch könne er seine Beziehung zu Acte ungehindert fortsetzen, denn Serenus werde ihn decken, indem er sich als Actes Geliebter ausgebe. Damit seien die wahren Verhältnisse hinreichend verschleiert.

Nero gab schließlich nach. Er überhäufte Acte mit Geschenken (Villen in Pozzuoli und Velletri sowie Töpfereien auf Sardinien; in ihrem Haushalt beschäftigte sie zwei Kämmerer, einen Boten, einen Bäcker, einen Eunuchen und einen griechischen Sänger) und ließ sich auf das Spiel mit Heimlichkeiten und nächtlichen Treffen ein.

An diesem Punkt änderte Agrippina radikal ihre Taktik. Sie räumte ein, zum unpassenden Zeitpunkt übertrieben streng gewesen zu sein, und bot sogar an, daß Nero für seine Treffen mit Acte ihre Räume benutzen könne. Dadurch wollte sie zurückgewinnen, was sie inzwischen an Einflußmöglichkeiten auf Nero an Seneca verloren hatte; aber sie machte sich Illusionen. »Diese Wandlung konnte aber Nero nicht täuschen«, wie Tacitus bemerkt.[87] Der Zwist mit seiner außergewöhnlichen, furchterregenden und gefürchteten Mutter mußte unweigerlich zum Bruch führen, und Seneca tat alles, um ihn zu vertiefen, denn er glaubte, wenn Agrippina erst aus dem Weg geräumt sei, könne er den jungen Fürsten benutzen und selbst zum Herrscher der Welt werden.

Neros Liebschaft mit Acte dauerte mehrere Jahre, bis schließlich Poppaea Sabina in Erscheinung trat. Acte hielt ihm jedoch bis zum Schluß die Treue. Sie war es auch, die gemeinsam mit den Ammen Egloge und Alexandra die zweihunderttausend Sesterzen für die Exequien des toten und verdammten Kaisers zahlte.[88] Das Dossier über Neros Liebschaften und Ausschweifungen ist beeindruckend. Übergehen wollen wir an dieser Stelle die Vergewaltigung der Vestalin Rubria, da die Authentizität dieser Geschichte äußerst zweifelhaft ist[89]. Sueton berichtet als einziger darüber und hat, wie fast alle modernen Historiker glauben, die Episode wahrscheinlich mit dem »Vestalinnen-Skandal« verwechselt, der viel später, unter Domitian, stattfand[90]. Wenn man es also recht betrachtet, so hatte Nero mit Sicherheit vier Frauen, von denen er drei, nämlich Octavia, Poppaea und Statilia Messalina, tatsächlich heiratete und die vierte, Acte, immerhin heiraten wollte. Für einen Libertin nicht gerade eine berauschende Bilanz.

»Trotzdem behaupteten sich die Skandalgeschichten über Neros Sexualleben mit solcher Hartnäckigkeit, daß irgend etwas Wahres an ihnen gewesen sein muß«, so Grant[91]. Kurz bevor er zum Selbstmord gezwungen wurde, weil er in die Pisonische Verschwörung verwickelt war, schickte Petronius Nero eine ausführliche Aufstellung aller extravaganten erotischen Aktivitäten des Kaisers und nannte die Namen aller Personen, die daran beteiligt waren.[92] Petronius hatte übrigens alles aus zweiter Hand, denn er selbst hatte nie Zutritt zu den tatsächlichen oder vermeintlichen Orgien des Kaisers[93]. Nach Erhalt der Botschaft überlegte Nero denn auch, wer aus seiner Umgebung wohl geplaudert habe. Da fiel ihm Silia ein, die mit einem Senator verheiratet war, bei Hofe verkehrte und mit Petronius auf vertrautem Fuß stand, und er schickte sie in die Verbannung.[94] Auf jeden Fall ist es absolut undenkbar, daß Nero sich zu solchen Exzessen hinreißen ließ, wie Sueton sie beschreibt: »Das Spiel bestand darin, daß er in das Fell eines wilden Tieres genäht aus einem Käfig herausgelassen wurde und in diesem Aufzug auf die Schamteile der an den Pfahl gebundenen Männer und Frauen losstürzte[95].« Undenkbar allein schon deshalb, weil kein Kaiser, nicht einmal Nero, so verrückt gewesen wäre, sich in einen Käfig sperren zu lassen, denn bei den unsteten Verhältnissen am römischen Hof konnte ein Käfig schnell zum Grab werden.

Gesichert allerdings ist, daß Nero bisexuell war, und zwar aktiv und passiv. Wie Sueton ohne Umschweife schreibt: »(...) dann ließ er sich endlich von seinem Freigelassenen Doriphorus ›zur Strecke bringen‹«[96] (in Wirklichkeit war es der Lanzenträger Pythagoras[97]). Diesen Pythagoras »heiratete« Nero sogar, und bei der Hochzeitszeremonie übernahm er selbst die Rolle der Ehefrau. Tacitus berichtet: »(...) nur daß er wenige Tage später einen aus jener Schar der Lustknaben – sein Name war Pythagoras – nach der Art einer feierlichen Eheschließung heiratete. Man hüllte den Imperator in den Brautschleier, schickte Vogelschauer; Mitgift, Ehebett und Hochzeitsfackeln, überhaupt alles war zur Schau gestellt, was selbst bei einer Frau die Nacht verhüllt[98].« Sueton legt noch eins drauf, indem er hinzufügt, daß Nero bei dieser Gelegenheit »auch die Töne und Aufschreie einer deflorierten Jungfrau nachahmte[99]«.

Später »heiratete« er, diesmal in der Rolle des Ehemanns, auch den Eunuchen Sporus, der ein wunderschöner junger Mann war und angeblich Poppaea ähnlich sah, die zu diesem Zeitpunkt bereits tot war. Danach kam in den Kreisen seiner Gegner der Witz auf: »Es wäre ein Glück für die Menschheit gewesen, wenn auch Neros Vater Domitius eine solche Gemahlin gehabt hätte.«[100]

Einige moderne Autoren, besonders Cizek, glauben, daß es sich bei diesen Hochzeitszeremonien um mystische Initiationsriten des Mithras- und Mâ-Bellona-Kultes handelte[101]. Ich halte diese These für nicht besonders glaubwürdig, da Nero nach einigen anfänglichen Versuchen, die Beschränktheit des traditionellen römischen Kultes hinter sich zu lassen und sich an östlichen Riten zu orientieren, später nur noch geringes Interesse an der Religion zeigte (die »Hochzeit« mit Sporus fand im übrigen erst 67 statt, als Nero sich von jeglicher religiösen Versuchung bereits weit entfernt hatte).

Die simple Wahrheit ist, daß Nero *auch* Männer liebte, was in dieser Epoche bei Römern und Griechen durchaus nichts Ungewöhnliches war[102]. Auch der gestrenge Seneca trieb es mit jungen Männern, und Cassius Dio unterstellt dem Philosophen sogar, daß er derjenige gewesen sei, der seinen Schüler in die Päderastie eingeführt habe[103]. Der Skandal bestand also höchstens darin, diese Beziehungen öffentlich zu machen, während andere sie streng geheimhielten. Aber gerade das ist bester »Nero-Stil«.

Nero war kein Säufer und kein Vielfraß. Er aß gern, aber nicht in der unmäßigen Art seines Vorgängers Claudius, der häufig unter den Tisch fiel und während des Ministerrats einschlief. Die Quellen überliefern keine einzige Episode dieser Art, Nero zeigte sich in der Öffentlichkeit nie unzurechnungsfähig. Wenn er sich betrank, dann nachts und nicht in der Öffentlichkeit, und am nächsten Morgen war er für die Regierungsgeschäfte wieder in bester Verfassung. Außerdem darf man nicht vergessen, daß Nero sich der strengen Diät für Tänzer und Sänger unterwarf und viel Gymnastik trieb, getreu den griechischen Sitten, die er in Rom einführen wollte. Deshalb war er auch niemals Alkoholiker[104]. Übrigens ist ihm die Erfindung eines alkoholfreien Getränks zu verdanken, *decocta Neronis,* das aus Wasser bestand, das zuerst gekocht und dann in einem Glasbehälter im Schnee gekühlt wurde[105]. Für einen Bonvivant eine echte Schande.

Jedenfalls verfügte er über eine ausgezeichnete Gesundheit. In vierzehn Jahren war er nur dreimal krank, davon ein einziges Mal schwer, und der Grund hierfür war eine unvorsichtige Draufgängerei. Sehr selten also, wenn man bedenkt, wie aufreibend sein Leben gewesen sein muß, das sich zwischen Regierungsgeschäften, Schriftstellerei, künstlerischen Auftritten, Training, Pferderennen, nächtlichen Ausflügen, Liebschaften und, wenn nur ein kleiner Teil von dem wahr ist, was behauptet wird, Orgien und Gelagen abspielte.

5
DIE VERBRECHEN

Von den vielen Verbrechen, die man dem breitschultrigen Nero
aufgebürdet hat, können im Grunde nur zwei als echte Straftaten
betrachtet werden, und zwar die Ermordung seiner Mutter
Agrippina und die seiner Gemahlin Octavia. Agrippinas Ermordung war aus politischen Gründen notwendig und unvermeidlich, ja sie grenzte beinah an Notwehr [1]. Agrippina war derart
machtbesessen, daß sie selbst herrschen wollte, und wurde, da
sie trotz allen Vermittlungsversuchen ihres Sohnes keine Ver-
nunft annehmen wollte, dadurch für Nero zu einer dauernden
Gefahr. Einer von beiden mußte sterben. Vor eine derartige Alternative gestellt, hatte Nero keinerlei Zweifel mehr, was zu tun
sei. Die Ermordung seiner noch kindhaften Ehefrau Octavia hingegen war vor allem wegen der Art, wie sie ausgeführt wurde,
äußerst niederträchtig und gehört denn auch zu den schlimmsten
Greuelgeschichten über Nero, obwohl es auch in diesem Fall
Gründe gab.

Aber der Reihe nach. Es war nicht Nero, der seinen Stiefbruder
Britannicus ermordete. Tacitus behauptet, Nero habe für den
Mord an seinem Stiefbruder zwei gewichtige Gründe gehabt. Er-
stens: Britannicus stand kurz vor der Vollendung des vierzehnten
Lebensjahres, hätte also zum gefährlichen Rivalen werden können, denn schließlich war er der echte, leibliche Nachkomme des
Claudius, Nero hingegen im Grunde nur ein Usurpator. Zweitens: Mittlerweile durch Nero von der Macht verdrängt, habe
Agrippina aus Haß gegen den eigenen Sohn, der sie so schnell
enttäuscht hatte, damit gedroht, sich mit dessen Stiefbruder zu
verbünden, um Britannicus, nachdem sie selbst ihn einst von der
Thronfolge ausgeschlossen hatte, nun doch auf den Thron zu
bringen. Sie habe durchblicken lassen, daß sie alle Untaten, die

sie begangen habe, um ihren Sohn auf den Thron zu bringen, einschließlich der Vergiftung des Claudius, enthüllen werde, nur um Nero die Legitimation zu entziehen.[2] Unter dem Eindruck dieser Drohungen und angesichts der konkreten Möglichkeit, vom Thron gejagt zu werden, habe Nero bei der Giftmischerin Locusta, die schon bei Claudius' Ermordung für Agrippina tätig gewesen sei, ein starkes Gift bestellt. Nachdem er dies vorausgeschickt hat, geht Tacitus zur plastischen Beschreibung des finsteren Verbrechens über: »Es bestand die Sitte, daß die Fürstenkinder mit den übrigen gleichaltrigen Adeligen sitzend aßen im Angesicht ihrer Verwandten an einem eigenen, sparsamer gedeckten Tisch. Da dort auch Britannicus speiste und ein ausgewählter von den Dienern seine Speisen und Getränke vorzukosten pflegte, ersann man, um nicht von dem Brauch abgehen zu müssen oder durch beider Tod das Verbrechen zu verraten, folgende List: Ein noch ungiftiger und sehr warmer, vorgekosteter Trank wurde Britannicus gereicht; dann, weil er ihn als zu heiß zurückwies, goß man in kaltem Wasser das Gift zu, das derart alle Glieder durchdrang, daß es ihm zugleich Stimme und Atem benahm. Panische Angst ergriff die ringsum Sitzenden, sie liefen in ihrer Ahnungslosigkeit auseinander: doch diejenigen, denen tiefere Einsicht gegeben war, blieben wie angewurzelt sitzen, die Augen auf Nero gerichtet. Dieser behielt seine bequeme Lage bei und erklärte, als ob er von nichts wisse, etwas ganz Gewöhnliches sei dies, ein Anfall von Epilepsie, von der Britannicus von frühester Jugend an heimgesucht werde, und es würden allmählich Blick und Empfindung wiederkehren. Doch Agrippina war ein solcher Schrecken, eine solche Bestürzung anzusehen, so sehr sie dies in ihrer Miene zu unterdrücken suchte, daß feststand, sie habe ebensowenig davon gewußt wie Octavia, die Schwester des Britannicus: freilich erkannte sie, daß ihr der letzte Rückhalt entrissen und die Probe für den Muttermord geliefert sei. Auch Octavia hatte, obwohl jung an Jahren, Schmerz, Liebe, überhaupt alle Gefühle zu verbergen gelernt. So wurde nach kurzem Schweigen die laute Fröhlichkeit des Gelages wieder aufgenommen.«[3]

Eine beeindruckende Szene[4]. Aber im wesentlichen handelt es sich um eine der zahlreichen Fälschungen, die der Autor der *Annalen*, wie Ettore Paratore in seiner monumentalen Biografie über den römischen Historiker zeigt[5], mit Vorliebe selbst fabrizierte oder denen er zumindest gern Glauben schenkte, wenn sie ihm ins Konzept paßten.

Daß Nero und Britannicus einander nicht gerade liebten, ist nicht weiter verwunderlich. Britannicus war ein aufgeweckter Junge und hatte sehr gelitten, als sein Vater diesen Eindringling ins Haus holte, den er dann zu allem Überfluß noch adoptierte und mit väterlicher Zuneigung bedachte, die eigentlich ihm selbst zugestanden hätte. Zweifellos spürte Nero die Antipathie des Stiefbruders. Mißhelligkeiten konnten da nicht ausbleiben. So wurde Britannicus von Neid zerfressen, als beide in sehr jungen Jahren an einer militärischen Parade teilnahmen und die Menge eindeutig dem strahlenden, kräftigen Nero den Vorzug gab. Nero hingegen war beleidigt, als Britannicus ihn einmal, nach der Adoption durch Claudius, bei seinem alten Namen Ahenobarbus rief und damit möglicherweise zum Ausdruck bringen wollte, daß er die Adoption nicht anerkannte. Eifersüchteleien unter Jungen, nichts Ernstes. Nichts, was ein Verbrechen gerechtfertigt hätte. Deshalb ist Nero auch unschuldig, und zwar aus folgenden Gründen.

1. Nero war kein Thronräuber und konnte auch nicht als solcher gelten. Zu jener Zeit gab es nämlich keinerlei gesetzliche Vorschriften zur Regelung der Thronfolge. Mit den Jahren hatte sich das Prinzip eingebürgert, daß ein Mitglied der kaiserlichen Familie die Nachfolge antrat. Wer das jedoch zu sein hätte, war nicht geregelt.[6] Nero verfügte folglich über jedes erdenkliche Anrecht, da er nicht nur Claudius' Adoptivsohn, Octavias Ehemann und noch durch weitere Verbindungen mit dem Kaiser verwandt war, sondern seinerseits ebenfalls direkt von Augustus ab-

stammte, auf den jegliche kaiserliche Legitimität zurückgeführt wurde. Natürlich sorgte eine so vage, unpräzise Regelung der dynastischen Nachfolge dafür, daß alle, die kaiserliches Blut in den Adern hatten, für den jeweils regierenden Souverän zu potentiellen Rivalen wurden. Das galt natürlich auch für Britannicus, war aber zu dem Zeitpunkt noch nicht aktuell. Es stimmt, daß die Römer mit Vierzehn die Toga der Männer anlegten, volljährig und damit auch rechtsfähig wurden, wenn auch nicht in vollen Umfang, da für viele zivilrechtliche Beziehungen der *pater familias* weiterhin die Verantwortung behielt[7] (und für Britannicus war Nero der *pater familias*). Mit vierzehn Jahren war man aber selbst im Rom des ersten Jahrhunderts zu jung, um den Thron zu besteigen. In der vierhundertjährigen Geschichte des Römischen Reiches ist das nur ein einziges Mal vorgekommen, als Heliogabal die Thronfolge antrat; dies geschah allerdings zu einem Zeitpunkt, als man längst dazu übergegangen war, sich nach dem in den hellenistischen Monarchien üblichen strengen Prinzip zu richten, bei dem die Thronfolge an die Göttlichkeit des Monarchen gebunden war und deshalb auch Kinder Könige werden konnten. Jedenfalls stellte Britannicus für Nero keine unmittelbare Gefahr dar.

2. Die gesamte Rekonstruktion der Rolle Agrippinas ist höchst unwahrscheinlich und geht von falschen Voraussetzungen aus. Es ist schlechterdings nicht vorstellbar, daß Agrippina den Giftmord an Claudius gestanden hätte, nur um Nero zu schaden und Britannicus zu nutzen. Eine kalte, klardenkende, berechnende Frau wie Agrippina konnte sich nicht darüber täuschen, daß sie sich damit selbst ans Messer liefern würde. Zudem hätte sie sich, um Nero zu stürzen, mit jedem anderen zusammentun können, nur nicht mit Britannicus. Den Grund dafür nannte sie später selbst, als sie der Beteiligung an der Verschwörung des Rubellius Plautus verdächtigt und deshalb verhört wurde: »Konnte ich am Leben bleiben, wenn Britannicus zur Macht gelangt wäre[8]?« Schließlich, und das ist der Hauptgrund, war Agrippina zu die-

sem Zeitpunkt, wie Tacitus behauptet, keineswegs so weit außer Gefecht gesetzt, daß sie sich dazu hätte herablassen müssen, mit dem Sohn des Mannes gemeinsame Sache zu machen, den sie selbst hatte ermorden lassen. Britannicus starb zwischen Mitte Januar und Anfang Februar 55, zu einem Zeitpunkt also, als die Kaiserin auf dem Höhepunkt ihrer Macht stand. Eindeutiger Beweis dafür sind die Münzen aus diesem Zeitraum, die Agrippina an Neros Seite zeigen. Ein weiterer Beweis ist die Tatsache, daß sie immer noch über die gleichen, einer Kaiserin zustehenden Vorrechte einschließlich der Prätorianergarde verfügte wie unter Claudius. Nero hatte die Leibgarde sogar noch durch germanische Soldaten verstärkt, die dem Kaiserhaus besonders ergeben waren.

3. Neros und selbst Octavias Verhalten ist vollkommen normal. Britannicus litt an Epilepsie, und seine Anfälle waren allen Familienmitgliedern durchaus vertraut. Es ist deshalb nur allzu verständlich, daß sie nicht sofort begriffen, wie schwerwiegend sein Unwohlsein wirklich war. Außerdem wäre Octavia wohl sicher nicht weitere acht Jahre an Neros Seite geblieben, wenn sie gewußt oder vermutet hätte, daß er ihren Bruder hatte umbringen lassen. Und Nero wiederum hätte, wäre er wirklich so abgebrüht gewesen, kaum eine so gefährliche Zeugin in seiner Nähe geduldet, abgesehen davon, daß er sie als Ehefrau ohnehin verachtete.

4. Britannicus lebte im Palast mit Nero unter einem Dach. Es hätte tausend Möglichkeiten gegeben, ihn unauffällig aus dem Weg zu schaffen. Deshalb scheint es besonders absurd, eine solche Tat ausgerechnet bei einem Bankett unter den Augen aller Anwesenden auszuführen.[9]

5. Wenn das Getränk so heiß war, daß man es nicht trinken konnte, bleibt unklar, warum der Vorkoster es nicht zurückwies. War er vielleicht bestochen wie Alotus, der Vorkoster von Claudius? Dann hätte man doch nicht auf diesen Trick zurückgreifen müssen.

6. Wie die Forschungen von Roux zeigen, waren den Römern

unmittelbar wirkende Gifte unbekannt: Woorara etwa, besser bekannt unter dem Namen Kurare, wurde von den Indianern benutzt, also in einer den Römern gänzlich unbekannten Gegend, oder Blausäure, die erst 1872 entdeckt wurde.[10] Und trotzdem sprechen sowohl Tacitus als auch Sueton davon, daß der Tod beinah unmittelbar eingetreten sei.

7. Es stimmt, daß auch der spätere Kaiser Titus aus der gleichen Tasse getrunken hat wie Britannicus und ebenfalls ein Unwohlsein verspürte. Es ist jedoch mehr als wahrscheinlich, daß ihn der Tod des Freundes derart mitnahm, daß ihm schlecht wurde. Wenn in der Tasse wirklich ein so starkes Gift gewesen wäre, daß Britannicus auf der Stelle tot umfiel, dann hätte auch Titus sterben müssen. Aber Titus, der Britannicus' Spielgefährte gewesen war, lebte noch sehr lange und wurde dann selbst Kaiser, beschuldigte Nero jedoch nie des Mordes an seinem Stiefbruder, obwohl die Flavier, denen Titus angehörte, großes Interesse daran hatten, ihre Vorgänger aus der iulisch-claudischen Dynastie mit Schmutz zu bewerfen, was sie dann später mit Hilfe ihrer Historiker nachholten.

8. Die Anfänge von Neros Herrschaft stehen programmatisch ganz im Zeichen der »Milde«, die der Kaiser zum Zugpferd und erklärten Mittel seiner Politik erkor. Nehmen wir ruhig an, daß Nero unter dem scheinheiligen Schleier der »Milde« seine wahre Natur versteckte. Trotzdem hätte er es sich nicht leisten können, die eigene Politik gleich zu Beginn durch ein so abscheuliches, voreiliges, unnützes und gemeines Verbrechen ad absurdum zu führen. Wenn Nero Britannicus wirklich ermordet hätte, wie hätte es Seneca dann wenig später noch wagen können, sein Buch *De clementia* (Über die Milde) zu schreiben, das ausdrücklich dem Kaiser gewidmet war? Ganz Rom hätte ihn ausgelacht.

9. Es sollte immerhin noch acht Jahre dauern, bis Nero wesentlich gefährlichere Thronprätendenten wie Rubellius Plautus und Cornelius Silla beseitigte, die im Gegensatz zu Britannicus er-

wachsen waren und echte »Putschisten«; diese Maßnahmen ergriff er aber erst, nachdem der neue Prätorianerpräfekt Tigellinus ihn nicht ohne Grund zu einer erneuten Überprüfung gewisser zwielichtiger Episoden veranlaßt hatte, in die beide früher verwickelt gewesen waren und denen er bislang keine Bedeutung beigemessen hatte. Der siebzehnjährige Nero war zu einem solchen Verbrechen psychisch gar nicht in der Lage. Bisher hatte er keiner Fliege etwas zuleide getan, und zu ebenjener Zeit genügte bereits die Unterschrift unter ein Todesurteil, damit sich ihm der Magen umdrehte. Außerdem hing er damals noch nicht an der Macht, ja sie war ihm sogar derart gleichgültig, daß er kurz vor Britannicus' Tod noch bereit war, alles aufzugeben, nur um Acte heiraten zu können.

10. Kurz zuvor hatte man den Ritter Iulius Sensus angezeigt, weil er im Verdacht stand, an einem Komplott beteiligt gewesen zu sein, das Britannicus auf den Thron bringen sollte. Hätte es eine bessere Gelegenheit gegeben, sich auf legalem, also »sauberem« Wege des Stiefbruders zu entledigen oder wenigstens das Terrain für ein Verbrechen vorzubereiten? Nero wies jedoch die Anzeige zurück, ja er wollte sie nicht einmal aufgreifen.[11]

Es scheint also alles darauf hinzuweisen, daß Nero Britannicus nicht ermordet hat[12]. Das bestätigen übrigens auch alle nichtrömischen und daher dem letzten Vertreter der iulisch-claudischen Dynastie gegenüber weniger feindlichen antiken Quellen. Plutarch zum Beispiel stellt zwar eine umfangreiche Liste aller Nero zur Last gelegten Verbrechen auf, die Vergiftung des Britannicus erwähnt er jedoch nicht. Das gleiche gilt für den jüdischen Historiker Flavius Josephus.

Aller Wahrscheinlichkeit nach starb Britannicus an einem Aneurysma, was bei epileptischen Anfällen durchaus vorkommt. Die von den Quellen beschriebenen Symptome weisen darauf hin.[13] Er hatte schon immer an »Fallsucht« gelitten, und seine Konstitution war äußerst schwach (sein Vater hatte ihn erst in hohem Alter gezeugt). Das war vielleicht auch der Grund, warum Claudius wenig Vertrauen in die Zukunft seines Sohnes hatte und ihn durch Neros Adoption praktisch fallenließ, um die Thronfolge zu sichern.

Will man jedoch im Zusammenhang mit Britannicus' Tod ein Verbrechen sehen, dann muß man sicher an ganz anderer Stelle suchen. In jenen ersten Monaten von Neros Herrschaft tobte zwischen Agrippina und Seneca ein erbarmungsloser Macht-kampf, Nero spielte dabei eine eher untergeordnete Rolle[14], da beide Kontrahenten ihn nach Belieben manövrieren zu können glaubten. Sowohl Agrippina als auch Seneca hätten gute Gründe gehabt, Britannicus zu beseitigen. Wesentlich gewiefter als der junge Nero, wußten beide, daß Britannicus aufgrund seiner Ju-gend noch nicht gefährlich war, es aber in Zukunft werden konnte. Außerdem lag für beide die Befürchtung nahe (für Agrippina mehr als für Seneca), daß der jeweils andere den Sohn des Claudius für sich einspannen könnte, um dem anderen zu schaden. Weder für Agrippina noch für Seneca wäre es das erste Verbrechen gewesen, da sie schon bei der Ermordung des Clau-dius Komplizen waren. Aber auch für sie gelten natürlich die unter Punkt 4, 5, 6 und 7 gemachten Einschränkungen.

Nach der Machtübernahme durch Nero verfügte Agrippina, wenn auch nur für kurze Zeit, über eine immense Macht. Die Mutter des Kaisers hatte auch offiziell mehr Macht als der Kai-ser selbst. Wieder geben uns die Münzen einen Hinweis. Die zwischen dem 4. und 13. Dezember 54 ausgegebenen Münzen zeigen Nero und Agrippina einander zugewandt auf einer Seite. Die Vorderseite trägt die Titel von Agrippina, während Neros Titel auf der Rückseite zu sehen sind. Ferner sind Agrippinas Namen und Titel in dem für Monarchen üblichen Nominativ ab-gefaßt, während Neros Namen und Titel im dedikatorischen Dativ stehen, was bedeutet, daß die Münzen ihm nur gewidmet sind, während Agrippina hingegen als Trägerin der Münzhoheit ausdrücklich bestätigt wird.[15]

In dieser Zeit stand Nero völlig unter dem Einfluß seiner Mutter.

Am ersten Tag seiner Regierung gab er dem Tribun der Garde die Parole »die beste Mutter«. Um die Staatsgeschäfte besser kontrollieren zu können, veranlaßte sie den Sohn dazu, die Senatssitzungen nicht in der Curie, sondern im Palast abzuhalten, so daß sie hinter einem Paravent versteckt alles »live« verfolgen konnte. Das führte unter anderem auch zu einem protokollarischen Fauxpas, der ernste Folgen hätte haben können. Während Nero eine armenische Delegation empfing, betrat Agrippina den Saal und wollte sich neben ihn auf den Thron setzen. Alle waren starr vor Schreck. Der Skandal war nicht auszudenken: Eine Frau auf dem römischen Thron, dazu noch in Anwesenheit von Ausländern, so etwas hatte es noch nie gegeben, und es schien unfaßbar. Auch die Armenier hätten die naheliegenden Schlüsse gezogen und festgestellt, wer in Rom wirklich regierte. Seneca erfaßte blitzschnell die Situation und flüsterte Nero zu, er solle seiner Mutter entgegengehen. Der Kaiser erhob sich, ging auf Agrippina zu, umarmte und küßte sie und führte sie schließlich freundlich, aber bestimmt zur Tür zurück.

Aber das waren nur Formalien. Viel gravierender waren die inhaltlichen Dinge, denn Agrippina hatte durchaus die Absicht, mit den gleichen Methoden weiterzuregieren, die sie schon unter Claudius angewandt hatte. Nero hatte den Thron noch nicht bestiegen, da schickte sich seine Mutter schon an, Rechnungen zu begleichen, die ihr sehr wichtig waren: Sie ließ Marcus Silanus und den Freigelassenen Narcissus ermorden. Die einzige Schuld des steinreichen, aber völlig charakterlosen Silanus, der von Caligula den Spitznamen »goldenes Schaf« erhalten hatte, bestand darin, der Bruder jenes Lucius Silanus zu sein, den Agrippina entehrt und in den Selbstmord getrieben hatte, weil er mit Octavia verlobt war. Agrippina hielt es nicht für klug, einen Mann am Leben zu lassen, der sicherlich Rachegelüste gegen sie hegte und außerdem vielleicht Ansprüche auf den Thron erheben würde, da auch er ein Urenkel des Augustus war. Was Narcissus anging, so hatte er ihre Rivalin Elia Petina unterstützt, als Claudius auf

Brautschau war. Das war für Agrippina Grund genug, um die beiden, ohne Wissen Neros und gegen seinen Willen, auf brutale Weise aus dem Weg zu schaffen, wie Tacitus explizit schreibt.[16]

Der Verlust des Narcissus schmerzte den Kaiser besonders, denn er schätzte diesen exzellenten Beamten, der unter Claudius gute Arbeit geleistet und viele heikle Probleme gelöst hatte. Aber das war noch das Geringste. Weit schlimmer war vielmehr, daß Neros Politik der Milde, für die er sich nun einmal entschieden hatte, ob aus Veranlagung oder Berechnung sei dahingestellt, durch Agrippinas Verhalten in Gefahr geriet, unwiderruflich in Mißkredit gebracht zu werden. In seiner Antrittsrede im Senat hatte Nero unter anderm ausgeführt, »sein jugendliches Alter sei nicht mit Bürgerkriegen oder ähnlichen Zwistigkeiten belastet; keine Haßgefühle, keine erlittenen Kränkungen noch ein Verlangen nach Rache bringe er mit«.[17] Wo wäre seine Glaubwürdigkeit geblieben, wenn man schon mit solchen Methoden begann? Um regieren zu können, so war Nero sehr schnell klargeworden, mußte er sich vom Einfluß seiner Mutter völlig befreien oder ihre Macht wenigstens entscheidend einschränken. So stützte er sich denn auf Seneca, der mit Agrippina bereits einen Kampf auf Leben und Tod begonnen hatte.

Mit Senecas Einverständnis nahm er als erstes die Entlassung des mächtigen Finanzminister Pallas vor, der auch Agrippinas Geliebter war. Seneca war nämlich besonders daran interessiert, mit Hilfe eines Vertrauensmannes die Finanzen unter seine Kontrolle zu bringen.[18] Wenn es ums Geld ging, war der Philosoph sehr aufmerksam. Aber Nero enttäuschte ihn und besetzte Pallas' Posten mit dem Freigelassenen Phaon, der »sein« Mann war. Offensichtlich hielt der Junge die Augen offen.

Pallas jedenfalls verließ den Hof mit allen Ehren und erhielt die Zusage, daß man über seine Amtszeit keinerlei Untersuchung einleiten werde und die Angelegenheit für ihn damit erledigt sei. Agrippina begriff, daß dieser Schlag eigentlich ihr gegolten hatte, und reagierte auf ihre Weise. Sie begann, Tribunen, Zenturionen und Ritter um sich zu sammeln, einflußreiche Männer zu hofieren, Geld zusammenzuraffen und es großzügig zu verteilen, wo immer sie konnte. Sie machte sich also daran, eine eigene Partei aufzubauen. Nero entfernte sie vom Hof, wies ihr einen neuen prunkvollen Wohnsitz zu, der aber vom Zentrum der Macht weit entfernt lag. Er nahm ihr nun auch die Prätorianerwache, »die man ihr als Gattin des Kaisers seinerzeit gestellt hatte und später als der Kaiserinmutter beließ«.[19]

Trotz diesen Entscheidungen, die die Macht der Kaiserin drastisch einschränkten, wollte Nero möglichst jegliche Brutalität vermeiden und gab sich, wie späterhin mit dem Senat, mit Agrippina weiterhin alle erdenkliche Mühe, um zu einem Ausgleich zu kommen. Ihm war daran gelegen, daß sie sich zurückhielt und friedlich ihre Privilegien genoß. Er besuchte sie häufig, ließ sich dabei jedoch aus Vorsicht von Zenturionen eskortieren, in der Öffentlichkeit zollte er ihr Achtung und bezeigte seine Zuneigung. Oft sah man sie zusammen in einer Sänfte. Als Nero eines Tages beim Wühlen in den Schränken des Palasts wunderschöne Kleider fand, die den Frauen und Müttern seiner Vorgänger gehört hatten, ließ er sie zusammen mit ebenso schönen Schmuckstücken umgehend seiner Mutter als Geschenk schicken. Aber diese freundliche Geste rührte die Kaiserin nicht. Dazu hätte es anderer Dinge bedurft, denn sie wollte einzig und allein die Macht.

In der Zwischenzeit glaubten Julia Silana, die Schwester jener Silanusbrüder, die Agrippina beseitigt hatte, und Domitia, eine Tante Neros[20], ein Komplott Agrippinas entdeckt zu haben. Wieweit sie gutgläubig waren, weiß man nicht. Agrippina wurde die Absicht unterstellt, Rubellius Plautus, der mütterlicherseits von Augustus abstammte und deshalb Neros Rivale Nummer eins war, heiraten zu wollen. Danach hätte sie ihn durch einen politischen Umsturz auf den Thron bringen wollen, »um den Staat wieder in ihre Gewalt zu bekommen«.[21] Nach Meinung der beiden Frauen sei auch der Prätorianerpräfekt Afranius Burrus, der sein Amt Agrippina verdankte, mit von der Partie gewesen. Silana und Domitia beauftragten ihre beiden Klienten Iturius und Calvisius, die Kaiserin anzuzeigen. Doch bevor die beiden etwas unternahmen, eröffneten sie die Sache unvorsichtigerweise dem Atimetus, einem Freigelassenen der Domitia. Der wiederum sprach darüber mit dem Tänzer Paris, auch er ein Freigelassener Domitias, gleichzeitig aber intimer Freund Neros. Paris stürzte daraufhin mitten in der Nacht atemlos in den Palast und hinterbrachte die ganze Geschichte dem leicht angetrunkenen Nero, der heftig erschrak. Ob es der Wein war oder die Angst vor der Mutter, Nero dachte einen Augenblick daran, kurzen Prozeß zu machen. Dann beschloß er, die Sache am nächsten Tag ausgeschlafen und mit klarem Kopf noch einmal zu überdenken.

Am nächsten Morgen ließ er Burrus, an dessen Loyalität er trotz dem Bericht von Paris nicht zweifelte, sehr früh rufen und fragte ihn um Rat. Burrus sagte, jeder habe das Recht, sich zu verteidigen, erst recht eine Kaiserin und Mutter. Es wurde eine interne Untersuchungskommission eingesetzt, zu der Burrus, Seneca und die wichtigsten kaiserlichen Freigelassenen gehörten, und diese begab sich zum Haus der Agrippina, um sie zu verhören. Die Kaiserin verteidigte sich meisterhaft. Sie wies nach, daß sowohl Silana als auch Domitia Groll gegen sie hegten und deshalb befangen seien. »Und wenn Plautus oder irgendein anderer die Macht im Staate, um über mich zu richten, in Händen haben sollte, dann fehlt es mir ganz gewiß an Anklägern, die mir nicht Worte, wie sie aus liebevoller Empfindlichkeit manchmal unbedacht gesagt werden, sondern solche Verbrechen vorwerfen, von denen ich nur von meinem Sohn freigesprochen werden kann[22].« Dann bat sie um eine Unterredung mit Nero. Mit ihm sprach sie nicht einmal über ihre Unschuld, da sie diese für selbstverständlich hielt, sondern verlangte nur die Bestrafung der Schuldigen. Nach römischem Recht wurde derjenige, der zu Unrecht Anklage erhoben hatte, wegen Verleumdung vor Gericht gestellt. Trotz den Pressionen der Mutter, die Rache wollte, war Nero gnädig. Domitia ließ er frei, schließlich war sie seine Tante, und er hatte sie gern (später schenkte er ihr seinen ersten Bartschnitt). Silana, Iturius und Calvisius wurden in die Verbannung geschickt. Nur Atimetus wurde zum Tode verurteilt.

Um die Mutter zu besänftigen, der diese Strafen lächerlich gering erschienen, beförderte Nero einige ihrer Getreuen. Faenius Rufus wurde die Leitung der Getreideversorgung anvertraut, und Balbillus wurde Statthalter von Ägypten.

Auffällig ist, daß Rubellius Plautus, obwohl er objektiv eine große Gefahr für Nero darstellte, weder angeklagt, verhört, noch sonstwie behelligt wurde. Nero war konsequent: Wenn man Agrippina nicht der Verschwörung hatte überführen können, dann mußte auch Plautus unschuldig sein.

Das war Ende des Jahres 55. Danach vergingen zwei relativ ruhige Jahre. 58 dann kam es wegen Neros Steuerreform zum großen Zusammenstoß mit dem Senat, bei dem es der Curie gelang, die Reform im Keim zu ersticken. Diese Niederlage schwächte die Position des Kaisers. Unter den Senatoren gab es wegen der volksfreundlichen Politik Neros großen Unmut. Obwohl von der Macht ferngehalten, genoß Agrippina im Jahr 58 immer noch großes Ansehen, was durch die Tatsache belegt wird, daß die Arvali-Priester in jenem Jahr ihr zu Ehren Opfer brachten.[23] Schließlich war sie immer noch die Tochter des Helden Germanicus, und außerdem hatten die Senatoren von ihr sicher keine demokratischen Hirngespinste zu befürchten. Agrippina ließ sich die Gelegenheit nicht entgehen, verstärkte den Unmut und setzte sich noch einmal an die Spitze der Unzufriedenen.

Jetzt mußte Seneca sich entscheiden. Auch ihm mißfiel Neros Politik, und er merkte, daß der jetzt Einundzwanzigjährige ihm aus dem Ruder lief. Andererseits kannte er das auf Rache sinnende Gemüt der Kaiserin zu gut. Wenn Agrippina an die Macht kam, würde er nicht lange überleben. So entschied er sich schließlich für Nero und versuchte ihn davon zu überzeugen, daß er die Sache mit seiner Mutter endgültig ins reine bringen müsse. Er führte ihm unter anderm vor Augen, welch große Gefahr von Agrippina ausgehen würde, wenn sie sich zu einer Ehe mit einer Person kaiserlichen Geblüts entschlösse.

Nero zögerte. Er bewunderte seine Mutter, und gleichzeitig fürchtete er sie, er fürchtete sie mehr als alles andere auf der Welt. Erneute Diskussionen, ein weiterer Vermittlungsversuch. Bei diesem wiederholten Annäherungsversuch nutzte sie in ihrer Verzweiflung die Gelegenheit, ihre letzte Karte auszuspielen, die einzige, die ihr noch geblieben war, nachdem Seneca ihr die Unterstützung der Senatoren entzogen hatte: Sie versuchte Nero zu verführen. Sie war damals dreiundvierzig, aber immer noch sehr schön. Daraufhin zog Nero sich zurück, und wir haben Grund zu der Annahme, daß er über diese Avancen entsetzt war. »Darum«, schreibt Tacitus, »vermied es Nero, unter vier Augen mit ihr zusammenzukommen, und wenn sie sich in ihren Park oder auf ihre Güter in Tusculum oder Antium zurückzog, lobte er sie, weil sie sich Ruhe verschaffte[24].« Wenn wir dem zweiundzwanzigjährigen Nero die Worte eines heutigen jungen Mannes in den Mund legen würden, dann klänge das sicher so: »Mama, wenn du nur einmal ruhig zu Hause bleiben würdest!« Aber es war alles sinnlos. Agrippina insistierte, ließ nicht locker, intrigierte weiter und schmiedete Ränke und Komplotte. Ja sie ging sogar so weit, sich der Blutschande zu rühmen, die gar nicht stattgefunden hatte, den Kaiser aber in ein äußerst schlechtes Licht rückte, denn »die Soldaten würden«, wie Tacitus bemerkt, »die Herrschaft eines gegen heilige Gesetze frevelnden Fürsten nicht dulden«.[25]

Schließlich kam Nero zu der Überzeugung, daß Agrippina, »wo auch immer sie sich aufhalten mochte[26]«, eine tödliche Gefahr darstellte[27]. Unter dem wachsenden Druck Senecas[28] und diesmal sogar mit Burrus' Unterstützung beschloß er, zur Tat zu schreiten.

Er wandte sich an seinen ehemaligen Lehrer Anicetus, mittlerweile Befehlshaber der bei Misenum stationierten Flotte. Dieser hatte die geniale Idee, ein Schiff zu bauen, das sich auf hoher See durch eine künstliche Vorrichtung in zwei Teile zerlegen lassen würde. Da Anicetus als Lehrer in Geschichte bewandert war, erinnerte er sich vielleicht an den Fall der Königin Amastris, die im Jahr 300 vor Christus durch eine ähnliche List von ihren Söhnen umgebracht worden war. Oder, was wahrscheinlicher ist, er dachte an einen von Nero kurz zuvor bei Wasserspielen benutzten Schiffstyp, der sich auf Kommando öffnen und die im Laderaum befindlichen wilden Tiere ins Wasser fallen ließ.[29]

Die Umstände für Anicetus' Plan waren günstig, da am Strand von Baiae, nicht weit von Misenum, gerade das Fest der Minerva stattfand, bei dem Nero, der das Meer sehr liebte, gewöhnlich zugegen war. Also lud er seine Mutter zum Abendessen nach Bauli ein. Dort lag gut sichtbar ein festlich geschmücktes Schiff vor Anker, das Agrippina anstelle des alten Dreiruderers, den sie gewöhnlich benutzte, zu ihrer Villa in Baiae zurückbringen sollte. Agrippina ahnte wohl das Unheil und äußerte die Absicht, in einer Sänfte über Land nach Baiae zurückzukehren, ließ sich jedoch durch das liebevolle Verhalten des Sohnes davon abbringen. Nero benahm sich ihr gegenüber höchst zuvorkommend, als ob er ihr augenzwinkernd zu verstehen geben wollte, daß sie beide sich im Grunde doch verstünden. Das Bankett wurde in die Länge gezogen, weil man übereingekommen war, wegen der größeren Sicherheit die Falle erst nachts zuschnappen zu lassen. Als es dunkel war, brachte Nero Agrippina zum Schiff, umarmte und küßte sie. Dann schaute er ihr lange in die Augen, sei es, um der ganzen Geschichte mehr Glaubwürdigkeit zu verleihen, sei es, weil er zum letztenmal ihr Gesicht betrachten wollte, bevor sie in den Tod ging.[30]

Agrippina nahm den Ehrenplatz ein, zu ihren Füßen saß die Dienerin Acerronia, während ihr anderer Diener Creperius Gallus in der Nähe des Ruders stand. Es war eine sternenhelle, ruhige Nacht mit unbewegter See. Nachdem das Schiff ausgelaufen war, stürzte plötzlich das mit Blei beschwerte Dach der Kabine auf das Deck hinunter. Creperius war auf der Stelle tot, während Agrippina und Acerronia ins Wasser geschleudert wurden. Da Anicetus' Vorrichtung nur zum Teil funktionierte, brach das Schiff nicht auseinander, sondern legte sich auf die Seite. In dem folgenden großen Durcheinander versuchte die Besatzung verzweifelt, das Schiff wiederaufzurichten, während die in das Komplott Eingeweihten alles daransetzten, es endgültig zu versenken. Um sich selbst zu retten, schrie Acerronia vom Meer herauf: »Ich bin Agrippina, ich bin die Kaiserin! Zu Hilfe!«[31] Daraufhin wurde mit Stangen, Rudern, Steinen und »was der Zufall sonst noch an Schiffsgerät bot[32]« nach ihr geworfen.

In der Zwischenzeit schwamm Agrippina, die an der Schulter verletzt war, schweigend in Richtung Ufer. Nachdem ein Fischerboot sie aufgenommen hatte, ließ sie sich nach Hause bringen. Natürlich hatte sie alles durchschaut, beschloß aber, so zu tun, als wenn nichts wäre. Durch ihren Diener Agermus ließ sie Nero mitteilen, ein glücklicher Zufall und das Wohlwollen der Götter hätten sie vor einem schweren Unglück bewahrt. Er solle sie jedoch fürs erste nicht besuchen, da sie vor allem Ruhe brauche.

Unterdessen wartete Nero ungeduldig in einer Villa in Baiae. Als er erfuhr, daß seiner Mutter nichts geschehen sei, wurde er leichenblaß. Er ließ unverzüglich Seneca und Burrus rufen. Seneca sagte, daß man nun bis zum Letzten gehen müsse, denn wenn Agrippina am Leben bleibe, sei Nero ein toter Mann, und nicht nur er. Auf seine Frage an Burrus, ob man nicht die Prätorianer mit der Ermordung Agrippinas beauftragen könne, erklärte dieser ein solches Ansinnen für ausgeschlossen, da die Prätorianer der kaiserlichen Familie treu ergeben seien und kein Soldat es wagen würde, gegen die Tochter des Germanicus die Hand zu erheben. Anicetus solle sich darum kümmern, denn schließlich habe er die Sache verpatzt, müsse sie folglich auch ausbügeln.

In Begleitung einer Gruppe vertrauenswürdiger Matrosen machte sich Anicetus auf den Weg zu Agrippinas Villa. In der

Zwischenzeit erreichte Agermus Neros Palast. Kaum wird Nero seiner ansichtig, »wirft er ihm, während er seinen Auftrag ausrichtet, sein Schwert zwischen die Füße. Dann läßt er ihn, als sei er auf frischer Tat ertappt, in Fesseln legen, um vorgeben zu können, die Mutter habe die Ermordung des Princeps beabsichtigt und sich aus Scham über die Entdeckung der Untat selbst den Tod gegeben.«[33]

Anicetus ließ Agrippinas Villa von seinen Männern umstellen und drang in Begleitung eines Trierarchen mit dem bezeichnenden Namen Herculeius und des Flottenzenturios Obaritus bis zu Agrippina vor, die sich in Gesellschaft einer Magd im Schlafzimmer aufhielt. Agrippina blieb völlig ruhig und sagte zu Anicetus, »ja, wenn er gekommen sei, um nach ihr zu sehen, solle er melden, sie habe sich erholt, wenn aber, um ein Verbrechen auszuführen – von ihrem Sohn glaube sie nichts Böses; nicht befohlen sei der Muttermord!«[34] Die Männer hörten jedoch gar nicht zu. Herculeius schlug ihr mit einem Stock auf den Kopf, und der Zenturio versetzte ihr einen Messerstich. Daraufhin bot Agrippina dem Dolchstoß ihren Körper dar, damit es schnell ein Ende nähme.[35] Es war der 23. März 59. Agrippina wurde, wie Nero zehn Jahre später, von ihren Dienern beerdigt, und Mnester nahm sich auf ihrem Grab das Leben.

»Aber dem Kaiser kam erst, als das Verbrechen geschehen war, dessen Ungeheuerlichkeit zum Bewußtsein[36].« Den Rest der Nacht verbrachte er schlaflos und glaubte die Stimme der Mutter zu hören, die ihn vom Grabhügel aus rief. Endlich tagte es. Als Burrus ihn in diesem Zustand sah, schickte er ihm Zenturien, Tribunen und Freunde entgegen, damit sie ihn zu seiner Rettung beglückwünschten. Trotzdem hielt Nero es für klüger, nicht sofort nach Rom zurückzukehren, und blieb in Neapel. Von dort schickte er einen von Seneca eigenhändig verfaßten Brief an den Senat, in dem er Agrippina beschuldigte, ein Komplott geschmiedet und ihn mit ihrem Machtstreben seit seinem Amtsantritt nicht einen Tag verschont zu haben. Außerdem legte er ihr viele unter Claudius begangene Verbrechen zur Last. Des weiteren versuchte er die Behauptung zu untermauern, der Schiffbruch sei ein Unfall gewesen, und beschuldigte Agermus erneut des versuchten Mordes. Diese zusammengestückelten Behauptungen waren derart unhaltbar, daß niemand ihnen Glauben schenkte. Trotzdem taten alle so, als glaubten sie daran. Nur Thrasea Paetus verließ demonstrativ den Senat und brachte schweigend, aber unmißverständlich seine Mißbilligung zum Ausdruck.

Der Senat ordnete feierliche Dankgebete an die Götter an, ließ der Minerva goldene Statuen errichten und Agrippinas Geburtstag unter die Unglückstage rechnen, an denen keine Gerichtssitzungen abgehalten werden durften.

Nero blieb vier Monate in Neapel. In dieser Zeit hob er die Verbannung der beiden Adligen Iunia und Calpurnia und der beiden ehemaligen Prätoren Valerius Capito und Lucinius Gabolus auf, die allesamt unter Claudius Agrippina zum Opfer gefallen waren. Iturius und Calvisius, die der inzwischen verstorbenen Silana geholfen hatten, Agrippinas vermeintliches Komplott mit Rubellius Plautus anzuzeigen, erließ er die Strafe. Das könnte ein Hinweis darauf sein, daß Nero seine Meinung über die vier Jahre zuvor geschehenen Dinge geändert hatte und sie nun anders einschätzte. Plautus jedenfalls blieb auch diesmal unbehelligt.[37]

Als Nero endlich nach Rom zurückkehrte, fand er die Lage wesentlich ruhiger vor, als er befürchtet hatte. Er wurde sogar von Volk und Senat festlich empfangen. Offensichtlich war Agrippina wegen ihrer Gewalttätigkeit und ihrer Arroganz in Rom nicht besonders beliebt gewesen.

Nach seiner Rückkehr machte Nero als erstes einen Besuch bei seiner Tante Domitia, die schwer erkrankt war. Sie hatte ihn als Kind gehätschelt und verwöhnt, jetzt streichelte sie seinen Bart und äußerte den Wunsch, er möge ihr den ersten Bartschnitt schenken, sie habe jedoch wenig Hoffnung, das noch zu erleben, da sie die Nähe des Todes spüre. Nero ließ sich auf der Stelle rasieren und machte Domitia den Bart in einem goldenen Gefäß zum Geschenk. So konnte wenigstens sie in Frieden sterben.[38]

Sein Leben lang hatte Nero wegen des Muttermordes Gewissensbisse[39]. Früher hatte er wie ein Stein geschlafen, jetzt wurde er von gräßlichen Albträumen heimgesucht. So wurde er im Traum vom Steuerruder eines Schiffes weggerissen, von seiner Frau Octavia in die Tiefe gezerrt, von einer Masse geflügelter Ameisen bedeckt oder von Statuen umstellt, die ihm den Weg versperrten. Als er ein Jahr vor seinem Tod nach Griechenland reiste, mied er Athen vornehmlich aus politischen Gründen, aber auch deshalb, weil dort der Muttermörder Orest von den Furien verfolgt worden war. Er wagte nicht einmal, an den Eleusinischen Mysterien teilzunehmen, denn zu deren Beginn pflegte ein Herold aufzutreten und jeden, der ein Verbrechen begangen hatte, zum Verlassen des heiligen Ortes aufzufordern.[40] Der Schatten Agrippinas verfolgte ihn bis an sein Ende.

Aber dann trat Poppaea in sein Leben und lenkte ihn von seinen düsteren Gedanken ab. Poppaea Sabina war eine faszinierende, anbetungswürdige Kokette. Schön, gebildet, intelligent, geistreich[41] und ungeheuerlich kokett, war sie genau der Typ von Frau, der Nero gefiel. Obwohl sie ein paar Jahre älter war, gaben ihr die zum Pferdeschwanz gebundenen honigfarbenen Haare etwas Jugendliches. Der Schönheitspflege widmete sie die gleiche Aufmerksamkeit und Umsicht wie die Frauen heutzutage: Sie erfand eine Gesichtscreme aus Eselsmilch, die es heute noch gibt. Der unbekannte Dichter des Dramas *Octavia* besingt sie so: »Oh, wie schön und majestätisch du warst, auf dem Thron inmitten des Hofes! Der Senat hat deine Grazie bewundert, als du auf den Altären den Göttern Weihrauch und süßen Wein opfertest, den Kopf mit dem dünnen Brautschleier verhüllt.«[42]

Poppaea war die Tochter eines gewissen Titus Ollius und einer weiteren Poppaea, die nach Aussage von Zeitgenossen die schönste Frau der Welt gewesen sein soll. Sie war in erster Ehe mit dem römischen Ritter Rufrius Crispinus[43] verheiratet, von dem sie einen Sohn hatte. Natürlich war es Otho, der sie sich angelte und sie beim Kaiser vorstellte. Nachdem er sie verführt hatte, brachte er sie dazu, sich scheiden zu lassen, und heiratete sie. Einige Quellen behaupten, daß Nero selbst ihn zu dieser Heirat gezwungen habe, damit seine eigene Beziehung zu Poppaea gedeckt wäre.[44] Anderen Quellen zufolge soll Otho mit seinen unaufhörlichen Lobreden auf die Schönheit und Eleganz seiner Frau die Neugier des Kaisers geweckt haben. Tacitus schreibt dazu: »Oft hörte man ihn (Otho) beim Aufstehen von der Tafel des Kaisers sagen, er gehe natürlich jetzt zu ihr, ihm seien Adel und Schönheit zuteil geworden, der Wunschtraum aller (...).«[45] Wie dem auch sei, Otho verliebte sich unsterblich in Poppaea. Das ging so weit, daß er Nero auf der Schwelle seines Hauses zurückwies, als dieser flehend nach ihr verlangte. Poppaea spielte ihrerseits mit dem Kaiser das bekannte weibliche Spiel: Ein bißchen machte sie mit, aber meistens zierte sie sich, denn schließlich sei sie eine verheiratete Frau, die ihren Mann nicht vernachlässigen könne. Mit einem Wort: Wenn er sie wirklich haben wolle, müsse er sie heiraten und Octavia verstoßen.

Nun hatte Nero die kindliche Octavia, die ihm von Agrippina aufgezwungen worden war, nie geliebt. Die strenge, reservierte, kühle Octavia war äußerlich nichtssagend, sie war mager und hatte eine lange, vornehme Nase, die ihr Gesicht aber noch strenger machte: Eine Frau also, die Nero einfach nicht gefallen konnte. Seine Gleichgültigkeit hatte sich schnell in körperliche Abneigung gegen seine Ehefrau verwandelt. Als seine Freunde ihm deshalb Vorhaltungen machten, gab er die brutale, endgültige Antwort: »Sie muß sich eben mit den ehelichen Ehrenauszeichnungen begnügen.«[46] Tatsächlich wurden ihr alle ihr zustehenden Ehrenauszeichnungen zuteil (auf Münzen ist das kaiserliche Paar wiederholt dargestellt), von seiten Neros aber nur vollständiges Desinteresse.

Octavia zu verstoßen war jedoch eine ernste und gefährliche Angelegenheit. Octavia stammte ebenfalls unmittelbar von Augustus ab und war gerade wegen ihrer Reserviertheit, wegen ihres »flachen Profils« beim Volk sehr beliebt, und alle sahen in ihr vor allem das Opfer, eine traurige Gefangene des Palastes. Als Nero auf Drängen Poppaeas seinen Vertrauten Afranius Burrus um Rat fragte, gab dieser offen zur Antwort: »Wenn du sie verstößt, mußt du ihr auch ihre Mitgift zurückgeben«, und damit meinte er das Reich. Daraufhin bat Nero Poppaea, sich noch zu gedulden. In der Zwischenzeit machte er Otho den Vorschlag, den Posten des Statthalters in Lusitanien zu übernehmen. Den Tod im Herzen, reiste Otho ab. Auf den Mauern Roms tauchte bald darauf folgendes Graffito auf: »Warum, fragt ihr, ist Otho verbannt durch erlogne Beförd'rung? Weil mit der eigenen Frau er einen Eh'bruch beging.«[47]

Im Jahr 62 starb Burrus an Halskrebs. Danach überstürzten sich die Ereignisse. Ursache dafür war nicht so sehr Burrus' Tod, als vielmehr die Tatsache, daß Poppaea schwanger war.[48] Da Nero sich mehr als alles andere auf der Welt ein Kind wünschte, begann er nun Octavias Verstoßung vorzubereiten, und warf ihr ihre Unfruchtbarkeit vor. Ein besonders kleinlicher und schäbiger Vorwurf: Wie sollte Octavia ihm ein Kind schenken, wenn er nicht mit ihr ins Bett ging?

Kinderlosigkeit galt in Rom im Normalfall als hinreichender Grund für eine Scheidung. Wollte man aber bei Senat, Öffentlichkeit und Heer erreichen, daß sie der Verstoßung einer derart hochgeborenen Frau zustimmten, so mußte ihr Ruf nachhaltig geschädigt werden[49]. Und Nero war dabei nicht gerade zimperlich. Er zwang einen Diener Octavias, seiner Herrin ein Verhältnis mit einem Sklaven, dem ägyptischen Flötenspieler Eukairos, anzuhängen. Um weitere Beweise dafür zu erhalten, wurden die Dienerinnen Octavias verhört, und Tigellinus setzte dabei gnadenlos die Folter ein, was bei Sklaven erlaubt war. Die meisten Mädchen hielten ihrer Herrin jedoch die Treue. Die Dienerin Pitia spuckte Tigellinus während eines Verhörs ins Gesicht und schrie: »Die Scham meiner Herrin ist reiner als dein Mund [50]!« Schließlich kamen genügend Zeugenaussagen zusammen, um die Scheidung einzuleiten. Octavia wurde das Haus des Burrus als Zufluchtsort zugewiesen. Kurz danach wurde sie dann in Begleitung einer bewaffneten Eskorte nach Kampanien gebracht. Zwölf Tage später heiratete Nero Poppaea.

Wahrscheinlich wäre die Sache damit für Nero erledigt gewesen [51], wenn es nicht zugunsten der unglücklichen jungen Frau zu Unruhen gekommen wäre. Diesmal stand das Volk auf Octavias, nicht auf Neros Seite. Die gegen Octavia vorgebrachten Beschuldigungen waren wohl doch zu durchsichtig und zu dreist. Nero erschrak gehörig und ordnete an, Octavia aus dem Exil zurückzuholen, was sich jedoch als Fehler erwies, weil das Volk glaubte, er habe sie als Ehefrau zurückgerufen. Tacitus berichtet, daß bei den folgenden Tumulten die Statuen der Poppaea umgestoßen worden seien und Poppaea selbst von Nero Octavias Kopf verlangte habe, da sie um ihr Leben fürchtete. [52] Das Ganze scheint nicht besonders glaubwürdig, denn wie sollten für Poppaea, die ja erst seit wenigen Tagen Kaiserin war, in so kurzer Zeit Statuen errichtet worden sein? Sicher ist jedenfalls, daß es anläßlich der Rückkehr von Octavia zu Tumulten und Freudenfesten kam, die ihr Ende besiegelten.

Um sie endgültig auszuschalten, mußte man ihr allerdings etwas mehr als einfachen Ehebruch in die Schuhe schieben, und vor allem brauchte man einen Ankläger, der mehr Glaubwürdigkeit besaß als ein Sklave. Nero bemühte erneut Anicetus. Er sollte erklären, er sei nicht nur Octavias Geliebter gewesen, sondern habe mit ihr gemeinsam ein Komplott zur Absetzung des Kaisers geschmiedet. Anicetus hatte keine Wahl. Seine Mittäterschaft bei der Ermordung Agrippinas zwang ihn zum Gehorsam, falls er denn überhaupt jemals eine Weigerung in Erwägung gezogen hat. Er gestand alles, ja sogar mehr, als man von ihm verlangt hatte, so viel, daß Nero es für klüger hielt, ihn aus dem Verkehr zu ziehen. Er wurde aufgefordert, sich nach Sardinien zurückzuziehen, wo er übrigens ein bequemes Leben führte und eines natürlichen Todes starb.

Nero teilte in einem Edikt mit, Octavia habe Anicetus zum Geliebten genommen, um die Treue der Flotte zu erschüttern. Außerdem habe sie sich schwängern lassen und dann abgetrieben, um das Verhältnis zu vertuschen. Eine niederträchtige Beschuldigung und noch dazu höchst ungeschickt, da ja Octavias Unfruchtbarkeit als Scheidungsgrund benutzt worden war. Nero hatte vollkommen den Kopf verloren.

Octavia wurde aus Kampanien auf die Insel Pandataria (Ventotene) verbannt. Wenige Tage später erreichten sie Neros Meuchelmörder. Man band sie fest und schnitt ihr die Pulsadern auf. Da sie jedoch nicht schnell genug starb, wurde die Unglückliche in heißem Dampf erstickt. Tacitus schreibt: »Für Octavia aber wurde gleich der Tag der Hochzeit wie zu einer Leichenfeier, da sie in ein Haus geführt wurde, in dem sie nichts als Gram erleben sollte [53].«

Die Ehe mit Poppaea war sehr glücklich. Poppaea war intellektuell sehr wißbegierig, Nero auch. Poppaea war heiter, Nero auch. Poppaea war schlagfertig, Nero auch. Poppaea amüsierte sich gern, Nero auch. Poppaea interessierte sich für den Orient, Nero interessierte sich für den Orient. Poppaea protegierte die Juden [54], und Nero drückte ein Auge zu bei dem Durcheinander, das sie ständig in Rom und auch außerhalb provozierten.

Die beiden verstanden sich ausgezeichnet. Nero hatte seine nächtlichen Streifzüge aufgegeben, verbrachte die Abende im Palast und besang in Poppaea gewidmeten Gedichten ihre »bernsteinfarbenen [55]« Haare. Zum ersten und vielleicht einzigen Mal in seinem Leben war Lucius Domitius Ahenobarbus alias Nero glücklich.

Sein Glück stieg ins Unermeßliche, als Poppaea ihm am 21. Januar 63 eine Tochter schenkte, der sie den Namen Claudia gaben. Das Volk jubelte [56]. Der Senat begab sich fast geschlossen nach Antium, wo Poppaea das Kind zur Welt gebracht hatte, um die Wöchnerin und den Kaiser aufzusuchen. Verrückt vor Freude, zeigte Nero allen seine Tochter und seinen Vaterstolz. Nur vier Monate später starb das Kind. »Er selbst betrug sich wie in der Freude so auch im Schmerz maßlos[57].«

Zwei Jahre später, im Jahr 65, war Poppaea wieder schwanger. Vollkommen absurd ist die Anschuldigung, daß der angetrunkene Nero seine schwangere Frau durch einen Fußtritt in den Unterleib getötet habe, als diese ihm wegen seines späten Nachhausekommens vom Pferderennen Vorwürfe machte. An dieser Darstellung ist durchaus glaubwürdig, daß die beiden sich über eine so triviale, kleinbürgerliche Sache stritten, denn Poppaea wußte sich sehr gut zu behaupten. Absolut unglaubwürdig hingegen ist der tödliche Fußtritt. Nero liebte seine Frau sehr und wollte nichts lieber als ein Kind. Selbst durch den Hinweis auf sein Verhalten und seine Persönlichkeit ließe sich eine solch aufsehenerregende, selbstzerstörerische Tat nicht erklären, denn Nero ließ nie auch nur den leisesten Hang zur Selbstzerstörung erkennen. Poppaea starb an einer Schwangerschaftskomplikation, was auch aus Suetons Text eindeutig hervorgeht, wenn er schreibt, daß sie zum Zeitpunkt des vermeintlichen Fußtritts krank war.[58]

Gerührt hielt Nero im Angesicht ihrer sterblichen Hülle die Totenrede, und statt der bei den Römern üblichen Einäscherung ließ er sie nach orientalischem Brauch einbalsamieren. Er hat sie nie vergessen. Von da an trug er, wenn er weibliche Rollen sang, stets eine Maske, die ihren Zügen nachgebildet war, und wenn er später den Eunuchen Sporus zum Geliebten nahm, dann sicher auch deshalb, weil dieser ihn an Poppaea erinnerte. Er rief ihn sogar bei ihrem zweiten Namen Sabina. Eine seiner letzten Amtshandlungen als Kaiser war die Weihung eines Poppaea gewidmeten Heiligtums.[59]

Trotz seiner großen Liebe ließ Nero nie zu, daß Poppaea einen solchen Einfluß gewann wie Messalina und Agrippina am Hofe des Claudius. Abgesehen von einigen unbedeutenden Zugeständnissen ließ er sich bei seinen Regierungsgeschäften nie von Frauen leiten oder beeinflussen[60]. Er hatte ja schließlich Agrippina im Hause gehabt, und das hatte ihm gereicht.

Im Jahr 62, dem Jahr, in dem Burrus starb, Octavia verstoßen wurde und Nero Poppaea heiratete, vollzog sich auch der endgültige Bruch mit Seneca. Der Philosoph hatte sehr wohl begriffen, daß er schon seit einiger Zeit so gut wie verspielt hatte. Sein Einfluß auf den Kaiser, der inzwischen ohne Umschweife seinen antiaristokratischen Weg ging, tendierte gegen Null. Und ein noch deutlicheres Anzeichen war, daß Nero ihn jetzt zunehmend mied[61].

Seneca fühlte sich zweifach bedroht: durch die immer deutlicher zutage tretende Gleichgültigkeit des Kaisers einerseits und durch die wachsende Feindseligkeit des Senats andererseits, der ihn als Helfershelfer des Regimes betrachtete und außerdem um seine tiefe Verstrickung in die »Affaire Agrippina«[62] wußte. Zweifellos war Agrippina allseits verhaßt, doch hinderte das die Gegner Neros keineswegs daran, ihre Ermordung als Propagandamittel gegen den Kaiser einzusetzen[63].

Jetzt, wo er nicht mehr wie früher die Protektion des Kaisers genoß, wurde Seneca erneut wegen seiner unermeßlichen Reichtümer angegriffen. Außerdem hatte er nach Burrus' Tod die Kontrolle über die Prätorianer verloren und fühlte sich zum erstenmal wehrlos. Unter diesen Bedingungen galt er in den Augen der Öffentlichkeit zwar immer noch als Hauptberater des Kaisers, aber Seneca begriff, daß ihm diese Stellung keinerlei Vorteil mehr brachte, ihn vielmehr zum potentiellen Opfer möglicher Vergeltungsaktionen der Aristokratie machte, die sich wie fernes Gewittergrollen bereits ankündigten und die er wie ein empfindlicher Seismograf deutlich registrierte. Deshalb hielt er den Zeitpunkt für gekommen, sich von Nero zu distanzieren, seine Unbescholtenheit wiederherzustellen und, natürlich mit gebührender Vorsicht und je nach Lage der Dinge, auf die andere

Seite zu wechseln. Folglich bat er Nero um eine Unterredung, in der Absicht, seinen Rücktritt und die Rückgabe der Reichtümer anzubieten, die ihm der Kaiser im Laufe der Jahre großzügig hatte zukommen lassen. Dieses Opfer war jedoch mehr Schein als Sein. Aller Wahrscheinlichkeit nach würde Nero vielleicht nicht den Rücktritt, wohl aber die Rückgabe der Güter ablehnen. Wie die Sache auch ausgehen mochte, für Seneca würde es sich auf jeden Fall auszahlen, denn aufgrund dieses Angebots würde er zum gegebenen Zeitpunkt, wann immer das auch sein mochte, mit einer mehr oder weniger weißen Weste dastehen.

Senecas Rede an Nero war eine einzige Kriecherei, die Tacitus wie folgt wiedergibt: »Das vierzehnte Jahr ist es jetzt, Caesar, seit ich dir, auf den man schöne Hoffnungen setzte, zur Seite gestellt bin, das achte, daß du die Regierung in Händen hast: in der Zwischenzeit hast du soviel an Ehrungen und Reichtümern auf mich gehäuft, daß nichts zu meinem Glück fehlt als maßvolle Zurückhaltung ihm gegenüber. Bedienen will ich mich bedeutender Vorbilder nicht von meinem, sondern von deinem Rang. Dein Urahn Augustus gestattete es dem Marcus Agrippa, in Mytilene zurückgezogen zu leben, dem C. Maecenas, mitten in der Stadt ein Dasein in Muße zu führen, als wäre er in der Fremde; beide, von denen der eine sein Kriegsgefährte, der andere in Rom von mehr als einer mühevollen Aufgabe umgetrieben war, hatten zwar ansehnliche, aber ihren außerordentlichen Verdiensten nur entsprechende Belohnungen erhalten. Ich aber – was konnte ich anderes als Gegengabe für deine Freigebigkeit bieten als mein wissenschaftliches Bemühen, das sozusagen im Schatten herangewachsen und nur dadurch zu Glanz gekommen ist, daß ich, wie es den Anschein hat, dir in deiner Jugend helfen durfte, die Grundlagen der Bildung zu legen, und das trägt seinen hohen Lohn in sich. Doch du hast mir unermeßlichen Einfluß und unschätzbaren Reichtum zukommen lassen in einem solchen Maße, daß ich sehr oft bei mir selbst überlege: ich, aus dem Ritterstand und einer Provinzstadt kommend, werde unter die Großen des Staates gezählt? Unter den Adeligen, die eine lange Reihe ruhmvoller Ahnen aufweisen können, bin ich, ein Emporkömmling, in vollem Glanz erstrahlt? Wo bleibt da der vielgerühmte maßvoll bescheidene Sinn? Ist er es, der solche Gärten anlegt und in diesen Villen in der Umgebung der Stadt stolz einherschreitet und den Überfluß so riesiger Kornfelder, so ausgedehnter Zinsgeschäfte genießt? Nur eine Entschuldigung bietet sich an, daß ich nämlich deine Geschenke nicht zurückweisen durfte.

Aber nun haben wir beide unser Maß erfüllt, du, indem du schenktest, soviel nur ein Fürst einem Freund schenken kann, ich, indem ich empfing, soviel ein Freund von seinem Fürsten empfangen darf: was darüber hinausgeht, vermehrt den Neid. Dieser liegt zwar, wie alles Menschliche, unter deiner Hoheit, aber auf mir lastet er, mir muß geholfen werden. Wie ich, im Kriegsdienst oder auf einer Reise ermüdet, um eine Stütze bitten würde, so bitte ich, der auf diesem Lebensweg alt geworden und auch leichtesten Aufgaben nicht mehr gewachsen ist, um deinen Beistand, da ich die Last meiner Reichtümer nicht weiter tragen kann. Befiehl, daß mein Vermögen durch deine Prokuratoren verwaltet, daß es deinem Eigentum zugeschlagen werde! Aber ich will mich nicht selbst in Armut hinunterstoßen; vielmehr werde ich, wenn ich das weggegeben habe, von dessen Glanz ich geblendet werde, die Zeit, die bisher der Verwaltung der Gärten und Landgüter vorbehalten ist, wieder für meine geistige Tätigkeit verwenden. Du stehst in voller Manneskraft und hast so viele Jahre lang die Aufgaben des Herrschers im obersten Rang gründlich kennengelernt: so können wir älteren Freunde den Anspruch auf ein ruhiges Dasein erheben. Auch dies wird zu deinem Ruhm beitragen, daß du solche Männer in höchste Stellen berufen hast, die auch ein bescheidenes Los ertragen können.«[64]

Nero bewies, daß er die Lektion des Meisters gelernt hatte, und antwortete im gleichen Ton: »Daß ich auf deine vorbereitete Rede aus dem Stegreif erwidern kann, ist das erste, was ich als

Geschenk von dir besitze, der du mich nicht nur vorher bekannte, sondern auch unvermutete Themen zu entwickeln gelehrt hast. Mein Urahn Augustus hat es dem Agrippa und Maecenas gestattet, sich nach den Anstrengungen der Muße hinzugeben, war aber selbst schon in einem Alter, wo sein Ansehen alles rechtfertigte, was er zuteilte, was und von welcher Beschaffenheit auch immer es war; und trotzdem hat er keinem die von ihm gegebenen Belohnungen weggenommen. Im Krieg und in Gefahren hatten sie sie verdient; darin ging ja die Jugendzeit des Augustus ganz auf. Auch mir hättest du dich mit dem Schwert in der Hand nicht versagt, hätte ich die Waffen führen müssen; weil es aber die Verhältnisse der Gegenwart forderten, hast du mit Überlegung, Rat und Belehrungen mich als Knaben, dann als jungen Mann gefördert. So werden jedenfalls deine Verdienste um mich, solange mein Leben währt, unvergessen sein: was du von mir hast, Gärten und Einkünfte und Landgüter, ist den Fügungen des Zufalls unterworfen. Und mögen diese Gaben auch reich erscheinen, so haben doch sehr viele, die dir an Fähigkeiten keinesfalls gleichkommen, noch mehr erhalten. Ich schäme mich, von Freigelassenen zu sprechen, die man in größerem Reichtum sieht: daher muß ich auch erröten, daß du, der meinem Herzen am nächsten steht, noch nicht alle an Vermögen übertriffst – es müßte denn sein, du schätzest dich geringer ein als Vitellius, der dreimal Konsul war, oder mich als Claudius; andererseits kann ich so viel, wie dem Volusius seine langjährige Sparsamkeit eingebracht hat, dir trotz meiner Freigebigkeit nicht in vollem Maße zukommen lassen.

Aber auch du stehst noch in einem rüstigen Alter und bist den Amtsgeschäften und dem, was du an Nutzen daraus ziehen kannst, gewachsen, während ich in die ersten Abschnitte meiner Regierungszeit eintrete. Warum willst du denn, wenn ich an irgendeiner Stelle in der Unsicherheit meiner Jugend vom Wege abkomme, mich nicht zurückholen und die mit deinem Rückhalt ausgestattete Jugendkraft mit festerer Hand lenken? Nicht deine

Mäßigung, wenn du dein Vermögen zurückgibst, noch dein Wunsch nach Ruhe, wenn du den Princeps verläßt, sondern meine Habsucht, deine Furcht vor meiner Grausamkeit werden in aller Munde sein. Wenn man also auch deinen Verzicht rühmen wird, so ist es doch wohl für einen Weisen nicht ehrenvoll, mit einer Tat, durch die er seinen Freund in üblen Ruf bringt, sich selbst Ruhm zu verschaffen.«[65]

Wie in Reden an Tyrannen üblich, schloß Seneca, wie Tacitus noch hinzufügt, mit einer Danksagung[66]. Im übrigen konnte er ja auch rundum zufrieden sein, denn er hatte bekommen, was er wollte. Er hatte schließlich angeboten, seine Reichtümer zurückzugeben – für einen entsprechend werbewirksamen Einsatz würde er schon sorgen –, wenn der Kaiser das Angebot ablehnte, um so besser. Sein Rücktritt war faktisch vollzogen, auch wenn Nero ihn formal zurückgewiesen hatte. Danach zog Seneca sich demonstrativ auf seine Landgüter zurück.

Senecas Ausscheiden kam keine besondere Bedeutung zu, da sich seine Rolle bei Hof inzwischen faktisch darauf reduziert hatte, Neros Politik passiven Widerstand entgegenzusetzen. Außerdem verstand es Nero, ihn durch qualifizierte Mitarbeiter wie den Historiker Cluvius Rufus, den Konsular Vestinus Atticus und den General und zukünftigen Kaiser Vespasian zu ersetzen.[67] Sehr viel schwerwiegendere Konsequenzen hatte der Tod des Afranius Burrus, dessen Loyalität und Geschick er noch bittere Tränen nachweinen sollte.

Nero beschloß, das Kommando der Prätorianer erneut zu teilen, wie es vor Burrus zu Zeiten des Claudius üblich gewesen war, und ernannte zu Präfekten Rufus Faenius, einen ehemaligen Günstling Agrippinas, der sich bereits als Statthalter von Pannonien bewährt hatte[68], und Ofonius Tigellinus.

Tacitus behauptet, daß Nero Tigellinus ausgewählt habe, weil dieser als ehemaliger Pferdezüchter seine Leidenschaft für Pferderennen teilte und wegen seiner Zügellosigkeit nicht nur einen guten Orgienpartner abgab, sondern Nero sogar noch anspornte.

Tacitus zeichnet ein derart finsteres Porträt des neuen Prätorianerpräfekten, daß dieser noch schlimmer dabei wegkommt als der Kaiser selbst. Hier ist aber erneut Vorsicht geboten, denn als guter Aristokrat war Tacitus prinzipiell dagegen, daß Männer niederer Herkunft wie Tigellinus aufstiegen.

Nero war bei der Wahl seiner Funktionäre jedoch nie leichtfertig vorgegangen (das sollte sich auch in Zukunft nicht ändern), und derart lächerliche Kriterien, wie Tacitus sie ihm unterstellt, hatten niemals eine Rolle gespielt. Bevor er Heerführer wie Corbulo, Paulinus oder Vespasian, Statthalter, Prokuratoren oder Präfekte ernannte (d. h. das gesamte politisch-administrative Personal, dessen Nominierung unmittelbar durch ihn erfolgte), pflegte er ihre Fähigkeiten und ihre Einstellung zur jeweiligen Position stets sehr sorgfältig zu prüfen. Und meistens traf er ins Schwarze. Wenn sich eine Ernennung als Fehler herausstellte, wie zum Beispiel bei einigen unfähigen oder zu raffgierigen Statthaltern, war er sofort bereit, den Posten neu zu besetzen. Ferner achtete Nero stets darauf, Privatleben und Regierungsobliegenheiten zu trennen, soweit das zu jener Zeit möglich war. Seine Ehefrauen Poppaea und Messalina hatten keinerlei Einfluß auf die öffentlichen Angelegenheiten, seine Gelagekumpane wie Paris und Spiculus erhielten nie öffentliche Ämter, genausowenig, wie seine intimen Freunde Serenus und Senecio zu seiner Zeit Karriere machten. Nur Otho wurde aus bekannten Gründen Statthalter von Lusitanien. Aber er stammte schließlich aus einer hochadligen Familie, die bereits in der Vergangenheit äußerst fähige Beamte gestellt hatte – dazu gehörte unter anderem sein Vater Lucius –, und er brachte alle Voraussetzungen für ein solches Amt mit, das er dann auch tatsächlich sehr gut verwaltete.

Der Sizilianer Tigellinus kam aus Agrigent, stammte aus einfachen Verhältnissen und hatte ein abenteuerliches Leben hinter sich. Er wuchs im Hause Agrippinas auf, hatte ungefähr ihr Alter und wurde von Caligula wegen seiner Beziehung zu dessen Schwester Iulia Livilla (die es im übrigen mit allen trieb) verbannt. Danach lebte er eine Weile in Griechenland, kehrte dann nach Sizilien zurück und machte schließlich mit einem Gestüt für Rennpferde ein Vermögen. Dumm war er jedenfalls nicht. Als Rechts- und Verwaltungsexperte[69] wurde er Chef der römischen Stadtpolizei und spezialisierte sich auf einen Bereich, den wir heute als »Geheimdienst« bezeichnen würden und für den er offensichtlich besonders begabt war. Möglicherweise hatte ihn Nero gerade deshalb zum Prätorianerpräfekten gemacht, denn mit seinem feinen Gespür, das demjenigen Senecas in nichts nachstand, nahm auch Nero wahr, daß sich etwas zusammenbraute.

Trotzdem war Tigellinus der falsche Mann. Denn als es während der Krise im Jahr 68 ums Ganze ging, zog er sich im entscheidenden Moment zurück und verriet den Kaiser. Weit schlimmer aber war, daß er als neuer Präfekt der Prätorianer seine Aufgabe zu genau nahm, ganz Rom mit Spitzeln und Geheimagenten überschwemmte und dort Härte zeigte, wo Burrus mit Takt, Augenmaß und einer gewissen paternalistischen Gutmütigkeit agiert hatte. Mit solchen Methoden wurde der Unmut eher geschürt als ausgeräumt. Übrigens führte Tigellinus auch den Straftatbestand der »Majestätsbeleidigung« wieder ein, der unter Tiberius und Claudius groß in Mode gewesen, unter Nero allerdings acht Jahre lang außer Kraft gesetzt war.

Wer jedoch wie ich davon ausgeht, daß Nero »was a pupil, not a puppet«, wird nicht glauben, daß der nunmehr fünfundzwanzigjährige Kaiser stark von Tigellinus beeinflußt wurde, denn schließlich hatte Nero, damals kaum mehr als ein Kind, der intellektuellen Faszination und dem Prestige eines Seneca widerstanden. Tigellinus war nicht Neros »schwarze Seele«, wie ein anderer bösartiger Gemeinplatz behauptet, sondern führte großenteils nur Anweisungen aus[70], wenn auch mit gefährlichem Übereifer.

Jedenfalls war es Tigellinus, der wohl nicht zu Unrecht Nero dazu veranlaßte, die Position von Rubellius Plautus und Cornelius Silla erneut zu überdenken, waren sie doch seine potentiell gefährlichsten Rivalen, da sie beide direkt von Augustus abstammten und vor allem Plautus über eine zahlreiche Gefolgschaft verfügte.

Zum Verständnis der Geschichte mit Plautus und Silla muß, wie bereits zu Beginn dieses Kapitels angedeutet[71], noch einmal darauf hingewiesen werden, daß während der gesamten Herrschaft der iulisch-claudischen Dynastie keinerlei gesetzliche Regelung der Thronfolge existierte. Das war die unvermeidliche Konsequenz aus dem ambivalenten Verhalten des Augustus, der aus Angst, wie Caesar zu enden, den monarchistischen Charakter seiner Herrschaft zu verschleiern suchte. Es bestand also die Fiktion, daß der Kaiser kein Monarch sei, sondern ein *princeps,* eine Art erster Bürger, dem Senat und Volk besondere Befugnisse verliehen, die bei seinem Tod jedoch hinfällig wurden. Während seiner vierzigjährigen Regierungszeit hatte Augustus zwar verschiedene Versuche unternommen, die Thronfolge zugunsten eines seiner Nachkommen zu regeln, da diese aber aus unterschiedlichen Gründen alle scheiterten, hatte er schließlich seinen Stiefsohn Tiberius adoptiert. Damit hatte sich zwar das Prinzip durchgesetzt, den Thronfolger aus der Mitte der kaiserlichen Familie zu wählen, es war jedoch nicht festgelegt, wer an der Reihe war. Das war schon aus dem einfachen Grunde nicht möglich, weil aufgrund der besonderen Konstruktion der *familia*[72] der Begriff des Erstgeborenen im römischen Zivilrecht nicht existierte[73]. Kein Kaiser konnte folglich seiner Position jemals sicher sein, alle anderen Mitglieder der iulisch-claudischen Familie konnten sie jederzeit anfechten und gefährden. Deshalb wurde um jede Thronfolge erbittert gekämpft, noch erbitterter allerdings darum, den einmal eroberten Thron zu behalten. Wollte ein Kaiser nicht untergehen, mußte er alle männlichen Mitglieder seiner Familie, oder wenigstens die gefährlichsten, ausschalten[74], was Tiberius, Caligula und Claudius denn auch ziemlich schnell getan hatten.

Nero hingegen wartete immerhin acht Jahre bis er Plautus und Silla aus dem Weg räumte, obwohl es an Vorwänden und günstigen Gelegenheiten nicht gemangelt hätte[75]. Wie wir bereits wissen, war Plautus im Jahre 55 in das vermeintliche Komplott der Agrippina verwickelt gewesen, das damals von Domitia, Silana, Iturius und Calvisius angezeigt wurde. Nero hatte jedoch nicht daran geglaubt, Agrippina freigesprochen und Plautus sogar völlig ignoriert. Der Straferlaß für Iturius und Calvisius im Jahr 59 ist allerdings schon ein erster Hinweis darauf, daß Nero nun nicht mehr glaubte, daß die damalige Anzeige vollkommen haltlos war. Agrippina war inzwischen tot, aber Plautus lebte noch in Rom, war einflußreich und geachtet. Gegen ihn wurde jedoch nichts unternommen. Als im August 60 ein Komet erschien, was nach Meinung der außerordentlich abergläubischen Römer einen Kaiserwechsel ankündigte, war Plautus' Name plötzlich in aller Munde. Das allein zeigt schon, wie groß sein Ansehen war. Als dann Neros Tafel bei den Simbruinischen Seen vom Blitz getroffen und in zwei Teile gespalten wurde, zweifelte man in Rom nicht länger, denn der Unfall ereignete sich ausgerechnet in der Gegend, aus der das Geschlecht des Plautus stammte. Über Nero sprach man bereits in der Vergangenheit. Daraufhin nahm Nero Papier und Feder und schrieb einen Brief an Plautus, in dem er ihn bat, Rom zu verlassen, damit sich die Lage beruhigen und er selbst sich Verleumdungen entziehen könne, an denen es aller Wahrscheinlichkeit nach nicht fehlen werde. In diesem Brief erinnerte er Plautus daran, daß er in Asien beträchtliche, von seinen Vorfahren ererbte Güter besitze. Obwohl er ihn für unschuldig und für das Opfer dummen Aberglaubens halte, bitte er ihn zum Nutzen Roms um den persönlichen Gefallen, sich dorthin zurückzuziehen, »wo er sicher und ungestört sein junges Leben genießen könne«.[76] Wenn auch höflich formuliert und keineswegs ultimativ, war diese Aufforderung doch derart bestimmt, daß Plautus nicht nein sagen konnte. So reiste er denn mit Ehefrau, Kindern, Die-

145

nern, Familienangehörigen und allen Freunden, die ihm folgen wollten, nach Asien ab.

Was nun Silla betrifft, der unter anderem mit Antonia, der ersten Tochter des Claudius, verheiratet war, so hatte man ihn schon im Jahr 55 der Verschwörung angeklagt. Damals hatte ein gewisser Paetus Pallas und Burrus beschuldigt, eine Verschwörung betrieben zu haben, um Cornelius Silla zum Kaiser zu machen. Pallas hatte sich auf äußerst hochmütige Art verteidigt. Als man ihm die Namen einiger seiner Freigelassenen nannte, die als Komplizen beschuldigt wurden, hatte er erwidert, er spreche nie mit seinen Dienern, er wende sich mit Kopf- und Handzeichen an sie oder schriftlich, wenn es sich denn wirklich nicht vermeiden lasse. An Burrus' Schuld glaubte Nero so wenig, daß er ihn unter den Richtern Platz nehmen ließ. Paetus wurde wegen Verleumdung in die Verbannung geschickt.

Im Jahr 58 trug der kaiserliche Freigelassene Graptus gegen Silla eine stichhaltigere Anklage vor. Er berichtete, Silla habe dem Kaiser auf der Via Flaminia, Neros Heimweg von seinen nächtlichen Ausflügen zum Ponte Milvio, einen Hinterhalt gelegt. Nero habe sich nur durch Zufall retten können, da er seine Begleiter an einem bestimmten Punkt verlassen habe, allein durch die Sallustianischen Gärten gegangen und dadurch vom gewöhnlichen Heimweg abgewichen sei, wo die Meuchelmörder ihm aufgelauert hätten. Die kaiserlichen Diener, die den normalen Weg genommen hatten, wurden tatsächlich von einer Jugendbande angegriffen. Unter den Angreifern wurde jedoch kein Diener oder Klient des Silla wiedererkannt (was im übrigen auch schwierig gewesen wäre, da es stockdunkel war).

Nero wußte nicht recht, was er davon halten sollte, befahl jedoch Silla sicherheitshalber, Italien zu verlassen und sich nach Marseille zurückzuziehen. Ohne einen Skandal zu riskieren, hätte er die Situation ebensogut nutzen können, um Silla, der keinen guten Ruf besaß, zum Tod zu verurteilen und ein für allemal aus dem Weg zu schaffen.

Nero im Alter von dreiundzwanzig Jahren auf einer Münze des Jahres 61.
Es ist vielleicht die der Wirklichkeit am meisten entsprechende
Darstellung, da sich die Münzprägung zu jener Zeit im Gegensatz zu spä-
teren Perioden bei den Porträts an »veristischen« Kriterien orientierte.

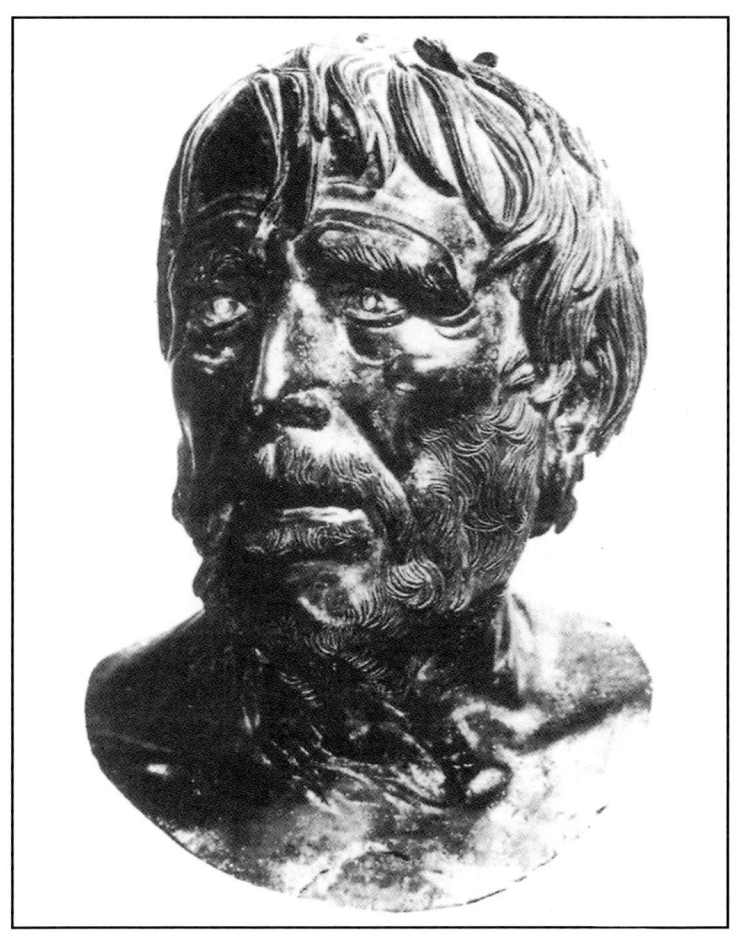

Gegenüber oben: Das pompejanische Mosaik zeigt Schauspieler hinter den Kulissen. Das Theater war Neros große Leidenschaft.
Gegenüber unten: Nero und Agrippina »tête-à-tête« auf einer im Dezember 54, also wenige Monate nach seiner Thronbesteigung, geprägten Goldmünze.
Oben: Die berühmte Bronzebüste Senecas aus dem Museo Nazionale in Neapel.

Agrippina: In Velleia bei Parma gefundene Marmorstatue.

Nero. Spätes Porträt.

Ottavia, Neros erste Gemahlin. (Ungesicherte Zuschreibung - verschiedentlich trifft man auf die Meinung, es handele sich um die Schwester des Augustus, Ottavias Urgroßmutter.)

Poppaea, Neros zweite Gemahlin (Museo Nazionale di Roma).

Wagenrennen im Circus Maximus, einem riesigen Amphitheater mit 120 000 Plätzen. Nero trat dort mehrmals als Wagenlenker auf.

Man schrieb also das Jahr 62, als Tigellinus dem Kaiser nahe-
legte, diese alten Episoden, bei denen Plautus und Silla eine gewisse Rolle gespielt hatten, einmal aus einer anderen Perspektive
zu betrachten. »Warum denn?« fragte Nero. Tigellinus antwortete, daß sowohl Plautus als auch Silla nach Auskunft seiner In-
formanten enge Beziehungen zu den in ihren jeweiligen Provinzen stationierten Truppen aufgebaut hätten. Insbesondere Silla
habe, hinter seiner zur Schau gestellten Indifferenz und Faulheit
gut versteckt, vier Jahre Zeit gehabt, seine guten Beziehungen zu
den Offizieren der in Germania inferiore stationierten Legionen
zu pflegen. Plautus hingegen könne, da die Familie in Asien ausgedehnte Territorien besitze und ihre Macht eine lange, festver-
wurzelte Tradition habe, dort auf die Ergebenheit der verschiedenen Bevölkerungsschichten rechnen. Nach Auskunft seiner In-
formanten sei Plautus sogar schon heimlich dabei, diese auch in
Anspruch zu nehmen.
Tigellinus behauptete weiter, er halte diese Informationen für zuverlässig, und man müsse deshalb davon ausgehen, daß beide
etwas ausheckten, auch wenn der eine vom andern vielleicht
nichts wisse. Weiterhin habe ihn die erneute Lektüre der ein-
schlägigen Dossiers davon überzeugt, daß die von Silana und
Paetus angezeigten Verschwörungen keineswegs Ausgeburten
der Phantasie gewesen seien. Wenn Plautus und Silla damals un-
geschoren davongekommen seien, dann nur, weil der Kaiser so
blauäugig gewesen sei, Burrus blind zu vertrauen. Der Name
Burrus sei in beiden Fällen gefallen, aber trotzdem habe ihn
Nero als Mitglied der Untersuchungskommission nicht abgelöst.
Selbst wenn man vom guten Glauben seines Vorgängers ausgehe, sei klar, daß Burrus damals an einem Freispruch interessiert gewesen sein müsse, weil ihm sonst selbst der Prozeß gemacht worden wäre, wenn nicht gar Schlimmeres. Tigellinus
kam zu dem Ergebnis, daß man die Situation vor allem deshalb
nicht auf die leichte Schulter nehmen dürfe, weil Nero die Absicht habe, Octavia zu verstoßen und die plebejische Poppaea zu

heiraten. Das werde nicht nur bei den Senatoren, sondern auch im Volk aller Voraussicht nach für Unmut sorgen, und Silla und Plautus könnten die günstige Gelegenheit ergreifen, um die zu erwartende Welle der Unzufriedenheit für ihre Zwecke auszunutzen.

Nero fand die Argumentation seines Prätorianerpräfekten überzeugend. Außerdem bedurfte es zu diesem Zeitpunkt keiner großen Anstrengung mehr, um ihn zu überzeugen. In acht Regierungsjahren, in denen er tausend Gefahren hatte umschiffen müssen und zudem zwischen einer umstürzlerischen Mutter und einem treulosen Lehrer eingezwängt gewesen war, die sich gegenseitig einen erbarmungslosen Kampf lieferten und beide versuchten, ihn unterzukriegen und zu instrumentalisieren, hatte er dazugelernt und war nicht mehr der leichtverträumte Jüngling der Anfangsjahre. Er hatte sich selbst schon gefragt, ob er nicht seinerzeit zu gutgläubig und zu nachgiebig gewesen sei. Addierte man die damaligen Verdachtsmomente und Tigellinus' neueste Informationen, kam man jedenfalls zu dem Ergebnis, daß die gegenwärtige Lage ziemlich gefährlich war. Deshalb ordnete Nero an, Silla und Plautus zu beseitigen. Wenn man Tacitus glauben will, sogar ohne Prozeß. Höchst seltsam, denn bei allen folgenden Gelegenheiten verurteilte Nero keinen einzigen Senator ohne regulären Prozeß[77]. Seine »legalistische« Manie war sogar derart ausgeprägt, daß sie in seiner engeren Umgebung Anlaß zu ironischen Bemerkungen gab, wo man ihm vorwarf, sich in juristischen Verfahren aufzureiben, während »man doch den Senat mit einem einzigen Wort ins Verderben stürzen könne«[78]. Man weiß also nicht, ob Tacitus dieses Detail weggelassen hat, um die Verwerflichkeit des Kaisers noch zu steigern, wie einige Autoren behaupten[79], oder ob Nero in diesem Fall wirklich außerhalb jeder formalen Legalität handelte. Tacitus berichtet übrigens, daß, nachdem der Befehl zu Plautus' Exekution bekannt geworden war, in Rom das Gerücht kursiert sei, Plautus habe sich mit Corbulo (der sich zu diesem Zeitpunkt in Armenien aufhielt) abgesprochen, und die Völker Asiens befänden sich bereits im Aufstand[80]. Das läßt darauf schließen, daß Nero ein Edikt erlassen hatte, ein Prozeß also stattgefunden haben muß, denn wenn der Befehl geheim gewesen wäre, wie es eine Exekution *manu militari* verlangt hätte, dann hätten die Römer erst nach ihrer Ausführung davon erfahren und ein Gerücht wie das von Tacitus zitierte hätte gar nicht entstehen können.

Wie dem auch sei, sicher ist jedenfalls, daß Plautus und Silla wirklich eine schwere Gefahr für Nero darstellten. Dieser Ansicht sind wenigstens die meisten modernen Autoren von Baldwin[81] über Rogers[82], Meise[83] bis zu Mc Alindon[84], und sie stützen sich dabei auf Argumentationen, die wegen ihrer Komplexität hier nicht wiedergegeben werden können.

Ich für meinen Teil stelle einfach die umgekehrte Überlegung an. Warum eliminierte Nero Plautus und Silla nicht schon in den Jahren 55, 58, 59 oder 60, als er es noch leicht und risikolos gekonnt hätte? Wohl, weil er offensichtlich dachte, daß sie noch keine allzu große Gefahr darstellten (oder jedenfalls keine hinreichenden Beweise dafür existierten). So ließ er die Sache auf sich beruhen und nahm sogar eine Einschränkung seiner persönlichen Sicherheit in Kauf, weil er einerseits sein Verhältnis zum Senat nicht noch weiter strapazieren wollte und weil er andererseits keineswegs so blutrünstig und unverantwortlich war wie sein Ruf. Wenn er sich im Jahr 62 zur Tat entschloß, kann das nur bedeuten, daß die Lage sich zuspitzte und es gute Gründe für die Annahme gab, daß die beiden sich anschickten, Ernst zu machen.

Die gleiche Geschichte wiederholte sich übrigens mit Piso. Schon im Jahr 62 gab es Anzeichen für Pisos Gefährlichkeit[85] Aber erst im Jahr 65, als Beweise für die ausgedehnte Verschwörung vorlagen, an deren Spitze Piso stand, schlug Nero zu[86].

6
DER BRAND VON ROM

Kein ernstzunehmender Historiker unter den Klassikern und erst recht nicht unter den Modernen[1] hat jemals behauptet, Nero habe Rom angezündet. Im XV. Buch der *Annalen,* das im übrigen nur in einer sehr späten Fassung aus dem elften Jahrhundert erhalten ist[2], als sich die Legende vom »Brandstifter Nero« bereits eingebürgert hatte, weshalb es sehr gut möglich ist, daß die Abschrift manipuliert wurde, beschränkt sich Tacitus auf die Wiedergabe des in Rom umgehenden Gerüchts, das Feuer sei von Männern des Kaisers gelegt worden. Im Verlauf des Berichts wird jedoch zunehmend deutlich, daß er diesem Gerede keinen Glauben schenkt und davon ausgeht, daß der Brand zufällig ausgebrochen ist.[3] Alle zeitgenössischen Schriftsteller und Historiker, selbst so kritisch eingestellte Autoren wie Cluvius Rufus, Flavius Josephus und Martial halten Nero für vollkommen unschuldig[4]. Die Behauptung, Nero sei der eigentliche Brandstifter gewesen, wurde erst siebzig Jahre nach dem Brand durch Sueton aufgebracht und ein weiteres Jahrhundert später durch Cassius Dio bekräftigt, der sich jedoch seinerseits auf Sueton berief. Es ist äußerst interessant zu verfolgen, daß die Berichte der antiken Historiker immer genauer, ausführlicher und eindeutiger werden, je weiter das Ereignis zurückliegt. Was für Tacitus noch ein Gerücht war, wird für Sueton zur Gewißheit oder gar zu einer Art dreister, anmaßender und frivoler Selbstbezichtigung des Kaisers: »Denn unter dem Vorwand, daß ihm die Häßlichkeit der alten Bauwerke und die engen und krummen Straßen zuwider seien, zündete er die Stadt an.«[5]
Für Cassius Dio schließlich liegt die monströse Absicht schon klar auf der Hand: »Nero wollte einfach seinen alten Plan realisieren, Rom und das Reich noch zu seinen Lebzeiten zu zerstören.«[6]

Noch auffälliger ist, daß die ersten christlichen Schriftsteller die Geschichte vom »Brandstifter Nero« völlig übergingen, obwohl doch gerade sie eigentlich daran hätten interessiert sein müssen. Einige Jahrzehnte nach Neros Tod, also vor Tacitus und Sueton, berichtet der Bischof Clemens von Rom seinen Glaubensbrüdern in Korinth über die erlittene Verfolgung, über Nero als Brandstifter verliert er jedoch kein Wort. Auch Tertullian, der an der Wende vom zweiten zum dritten und Lactantius, der zu Beginn des vierten Jahrhunderts schrieb, beide also nach Tacitus, schweigen sich über diesen Punkt aus, obwohl sie sich ausführlich mit Neros Regierungszeit beschäftigen und ihn beschuldigen, als erster mit der Christenverfolgung begonnen zu haben. Vandenberg vertritt die These, Tertullian und Lactantius hätten Tacitus' Originaltext gekannt, der viel eindeutiger von Neros Unschuld ausgehe als die Abschriften, über die wir heute verfügen[7]. (Sueton galt auch damals als wenig zuverlässig, zumal bei den Christen, denn der Autor der *Cäsarenleben* zählte die Verfolgung der Christen zu Neros wenigen Verdiensten.)

Der erste christliche Historiker, der Nero die Brandstiftung zur Last legt, war Sulpicius Severus. In seiner *Chronica* schreibt er zu Beginn des fünften Jahrhunderts: »Er (Nero) schob seine schreckliche Schuld auf die Christen, die fürchterliche Leiden ertragen mußten, obwohl sie unschuldig waren.« Vandenberg geht davon aus, daß diese Interpretation des Severus von den christlichen Kopisten in den Text von Tacitus eingefügt wurde, so daß Nero von da an in der christlichen Geschichtsschreibung und der Vulgata als »Brandstifter« galt.

Unabhängig von diesem Exkurs zu den heidnischen und christlichen Historikern der Antike, der an sich schon viele Fragen offenläßt, gibt es allerdings noch viel schlagendere Argumente, die eine Beteiligung Neros an der Brandstiftung ausschließen.

1. Die Nero unterstellten Beweggründe sind vollkommen haltlos. Es wird nämlich behauptet – und das ist der einzige Grund, der angeführt wird –, Nero habe für seinen neuen, phantastischen

Palast, die Domus Aurea, Platz schaffen und außerdem die ganze Stadt nach seinen Geschmack neu gestalten wollen. Offenbar werden hier Ursache und Wirkung vertauscht, als Beweis für seine Schuld wird ihm zur Last gelegt, was hingegen sein Verdienst war. Er hatte nämlich die Stadt nach städtebaulich rationalen und funktionalen Kriterien wiederaufgebaut, sie dabei sehr viel schöner gestaltet und eine Reihe von intelligenten Feuerschutzmaßnahmen angewandt, um sie soweit wie möglich vor einer nochmaligen Katastrophe zu bewahren. Wenn er wirklich hätte Platz schaffen wollen für seine Domus Aurea, dann hätte er doch das Feuer nicht an einer ganz anderen, entlegeneren Stelle legen lassen.[8] Außerdem war er als Kaiser nicht darauf angewiesen, auf solche extremen Mittel zurückzugreifen, um seine städtebaulichen Vorstellungen umzusetzen. Schon damals war es üblich, für öffentliche Zwecke Grundbesitz zu enteignen, und das Oberhaupt des Römischen Reiches, ein beinah absoluter Monarch, verfügte zur Durchsetzung einer solchen Maßnahme sicher über effektivere, überzeugendere Mittel als ein Bürgermeister heutzutage.

2. Wenn Nero Rom tatsächlich angezündet hätte, dann bleibt es unverständlich, warum er sich bei den Löscharbeiten und den Rettungsaktionen für die Opfer so sehr engagierte.

3. Durch den Brand wurde außer den Besitzungen des Tigellinus bei den Aemilianischen Gärten auch der kaiserliche Palast auf dem Palatin zerstört, dessen Umgestaltung nach Neros Wünschen gerade erst beendet worden war. Selbst wenn wir unterstellen, daß Nero seinen alten Palast loswerden wollte (dann wäre es allerdings völlig unverständlich, daß er sich bis zum Vortag soviel Mühe damit gegeben hatte), statt ihn in die geplante neue Anlage zu integrieren, dann hätte er auf jeden Fall die dort befindliche einzigartige Sammlung griechischer und römischer Kunstschätze in Sicherheit gebracht, an der ihm sehr viel gelegen war und die er nun über Nacht verloren hatte.

4. In der Nacht, als das Feuer ausbrach, war Vollmond, der

schlechteste Augenblick für jemanden, der ungestört Feuer legen und dabei weder gesehen noch erkannt werden will.

5. Die Pisonische Verschwörung war damals organisatorisch schon weit fortgeschritten. Alle Beteiligten waren folglich daran interessiert, das Gerücht, der Kaiser habe Rom angezündet, weiterzuverbreiten oder ihm neue Nahrung zu geben.

6. Das entscheidende Argument ist jedoch, daß Nero wirklich der letzte gewesen wäre, der an einer derartigen Katastrophe Interesse haben konnte. Für das römische Volk war der Kaiser eine Art Schutzgott, ein göttlicher Beschützer der Stadt, dem alles Gute, aber auch alles Schlechte zugeschrieben wurde, was der Stadt und ihren Bewohnern widerfuhr. Allein aus diesem Grund konnte das Gerücht entstehen, er sei für den Brand verantwortlich. Nero wußte sehr genau, daß man ihn auf jeden Fall für ein derartiges Vorkommnis verantwortlich machen würde. Im glimpflichsten aller Fälle hätte es geheißen, er bringe Unglück[9] über die Stadt, was zwangsläufig seine Popularität beim Volk gefährden mußte und was dann ja auch tatsächlich eintrat. Das aber hatte ihm bei der Lage der Dinge im Jahr 64 gerade noch gefehlt. Zu diesem Zeitpunkt hatte Nero nämlich bereits mit dem Senat, dem Adel und den Intellektuellen gebrochen und konnte sich nur noch auf die Gunst des Volkes stützen. Diese Gunst aus einer sinn- und ziellosen Laune heraus aufs Spiel zu setzen wäre einem Selbstmord gleichgekommen.

Geradezu lächerlich übertrieben ist auch das von Cassius Dio vorgebrachte Gerücht, Nero habe in sein Sängergewand gekleidet »vom höchsten Punkt des Palatins« die Feuersbrunst besungen. Der Palatin stand ja in Flammen, und Nero hätte sich beim besten Willen nicht dort aufhalten können, ohne selbst geröstet zu werden. Sueton hingegen verlegt diesen abscheulichen Auftritt auf einen Turm des Maecenas-Palastes am Esquilin[10]. Auch wenn, wie wir noch sehen werden, Nero am Esquilin tatsächlich etwas ganz anderes tat, können wir ruhig einmal von dieser Version ausgehen. Hier wird doch unterstellt, ein völlig gleichgültiger Nero habe unbeschwert, heiter und gelassen den Brand genossen, um sich inspirieren zu lassen. Tacitus jedoch liefert uns unfreiwillig ein ganz anderes Bild von Neros psychischer Verfassung in jenen dramatischen Tagen. In seinem Bericht über die Pisonische Verschwörung im Jahr 65 erwähnt er nämlich, daß einer der Verschwörer, der Tribun Subrius Flavus, schon ein Jahr zuvor während des Brandes versucht gewesen sei, Nero zu töten, als er ihn ohne Wache ganz allein und verrückt vor Angst nachts zwischen den Flammen hin und her irren sah.[11] So sah Neros Gemütsverfassung in den Tagen der Katastrophe wirklich aus, wie hätte es auch anders sein können.

Dieser »Betriebsunfall« verdarb nämlich ein äußerst erfolgreiches Jahr, in dem Nero endlich, nachdem er sich nunmehr seit geraumer Zeit jeglicher Bevormundung entledigt hatte, die ersten Früchte seiner ureigensten Politik ernten konnte. »Das Jahr 64«, schreibt Levi, »war eines der herausragendsten, vielleicht das erfolgreichste Jahr in Neros Herrschaft überhaupt... In diesem Jahr war die gesamte Schwarzmeerküste vollständig besetzt worden; die Bevölkerung der Maritimen und der Kottischen Alpen hatte das römische Bürgerrecht erhalten; zur gleichen Zeit begann es sich langsam auszuzahlen, daß das Meroitische Äthiopien erschlossen worden war und durch die Entdeckung der Monsunwinde neue Seewege zum Indischen Ozean eröffnet werden konnten. Zu jener Zeit wurde auch mit dem Bau des schiffbaren Verbindungskanals zwischen dem claudischen Handelshafen Ostia und dem augusteischen Militärhafen am Avernersee begonnen. Da sein finanzieller und ökonomischer Handlungsspielraum dank den Währungsmaßnahmen und der Eroberung neuer Versorgungsgebiete erheblich gewachsen war, sah es ganz so aus, als könne Nero Haß und Antipathie gegen seine Person mit den einsetzenden Erfolgen kompensieren.«[12]

War der Brand von Rom für alle ein schweres Unglück, so stellte er für Nero eine wahre Katastrophe dar. Und doch, wie Warmington im Hinblick auf die absurden Vorwürfe gegen Nero schreibt, »ist die Vorstellung eines Kaisers, ›der singt, während Rom in Flammen steht‹, den unhaltbaren Gerüchten und den insgesamt tendenziösen Berichten über den Brand zum Trotz zu faszinierend und paßt zu gut in die volkstümliche Phantasie, als daß sie leicht auszurotten wäre«.[13] Bleibt hinzuzufügen, daß Nero für seine Zeitgenossen tatsächlich eine bizarre Figur gewesen sein muß, bei der man im Guten wie im Schlechten mit allem rechnen mußte. Nur so läßt sich die Entstehung und Verbreitung des Hirngespinstes erklären, er habe Rom angezündet, um die Feuersbrunst besingen oder die Domus Aurea bauen zu können, oder gar beides zugleich.

Das Feuer brach in der Nacht vom 18. auf den 19. Juli aus. Es nahm seinen Ausgang dort, wo der Circus Maximus an den Caelius und den Palatin grenzt, in einem Gebiet also, das mit Häusern, Werkstätten, Marktbuden und leicht brennbaren Warenlagern dicht besetzt war. Angefacht von starkem Wind, griff es auf das Forum Romanum, das Velabrum und das Forum Boarium über, »gefährdet war die Stadt zudem durch die engen Straßen und die sich hin- und herwindenden Gassen mit den unregelmäßigen Häuserreihen, wie eben das alte Rom war«.[14]

Zu diesem Zeitpunkt hielt Nero sich in Antium auf. Noch in der gleichen Nacht eilte er nach Rom, um erste Vorkehrungen zu treffen und die Rettungseinsätze zu organisieren. Leider vermochten die Feuerwehrleute (die *sifonarii* und die *aquarii*) mit ihren spärlichen Pumpen und Bottichen gegen die riesige Feuersbrunst kaum etwas auszurichten. Als Nero am dritten Tag feststellen mußte, daß Circus Maximus, Caelius und Palatin nicht mehr zu retten waren, tat er das einzig Mögliche. Er zog die Mannschaften von dort ab und konzentrierte sie am Esquilin, dem ärmsten Stadtteil mit der höchsten Bevölkerungsdichte. Dann ließ er mit dem Wind im Rücken auf einem breiten Streifen Häuser, Bäume und alles Brennbare abreißen, um das Feuer zu stoppen. Bei diesem großen chirurgischen Eingriff wurden Hunderte von Feuerwehrleuten, Prätorianern, Sklaven und kaiserlichen Dienern eingesetzt.

Zwischen der Feuerfront und dem Esquilin »hatte sich mittlerweile ein Tal aufgetan, das dem Krater eines erloschenen Vulkans glich«.[15] Dadurch wurde der Esquilin gerettet.

Nach sechs Tagen und sechs Nächten schien sich das Feuer zu beruhigen. Doch kaum hatte die Bevölkerung Zeit aufzuatmen, da brach es in anderen, glücklicherweise weniger bevölkerten und weniger dicht bebauten Stadtteilen erneut aus und loderte noch drei Tage weiter, bis es dann endlich erlosch.

Von den insgesamt vierzehn Stadtteilen Roms wurden drei, Circus Maximus, Palatin und der »Isis und Serapis« genannte, völlig zerstört, in weiteren sieben hielt sich der Schaden in Grenzen, und nur vier, Esquilin, Porta Capena, Alta Semita und Trastevere, blieben unversehrt. Insgesamt wurden viertausend *insulae* (die üblichen Mietshäuser aus Holz) und einhundertzweiunddreißig *domus* zerstört.[16]

Die von Nero gleich zu Beginn eingeleiteten Rettungsmaßnahmen standen einem modernen, effektiven Katastrophenschutz in nichts nach. Lassen wir uns das von Tacitus erzählen: »Als Trost für die obdachlose, umherirrende Bevölkerung gab er das Marsfeld und die Bauwerke des Agrippa frei und ließ Behelfsbauten errichten, die die hilflose Menge aufnehmen konnten; man schaffte Lebensmittel aus Ostia und den benachbarten Landstädten herbei, und der Preis für das Getreide wurde bis auf drei Sesterzen heruntergesetzt (ein Sechzehntel des normalen Preises).«[17] Außerdem ist bekannt, daß Nero zur Aufnahme der Obdachlosen das Pantheon, die Thermen, die Portikus des Vipsanius und die Saepta Julia, einen in der Via Lata, der heutigen Via del Corso, gelegenen vierhundertzwanzig Quadratmeter großen Saal, der sonst zu Wahlzwecken diente, zur Verfügung stellte.[18]

Dann ließ er kostenlos die Leichen forträumen und ordnete die Bewachung der zerstörten Stadtteile durch Soldaten an, um die Plünderer, die schon während des Brandes am Werke waren und die Rettungsarbeiten nicht unerheblich behindert hatten, an der Fortführung ihres schmutzigen Geschäftes zu hindern [19].

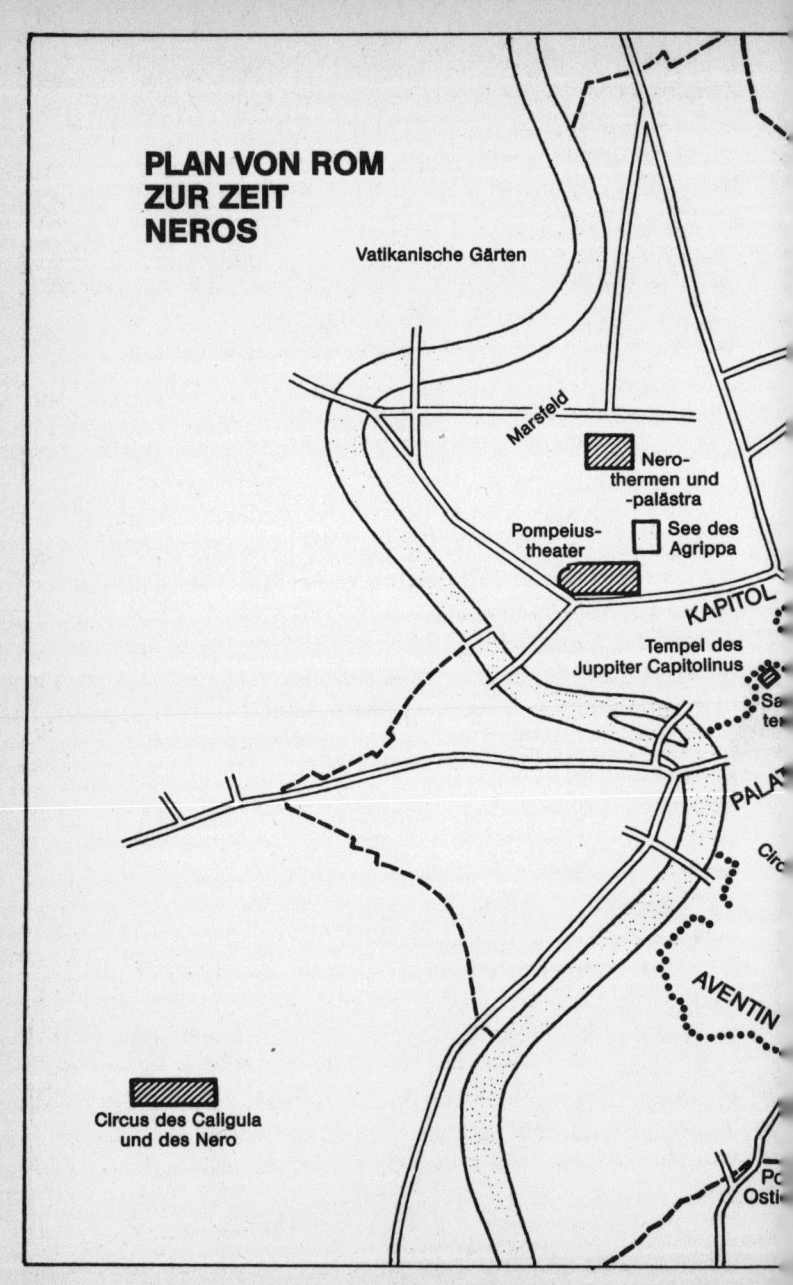

**PLAN VON ROM
ZUR ZEIT
NEROS**

Vatikanische Gärten

Marsfeld

Nero-
thermen und
-palästra

Pompeius-
theater

See des
Agrippa

KAPITOL

Tempel des
Juppiter Capitolinus

Sa
te

PALA

Circ

AVENTIN

Circus des Caligula
und des Nero

Po
Osti

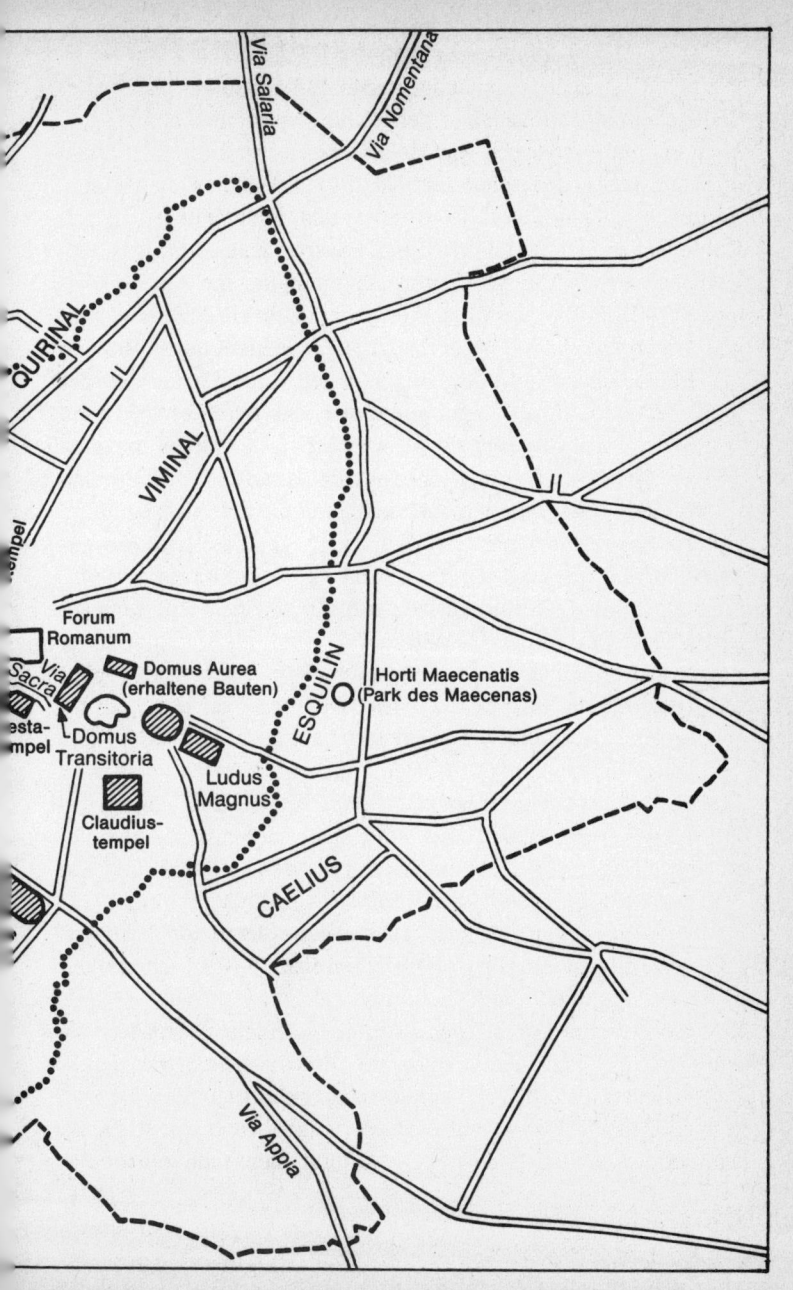

Wer aber hat Rom angezündet, wenn Nero es nicht war? Aller Wahrscheinlichkeit nach war der Brand ursprünglich durch Fahrlässigkeit entstanden. Es war Hochsommer, und das Feuer brach in einem von griechischen und asiatischen Händlern bewohnten Viertel aus, in dem oft leichtfertig und unverantwortlich mit Kohlebecken, Öfen, Lampen und Fackeln hantiert wurde, obwohl schon der kleinste Funke genügt hätte, um die Holzbaracken in Brand zu setzen, und es zudem kein fließendes Wasser gab. Im übrigen waren katastrophale Brände nicht nur in Rom an der Tagesordnung. In einer seiner ersten Reden hatte sich der blutjunge Nero für Bologna eingesetzt, das durch einen Brand zerstört worden war. Im Jahr 58 wurde Lyon an einem einzigen Tag ein Raub der Flammen. (Nero hatte damals sofort Hilfe und beträchtliche Geldsummen zur Verfügung gestellt; da man diese Unterstützung dort wahrscheinlich nicht vergessen hatte, revanchierte sich die Stadt Lyon im Jahr 64 mit einer Summe von vier Millionen Sesterzen und verweigerte im Jahr 68 dem Aufstand gegen den Kaiser die Gefolgschaft.) Rom selbst hatte schon mehrere Großbrände erlebt, wenn auch nicht von so katastrophalem Ausmaß wie im Jahr 64. Unter Augustus war die Stadt im Jahr 6 durch mehrere Brände derart heimgesucht worden, daß der Kaiser sich veranlaßt sah, eine siebenhundert Mann starke Feuerwehr einzurichten. Unter Tiberius brannte im Jahr 27 das ganze Caeliusviertel, und neun Jahre später der gesamte Aventin, 54 unter Claudius die Bebauung rund um das Marsfeld (und wie Nero zehn Jahre später leitete damals Claudius persönlich die Rettungsmaßnahmen).[20] Nicht zuletzt dank der rationalen weitläufigen Anlage, die Nero dem »Neuen Rom« gab, wiederholten sich derartige Großbrände nicht mehr.

Der große Brand von 64 war also nur in seinem Ausmaß ungewöhnlich, das wahrscheinlich darauf zurückzuführen war, daß in jenen Tagen starker Wind herrschte und dadurch das Feuer an verschiedenen Punkten immer wieder angefacht wurde[21]. Denkt man jedoch an vorsätzliche Brandstiftung, dann muß jemand dahintergesteckt haben, der von dieser Katastrophe hätte profitieren können, oder dessen Hoffnungen dadurch Auftrieb bekommen hätten, Nero also auf gar keinen Fall.

Die Piso-Verschwörer waren 64 bereits am Werk, und Nero war, wie gesagt, in jenem Jahr der große Gewinner. Wollte man seinem Ansehen schaden, hätte sich der Brand zu diesem Zweck durchaus geeignet. In seinem Buch *L'incendio di Roma e la congiura di Pisone* führt Caiati einige Argumente zur Unterstützung dieser These an. Seines Erachtens handelten die Prätorianer, die nach der Beschreibung von Cassius Dio[22] dabei beobachtet wurden, wie sie die Rettungsarbeiten behinderten und das Feuer schürten, auf Befehl des Präfekten Faenius Rufus, der ein Jahr später als einer der Hauptverantwortlichen der Pisonischen Verschwörung entlarvt wurde.[23] Wenn an dieser Geschichte, die nur bei Dio erwähnt wird, überhaupt etwas dran ist, dann ist es wohl eher so gewesen, daß die Prätorianer Gegenfeuer entzündeten, um die Feuersbrunst zu stoppen, oder ihre Aktion richtete sich gegen die Plünderer, wozu sie von Nero ausdrücklich Befehl hatten, und nicht etwa gegen die Rettungsarbeiten. Jedenfalls ist es undenkbar, daß Faenius Rufus sich auf diese Art bloßgestellt hätte, es sei denn, die Verschwörer hätten zusätzlich zur Brandstiftung außerdem geplant, das Durcheinander zu nutzen, um Nero zu töten. Dann hätte der Tribun Subrius Flavus allerdings die Gelegenheit beim Schopf gepackt, als er Nero »allein und ohne Wache« inmitten der Flammen antraf. Er tat aber nichts dergleichen. Offensichtlich waren auch die Pisonianer vom Feuer überrascht worden.

Einen weiteren Beweis dafür, daß die Brandstiftung sich gegen den Kaiser richtete, sieht Caiati in der Tatsache, daß das erste Feuer am Palatin ausbrach, wo sich Neros Palast befand und das zweite in den Aemilianischen Gärten, die Tigellinus gehörten. Hätte man mit der Brandstiftung wirklich den Zweck verfolgt, den Verdacht auf Nero zu lenken, dann hätte man dadurch gerade das Gegenteil bewirkt[24], wenn dagegen beabsichtigt war, ihn in den Flammen umkommen zu lassen, dann war das Ganze ohnehin ein Fehlschlag, weil Nero sich zu diesem Zeitpunkt in Antium aufhielt. Den Palast aber aus rein demonstrativen Gründen anzuzünden hätte nur dazu geführt, sich Repressalien auszusetzen.

Selbst renommierte Historiker als Caiati, wie zum Beispiel Saumagne[25] und besonders De Franco[26], halten den Brand von 64 für einen Vorboten der Verschwörung von 65, führen jedoch wenig überzeugende Argumente ins Feld. Die Einschränkung nämlich, daß nur Verrückte oder zum Märtyrertum entschlossene Fanatiker bei Vollmond einen Brand legen würden, gilt selbstverständlich auch für die Pisonianer.

Gab es denn solche Fanatiker? Es gab sie, und zwar bei gewissen extremistischen Gruppierungen der christlichen Bewegung. Die ersten Christen erwarteten das Ende der Welt, ja sie sehnten sich glühend danach, denn für sie war es gleichbedeutend mit Katharsis, Bestrafung der Bösen und Belohnung der Guten, der Armen und der Entrechteten. Sie glaubten, daß das Ende kurz bevorstünde. Die Welt, in der sie lebten, erschien ihnen zu abstoßend, zu korrupt und von der christlichen Lehre zu weit entfernt, als daß sie es verdient hätte, fortzubestehen. Für die Radikalsten unter ihnen (das Verhalten solcher Führergestalten wie Petrus und Paulus war ganz anders, viel ausgewogener) wurde Rom zur bevorzugten Zielscheibe, da es sich besonders unter Nero mit seinen liberalen Sitten und seinem karnevalesken, festesfreudigen Lebensstil weitgehend an Babylon angeglichen hatte und ihnen als neues Sodom und Gomorrha galt. »Das Tier mit den sieben Häuptern, das aus dem Meer steigt« aus der Offenbarung des Johannes ist Rom, die Stadt auf den sieben Hügeln[27]. Auch wenn Johannes aus Vorsicht von Babylon spricht, so ist doch Rom gemeint, und dieses Rom-Babylon mußte unweigerlich Tod, Leid, Hunger und Feuer erleiden[28]. War es möglich, daß irgendein Fanatiker die Worte des Johannes, wie Leon Herrmann schreibt, als Aufruf zur direkten Aktion verstanden hatte[29]? Etliche moderne Historiker gehen von dieser Annahme aus[30], und es ist tatsächlich nicht auszuschließen. In diesem Zusammenhang läßt der Abschnitt bei Tacitus, übrigens einer der verwickeltsten, undeutlichsten und widersprüchlichsten der gesamten *Annalen*[31], Raum für alle Interpretationen. Tacitus behauptet zwar, Nero habe einfach einige Christen zu Schuldigen gestempelt, um die Gerüchte, die ihn der Brandstiftung bezichtigten, zu ersticken. Wenig später berichtet er dann aber, daß die ersten Verhörten nicht nur Geständnisse ablegten, sondern daß sie sogar gestanden, bevor sie überhaupt verhaftet wurden[32].

Wie aber sahen diese Geständnisse aus? Gaben die Verhörten zu, Christen zu sein, oder gestanden sie, den Brand gelegt zu haben? Eigentlich konnten sie nur die Brandstiftung gestehen[33], denn darauf lautete die Anklage der römischen Regierung; nur dafür wurden sie zur Rechenschaft gezogen; und nur dafür wurden sie verurteilt. Wie wir später noch sehen werden, wurden die Christen von Nero keineswegs wegen ihres Glaubens verurteilt, er bestrafte sie, weil er sie, ob nun zu Recht oder zu Unrecht, für die Brandstifter hielt, und auch nur diejenigen, die bei den Prozessen, ob nun zu Recht oder zu Unrecht, schuldig gesprochen wurden. Es hätte also überhaupt keinen Sinn ergeben, die Zugehörigkeit zum christlichen Glauben zu gestehen.

Warum dann aber die Selbstbezichtigungen? Derart konnten doch nur Fanatiker handeln, die als Märtyrer nach Ruhm strebten und denen der Tod gleichgültig war. Möglich, daß solche Leute sogar eine Schuld gestanden, die sie nicht hatten, und in der Erregung durch die Katastrophe die Schuld für den Brand auf sich nahmen, weil sie ihn als Zeichen für das Ende der Welt sahen. Ein Indiz dafür, daß diese Menschen zu allem fähig waren, ist auch die Tatsache, daß sich der heilige Paulus in seinem *Römerbrief* über den Extremismus einiger seiner Glaubensbrüder sehr besorgt äußerte und sie deshalb ermahnte, die Behörden nicht unnötig zu provozieren[34].

Es ist natürlich genausogut möglich, daß diese Fanatiker Geständnisse ablegten, weil sie das Verbrechen tatsächlich begangen hatten. Wenn man einmal die These außer acht läßt, es habe sich hierbei um ein bewußt gesuchtes Märtyrertum um jeden Preis gehandelt, so läßt die Spontaneität der ersten Geständnisse jedenfalls vermuten, daß irgend etwas Wahres schon dran gewesen sein wird. Wenn man davon ausgeht, daß extremistische Christen die Täter waren, dann ergibt auch der Angriff auf den Besitz von Nero und Tigellinus einen Sinn. Wenn sie nämlich die Absicht hatten, das »neue Sodom« zu treffen, dann ist es nur logisch, daß Nero und Tigellinus in ihren Augen als Symbolfiguren dafür galten. Im Gegensatz zu den Verschwörern um Piso hatten Menschen, die für ihren Glauben zu allem bereit waren, auch keine Angst vor etwaigen Repressalien, ja sie waren geradezu erpicht darauf.

Wahrscheinlich kommt man der Wahrheit am nächsten, wenn man sich in der Mitte hält: Das Feuer brach zufällig aus, die christlichen »Ultras« taten jedoch alles, um es in Gang zu halten und die Löscharbeiten zu behindern, alles in der frommen Absicht, der Hand des Herrn, die sich zur Bestrafung des »neuen Sodom« erhoben hatte, zu Hilfe zu kommen. Unabhängig von der Plünderungsthese würde das auch jene mysteriösen Figuren erklären, die laut Tacitus während des Brandes umherstreiften, das Feuer mit Fackeln immer wieder entfachten und die Rettungsmannschaften bedrohten [35].

Im übrigen standen die Christen mit dem Feuer zumindest theoretisch auf vertrautem Fuß, da es als Symbol der Katharsis galt und alle Schande der Welt ein für allemal ausmerzen würde. In diesem Sinne äußern sich jedenfalls Petrus [36], Tertullian [37], Johannes [38] und sogar Christus [39].

Wären die Fanatiker der Apokalypse ganz oder teilweise für die Katastrophe verantwortlich gewesen, dann würde das auch erklären, warum die ersten christlichen Geschichtsschreiber (Tertullian, Lactantius) keine Verbindung zwischen dem Brand von Rom im Jahr 64, über den sie sich grundsätzlich lieber ausschweigen, und den Verfolgungen durch Nero herstellen, sondern vielmehr behaupten, daß diese davon unabhängig zu einem anderen Zeitpunkt eingesetzt hätten.

Möglicherweise hatten sie ein schlechtes Gewissen, und nicht einmal sie waren davon überzeugt, daß ihre Glaubensbrüder mit dem Brand nichts zu tun hätten. Auffällig ist auch, daß im Zusammenhang mit der sogenannten »Verfolgung durch Nero [40]« kein einziger christlicher Märtyrer genannt wird. Übrigens haben auch katholische Autoren, die unserer Auffassung nahestehen, eine ambivalente Interpretation dieser Ereignisse vorgelegt. Obwohl sie jegliche Beschuldigung hochmütig zurückweisen, geben sie doch zu, daß sich die Christen widersprüchlich verhielten. Ernest Renan schreibt zum Beispiel: »Wir weisen entschieden die These zurück, die frommen Jünger Jesu könnten irgend etwas mit dem Verbrechen, dessen sie angeklagt wurden, zu tun haben. Wir sagen nur, daß viele Indizien öffentlich Anstoß erregten. Die Christen haben den Brand nicht gelegt, aber sicherlich freuten sie sich darüber. Sie wünschten das Ende dieser Gesellschaft und sagten es voraus. In der *Offenbarung* verbrennen die geheimen Gebete der Heiligen die Erde und lassen sie erzittern. Das Verhalten der Gläubigen während der Katastrophe hat sicher zu Mißverständnissen Anlaß gegeben, da einige sich zweifellos weigerten, den zerstörten Tempeln Trauer und Respekt zu erweisen, und vielleicht sogar eine gewisse Befriedigung nicht verhehlten. Obwohl sie mit der Katastrophe des 19. Juli nichts zu tun hatten, lag es deshalb vielleicht nahe, sie sozusagen für potentielle Brandstifter zu halten. (...) Die Zerstörung Roms durch eine Feuersbrunst war tatsächlich ein jüdisch-christlicher Wunschtraum.« [41]

Daß die christliche Gemeinde, oder besser ein Teil von ihr, den Brand im Innersten genossen und ihn als gerechte Strafe für das neue Sodom angesehen hat, ist keine bloße Schlußfolgerung von Renan, sondern wird durch zeitgenössische Inschriften in Pompeji belegt [42]. Darüber hinaus gingen die Fanatiker in ihrer Unvorsichtigkeit sogar so weit, ihre Zufriedenheit mit Hymnen, Gesängen und Triumphgeschrei öffentlich zu äußern[43]. Ihre öffentlichen Auftritte nahmen solche Formen an, daß Tigellinus sich veranlaßt sah, Agenten auf die christlichen Kreise anzusetzen. So kam es zu ersten spontanen Geständnissen, ob wahr oder falsch, sei dahingestellt, und die Prozesse begannen. Sie wurden nach Verfahren geführt, die in speziellen Brandstiftungsgesetzen (*lex Cornelia de sicariis* und *lex Julia de vi publica*)[44] festgelegt waren, und sie müssen wohl sehr sorgfältig geführt worden sein, denn sie nahmen zwei Monate in Anspruch, eine für die pragmatische römische Justiz ziemlich lange Prozeßdauer (der Prozeß gegen die Piso-Verschwörer zum Beispiel dauerte vom 19. bis 30. April 65, also nur elf Tage).

Durch die ersten Geständnisse wurden weitere Glaubensbrüder beschuldigt. Da jedoch viele Angeklagte gefoltert wurden (unter ihnen gab es viele Sklaven, so daß Folter zugelassen war)[45], wurden sicher auch viele Unschuldige hineingezogen, immer vorausgesetzt, daß die ersten auch wirklich schuldig waren. Auch die Juden trugen dazu bei, daß die Zahl der Beschuldigten anwuchs, denn sie waren den Christen feindlich gesonnen, da sie in ihnen eine häretische Sekte sahen. Außerdem hatten sie sich bei vielen Gelegenheiten als eifrige Denunzianten gezeigt (angefangen bei Christus selbst).[46]

Es wurden jedoch nicht alle Angeklagten zum Tode verurteilt. Einige wurden freigesprochen oder erhielten geringere Strafen[47]. Von den ungefähr dreitausend Mitgliedern der christlichen Gemeinde wurde zweihundert bis dreihundert Personen[48] der Prozeß gemacht. Heute erscheinen uns die verhängten Strafen erschreckend: Die meisten wurden lebend verbrannt, nachdem man ihre Kleidung mit brennbaren Stoffen übergossen hatte, andere gekreuzigt oder den Hunden zum Fraß vorgeworfen. Auf vorsätzliche Brandstiftung[49] stand allerdings schon seit alters her Tod durch Verbrennen mit Hilfe der *tunica molesta*[50], während die Strafe, den wilden Tieren zum Fraß vorgeworfen zu werden[51], relativ neu war. Gekreuzigt wurden Sklaven und Personen, die keine römischen Bürger waren. Es blieb also alles im Rahmen der damaligen Vorschriften und Gebräuche. Nicht mehr, aber auch nicht weniger. »Trotz aller persönlichen Einwände, die der Kaiser«, laut Grant, »gegen die Todesstrafe haben mochte«[52], ließ Nero diesmal äußerste Strenge walten und griff hart durch. Wenn man an vorsätzliches Handeln glaubte, war das Verbrechen ja auch tatsächlich schwerwiegend. Wahrscheinlich sollten die gegen die Christen verhängten schweren, aufsehenerregenden Strafen aber auch dazu dienen, die öffentliche Meinung von den Gerüchten abzulenken, in denen Nero die Schuld gegeben wurde. Jedenfalls gilt Nero zu Unrecht als erster Christenverfolger. Er verurteilte die Christen nicht wegen ihres Glaubens, sondern wegen einer gewöhnlichen Straftat.[53] Da diese Straftat in Rom begangen worden war, beschränkte sich die sogenannte »Verfolgung durch Nero« auf die Hauptstadt (außerhalb von Rom und in den Provinzen wurde keinem Christen ein Haar gekrümmt), blieb räumlich und zeitlich begrenzt und fand mit den Verurteilungen und Hinrichtungen im Jahr 64 ihr Ende[54]. Selbst in Rom wurde nicht die gesamte christliche Gemeinde verfolgt, sondern nur die Gruppe, die der Brandstiftung verdächtigt wurde. Die anderen, und das war die Mehrheit, wurden in Ruhe gelassen, und zwar nicht etwa, weil es ihnen gelungen wäre, der Polizei zu entkommen und unterzutauchen. Paulus zum Beispiel hielt sich 64 in Rom auf, war den Behörden als Christ, ja sogar als führender Kopf der christlichen Gemeinde durchaus bekannt, wurde jedoch nicht einmal angeklagt[55]. Unbehelligt blieben auch alle Christen, die das römische Bürgerrecht besaßen oder zur Patrizierklasse gehörten, eine zu diesem Zeitpunkt bereits ziemlich zahlreiche Gruppe[56]. Es waren jedoch weder ihre Privilegien noch ihre Klassenzugehörigkeit, die ihnen dazu verhalfen, sondern einfach die Tatsache, daß sie nicht so radikal waren, sich folglich weniger auffällig verhielten als ihre Glaubensbrüder niederer Herkunft und deshalb auch nicht in

Verdacht gerieten. Außerdem beweist die nachfolgende schnelle Reorganisation der christlichen Gemeinde, daß Neros gesamte Aktion begrenzt gewesen sein muß[57].

Tertullians Behauptung, es habe ein *Institutum Neronianum,* das heißt ein Gesetz gegeben, das lapidar festlegte »non licet esse vos« (Christ sein, ist verboten), ist eine grobe Fälschung[58]. Zum einen, weil Nero, wie wir gesehen haben, *einzelne* Christen (auch wenn es sich um eine relevante Anzahl handelte) wegen einer präzisen Straftat verurteilte. Zum anderen, weil es von diesem *Institutum Neronianum* keinerlei Spur gibt. Und schließlich, als wenn das noch nicht reichte, weil es Beweise dafür gibt, daß Nero ein solches Gesetz nie erlassen hat. Als Plinius der Jüngere 112 Statthalter von Bithynien wurde und sich mit dem Problem der Christen konfrontiert sah, bat er den Kaiser Trajan um Instruktionen, wie er sich verhalten und welches Verfahren er anwenden solle. Trajan gab ihm zur Antwort, daß es in diesem Zusammenhang nur Einzelfälle gebe und keine allgemeine Regel formuliert werden könne. Aus diesem Briefwechsel geht hervor, daß es weder ein Gesetz gab noch Präzedenzfälle, die festgelegt hätten, daß der christliche Glaube an sich ein Vergehen darstellte.[59] Das *Institutum Neronianum* ist eine reine Erfindung.

In Wirklichkeit begann die Christenverfolgung als solche erst unter Domitian (81–96). Da der Kaiser zu diesem Zeitpunkt zur Gottheit erhoben wurde, ergab sich daraus für alle Untertanen die Verpflichtung, ihn wie einen Gott zu verehren, was für die Christen natürlich unannehmbar war. Damit begann ihre Verfolgung, die auch von Domitians Nachfolgern Hadrian, Antoninus Pius, Marc Aurel, Septimius Severus und Maximinus dem Thraker fortgesetzt wurde. Diese gaben sich jedoch nicht wie Nero mit zweihundert oder dreihundert Opfern zufrieden, sondern schlachteten die Christen zu Tausenden ab, der allgemein gerühmte »Philosophenkaiser« Marc Aurel an erster Stelle.[60] Doch zur Christenverfolgung im eigentlichen Sinn des Wortes, das heißt zu einer Verfolgung auf der Grundlage gesetzlicher und juristischer Maßnahmen gegen das Christentum, kam es erst zur Zeit von Decius (249) und Diocletian, unter dessen Herrschaft die religiöse Unterdrückung den Charakter einer systematischen Ausrottung annahm.

Mit alldem hatte Nero nichts zu tun. In guter römischer Tradition war er in religiösen Dingen stets sehr tolerant, sogar mehr als alle seine Vorgänger. Diese Toleranz entsprach einfach seinem Charakter. Im Gegensatz zu Tiberius und Claudius fühlte er sich den althergebrachten römischen Sitten überhaupt nicht verbunden und sah eher die Armseligkeit und den infantilen Anthropomorphismus der heidnischen Religion, der er gerade so viel formale und bürokratische Aufmerksamkeit zukommen ließ, wie es ihm seine Rolle als Kaiser und oberster Priester auferlegte.[61] Wenn er überhaupt Interesse an religiösen Dingen zeigte, dann galt es den östlichen Religionen, zu denen auch Judentum und Christentum gehörten.

Das Volk von Rom dagegen (wie zu jener Zeit übrigens fast alle konnte es zwischen den beiden Religionen überhaupt nicht unterscheiden) war den Juden, somit also auch den Christen übel gesinnt, da es die Eucharistie mißverstand und glaubte, Christen seien dem Kannibalismus, dem Kindermord, rituellen Orgien und, warum auch immer, dem Inzest ergeben[62]. Obwohl der jüdische Glaube den Status einer *religio licita*[63] hatte, sah der konservative Adel in Juden und Christen, deren Unterscheidung ihm allerdings äußerst schwerfiel, die ganz »anderen«, die den römischen Sitten und Traditionen fernstanden, so daß Seneca, der liberale Seneca, die Juden als »kriminellste aller Rassen[64]« definierte.

Solche Vorurteile waren Nero fremd. Er schützte die Juden, wo er nur konnte[65], obwohl sie den römischen Behörden durch ihre Streitlust nicht gerade wenig Ärger machten. Während seiner Herrschaft gelangte ein allerdings konvertierter Jude, Tiberius Julius Alessandro, sogar in eines der höchsten Ämter der kaiserlichen Verwaltung und wurde in Ägypten, der reichsten und wichtigsten Provinz, Statthalter.

Im Gegensatz zum Gros der Römer muß Nero die Christen ziemlich gut gekannt haben. Durch Poppaea hatte er schon einen gewissen Einblick in interne Fragen des Judentums bekommen, und bei seinen nächtlichen Streifzügen hatte er sicher Gelegenheit, in den ärmeren Bevölkerungskreisen den ein oder anderen Christen kennenzulernen (eine der nicht gerade besonders originellen Thesen des katholischen Schriftstellers Emilio Radius)[66]. Und es gab zweifellos viele Gründe, die sie ihm sympathisch machten. Bekanntlich hatte Nero, vielleicht weil er sich mit ihnen identifizierte, eine fast krankhafte Vorliebe für die Unverstandenen, die »Erniedrigten und Beleidigten«, für die ärmsten Schichten der Bevölkerung, denen er zumindest seit 58 ein gut Teil seiner Kräfte widmete. Das Christentum, vor allem das Urchristentum, wandte sich zwar an alle Menschen, besonders aber an die Armen, Unterdrückten, Unglücklichen, Verachteten und Entrechteten[67]. Obwohl Nero im Grunde areligiös war, interessierte er sich für die östlichen Religionen, kurze Zeit auch für den iranischen Mithras-Kult, der mit seinem Gott-Retter dem Christentum am nächsten kam[68]. Der beste Beweis dafür, daß Nero die Christen weder haßte noch schlecht behandelte, ist die Geschichte des heiligen Paulus.

Nachdem Paulus in Saloniki und Philippi bereits in Schwierigkeiten geraten war, weil die Juden ihn magischer Praktiken bezichtigt hatten[69] (die römischen Behörden hatten der Anklage jedoch nicht stattgegeben), hielt Paulus sich 58 in Jerusalem auf. Obwohl ihn die führenden Mitglieder der christlichen Gemeinde, die die Lage besser kannten als er, zur Vorsicht aufgefordert hatten, ließ sich Paulus nicht davon abbringen, im jüdischen Tempel zu predigen. Von Juden umringt, die ihn lynchen wollten und bereits Anstalten machten, zur Tat zu schreiten, hätte er dort sein Leben gelassen, wenn nicht der Tribun Claudius Lysias, der örtliche Kommandant, seine Soldaten eingesetzt hätte, die ihn mit Mühe der wütenden Menge entrissen, die schrie: »Töte ihn, töte ihn!«[70] Nachdem Lysias die Priester des Hohen Rates, die Führer der Juden, nach Paulus' Vergehen gefragt und natürlich nichts verstanden hatte, ließ er den zukünftigen Heiligen unter dem Schutz einer starken Eskorte von zweihundert Soldaten, zweihundert Bogenschützen und siebzig Rittern zur Residenz des Statthalters Antonius Felix in Caesarea bringen (dieser Geleitschutz war nötig, da man eine Verschwörung aufgedeckt hatte, deren Ziel es war, Paulus den Römern zu entreißen und ihn zu töten). Sollte Felix sich doch mit der Angelegenheit befassen. Felix ließ erneut die Ältesten der jüdischen Gemeinde rufen, um die Anklage gegen Paulus zu klären. Als dann zwischen dem Hohenpriester Anania, einigen Ältesten und dem Anwalt Tertullus auf der einen und Paulus auf der anderen Seite ein endloser Disput entbrannte, sah sich Felix, wie Pilatus und alle früheren und späteren römischen Statthalter in Judäa, mit einer Auseinandersetzung konfrontiert, die für ihn vollkommen unverständlich blieb. Da es jedoch in Jerusalem zu Tumulten kam, hielt Felix Paulus in Haft, einerseits, um Zeit zu gewinnen, andererseits, um sein Leben zu retten, denn die Menge hätte ihn in Stücke gerissen, wenn man ihn entlassen hätte. So blieb er in *custodia militaris,* einem Gewahrsam, der im Vergleich mit der strengeren *custodia publica* relativ milde war, da der Gefangene Besucher seiner Wahl empfangen und ein beinah normales Leben führen konnte. Zwei Jahre blieb Paulus dort. Da Felix, ein Bruder des unter Claudius sehr mächtigen Pallas, korrupt war und viele Unterschlagungen begangen hatte[71] (offenbar bot er Paulus gegen Bezahlung an, ihn aus der Stadt zu führen und freizulassen[72]), ließ ihn Nero im Jahr 60 aufgrund seiner Mißwirtschaft durch den gewissenhafteren Porcius Festus ablösen, der bereits eine Woche nach seinem Amtsantritt den heiklen Fall Paulus in Angriff nahm. Er ließ erneut die Priester aus Jerusalem kommen und hörte geduldig ihre Anklagen an. Dann platzte ihm der Kragen: »Wenn es ein Frevel oder ein Vergehen wäre, ihr Juden, so hörte ich euch billig, weil es aber Fragen sind von der Lehre und von Personen und vom Gesetz unter euch, so sehet ihr selber zu; ich gedenke darüber nicht Richter zu sein.«[73] Trotzdem mußte auch er auf die jüdische Gemeinde Rücksicht nehmen und kam zu keiner Entscheidung. Beim x-ten Verhör, in dem er zu begreifen suchte, um was es eigentlich ging, half ihm schließlich Paulus selbst aus der Verlegenheit, indem er sagte: »Ich berufe mich auf den Kaiser.«[74] Jeder römische Bürger, und Paulus war römischer Bürger, hatte nämlich das Recht, sich in höchster Instanz an den Kaiser selbst zu wenden. Festus war sehr zufrieden und antwortete: »Auf den Kaiser hast du dich berufen, zum Kaiser sollst du ziehen.«[75]

Gemeinsam mit anderen Gefangenen schiffte sich Paulus nach Italien ein: Er wurde von dem Zenturio Julius bewacht, einem altgedienten Soldaten, der ein guter Mensch war, mit seinem faszinierenden Gefangenen Freundschaft schloß und ihn wohlwollend und respektvoll behandelte. Die Reise verlief abenteuerlich, es kam sogar zu einem Schiffbruch, und erst Ende 60 kam Paulus in Rom an. Dort mietete er sich unweit der Stadtmauer ein Haus und wartete auf seinen Prozeß. Formal stand er unter Hausarrest, konnte aber »mit allem Freimut ungehindert« predigen, wie aus einer so unverdächtigen Quelle wie der Apostelgeschichte hervorgeht.[76] Zwei Jahre lang führte er diese Art Leben, dann fand unter Vorsitz von Afranius Burrus sein Prozeß statt, und er wurde freigesprochen.

Diese schier endlose Geschichte macht doch deutlich, welche Toleranz und, ich wage zu behaupten, Engelsgeduld die damaligen römischen Behörden mit den Christen und den Juden hatten. Wichtig war für die römischen Beamten einzig und allein, daß die beiden streitsüchtigen Gemeinden die öffentliche Ordnung nicht störten, keine Tumulte auslösten, nicht pausenlos aneinandergerieten und ein Minimum an zivilisiertem Zusammenleben respektierten. Ansonsten stand es ihnen wie jedermann frei, zu tun und zu lassen, was sie wollten.

Die ganze Geschichte ist aber auch für Nero bezeichnend. Um Gerechtigkeit zu erlangen, berief Paulus sich auf den Kaiser, also auf Nero. Nun war Paulus ein vielgereister Mann, er kannte die Bräuche der Welt, war gebildet und intelligent und hätte sich sicher nicht direkt an den Kaiser gewandt, wenn dieser den Ruf gehabt hätte, ein despotischer, willkürlicher und grausamer Tyrann zu sein. Aber gehen wir ruhig einmal davon aus, daß es im Osten aufgrund seiner philohellenistischen Politik ein positives Vorurteil gegenüber Nero gegeben und daß Paulus nicht gewußt habe, wie die Dinge in Rom wirklich standen. Nachdem er selbst schon eine Weile in Rom gelebt hatte und sich persönlich ein Bild von der Situation hatte machen können, schrieb Paulus jedoch einen langen Brief an die Römer, in dem er den römischen Christen empfahl, den höchsten Behörden zu gehorchen, da die weltliche Autorität von Gott komme, denn »wer sich nun der Obrigkeit widersetzt, der widerstrebt Gottes Ordnung[77]«. In Rom war die höchste Autorität natürlich der Kaiser, und deshalb macht diese Aussage deutlich, daß Nero keineswegs so pervers und unheilbringend war wie sein Ruf, sonst hätte Paulus, wenn er schon nicht öffentlich zur Rebellion aufrufen konnte, doch wenigstens darauf verzichtet, die Christen zum Respekt gegenüber einer solchen Autorität aufzufordern[78]. Die gleiche Passage zeigt auch, daß Nero keineswegs christenfeindlich eingestellt war. Einmal in Rom angekommen, konnte Paulus nämlich feststellen, daß der Kaiser seine Glaubensbrüder, wenn nicht wohlwollend, so doch äußerst tolerant behandelte, »ihnen gestattete, sich zu versammeln, zu wachsen und auf ihre bescheidene Art zu gedeihen«[79].

Wenn Nero dann 64 die Christen mit ungewohnter Härte strafte, ungewohnt vor allem, da es sich um arme Leute handelte, dann, weil er sie zu Recht oder zu Unrecht für die Brandstifter hielt, wofür es im übrigen genügend Anhaltspunkte gab. Trotzdem ist Nero, vielleicht besonders wegen der Angelegenheit mit den Christen, als »blutrünstiges Ungeheuer« in die Geschichte eingegangen, während andere Kaiser, die die Christen wegen ihres Glaubens verfolgten und sie unterschiedslos abschlachten ließen, viel nachsichtiger beurteilt werden. Möglicherweise war der Blick der christlichen Geschichtsschreibung getrübt, weil sie wegen des Brandes von Rom ein schlechtes Gewissen hatte. Indem man auf Nero losdrosch, ihn als verrückt und blutrünstig darstellte, fiel es jedenfalls leichter, den Prozessen, in denen die Christen schuldig gesprochen wurden, die Legitimität abzusprechen.

Nero ließ die Stadt unter urbanistischen Gesichtspunkten wieder aufbauen, denen die Fachleute noch heute Bewunderung zollen. Tacitus schreibt dazu: »Die Stadtviertel jedoch, die die Palastanlage übrigließ, wurden nicht, wie nach dem gallischen Brand, ohne jede Besonderheit und planlos bebaut, sondern mit sorgsam ausgemessenen Häuserzeilen und breiten Straßen dazwischen; auch beschränkte man die Höhe der Häuser, ließ Innenhöfe frei und fügte Säulengänge an, die die Vorderseite der Mietshäuser beschatten sollten. Diese Säulengänge versprach Nero aus eigenen Mitteln zu errichten und die Bauplätze den Besitzern abgeräumt zu übergeben. Auch setzte er Preise entsprechend dem Stand jedes einzelnen und seinen Vermögensverhältnissen aus und begrenzte die Zeit, innerhalb deren sie dies nach Fertigstellung der Paläste oder Mietshäuser erhalten konnten. Für die Aufnahme des Trümmerschutts bestimmte er die Sümpfe von Ostia; die Schiffe, die das Getreide den Tiber stromauf schafften, sollten mit Schutt beladen zurückkehren; die Gebäude selbst sollten zu einem bestimmten Teil ohne Balken aus gediegenem Gabiner- oder Albanergestein errichtet werden, weil dieser Stein feuerfest ist; ferner wurden, damit das von Privatpersonen nach Gutdünken angezapfte Wasser um so reichlicher und an mehr Stellen für die Öffentlichkeit fließe, Aufseher bestellt; Geräte zum Feuerlöschen mußte jeder in seinem Vorhof haben; schließlich durften die Gebäude keine gemeinsamen Wände haben, sondern jeweils eigene Mauern ringsum.«[80]
Bis dahin waren viele Häuser in Rom gefährliche Wolkenkratzer

mit mehreren Stockwerken gewesen, die häufig einstürzten. Nero legte eine maximale Gebäudehöhe von fünfundzwanzig Metern fest. Säulengänge wurden unter anderem auch deshalb eingeführt, weil wegen der geringeren Gebäudehöhe, der breiteren Straßen und der größeren Freiflächen ein Sonnenschutz notwendig wurde. Besondere Aufmerksamkeit widmete Nero den ärmeren Vierteln und ließ auch dort, wo es nicht gebrannt hatte, die klapprigen Hütten abreißen und durch solidere Bauten ersetzen, deren Treppen von den unten liegenden Geschäften unabhängig waren und die über Balkone verfügten, deren Boden und Balustrade aus Steinmörtel bestand und mit Ziegelfliesen belegt war[81]. »Es war der erste großangelegte soziale Baustil; er hat gezeigt, daß nicht nur öffentliche Bauten, sondern auch Wohnhäuser den Bedürfnissen fast sämtlicher Schichten einer umfangreichen, organisierten Gesellschaft gerecht werden können[82].«

Als die Arbeiten zum Wiederaufbau Roms beendet waren, begann Nero mit einem großangelegten Programm für öffentliche Gebäude, das auch im Zusammenhang mit seiner Ende 63/Anfang 64 begonnenen Währungspolitik gesehen werden muß. Außer den in Rom errichteten Gebäuden, von denen schon die Rede war[83], führte er den schon unter Claudius begonnenen Ausbau des Hafens von Ostia zu Ende und ließ die Stadt nach römischem Vorbild neu gestalten, um ihr ein harmonisches Aussehen zu geben und die Wohnqualität zu erhöhen. Umfangreiche Bauvorhaben wurden außerdem in Leptis Magna in Libyen in Angriff genommen. Große Sorgfalt wurde auch auf den Ausbau und die Verbesserung des gesamten Straßennetzes in Italien, in den Provinzen, in Gallia Narbonensis, Thrakien, Syrien und Bithynien verwandt.[84]

Ein Hauptprobleme für alle Kaiser war die Versorgung der Hauptstadt mit Lebensmitteln; um sie zu verbessern, entwarf Nero zwei Großprojekte. Das erste war der Bau eines Kanals zwischen Ostia und Rom und die Eingliederung des Hafens in die Hauptstadt. Das zweite hing mit dem ersten zusammen und sah ein komplexes Kanalsystem vor. Um die Küstenschiffahrt und die dort häufig auftretenden Schiffbrüche zu vermeiden, wollte Nero die Schiffe direkt von Pozzuoli nach Rom fahren lassen. Man plante also einen Kanal, der von Pozzuoli zunächst zum Lago d'Averno und dann direkt nach Ostia führen sollte. Von dort sollte dann auf dem Kanal Ostia–Rom weitergefahren werden. Dieses kolossale Gesamtwerk sollte eine Länge von hundert Kilometern haben und setzte die Trockenlegung der Sümpfe voraus. Das Projekt geriet ins Stocken, als beim Durchstich durch die Hügel am Avernersee unüberwindliche Schwierigkeiten auftraten. So mußte sich Nero schließlich damit begnügen, den Bau eines von Säulengängen umgebenen gedeckten Schwimmbades in Gang zu setzen, das sich vom Kap Misenum bis zum Avernersee erstrecken sollte. Aber auch dieses Projekt wurde nach seinem Tod nicht mehr weitergeführt.[85]

Neros Meisterwerk jedoch war sein neuer Palast: die Domus Aurea. Dabei handelte es sich um eine Reihe von Gebäuden, die über das große Gelände zwischen Viminal und Palatin verteilt waren[86]. Das gesamte Areal wurde nach modernsten Überlegungen durch eine gelungene Abwechslung von bebauten und unbebauten Flächen, Palästen und Wäldchen, Tempeln und Teichen, Kolonnaden und Wiesen, Statuen und Grotten gestaltet. Außerdem gab es dort Felder, Weinberge, Weiden, wilde und zahme Tiere aller Arten[87]. Als symbolisches Zentrum erhob sich der Tempel der Fortuna, für den man als Baumaterial einen in Kleinasien neu entdeckten Stein benutzte, der so durchsichtig war, daß das Licht durchschimmerte. Der Palast selbst hatte drei Stockwerke und bestand aus zwei langen, asymmetrischen Flügeln, die durch einen sechseckigen Hof mit Säulengang verbunden wurden. An diesem Hof befand sich der Hauptsaal, auch Saal des Goldenen Gewölbes genannt, der auf einen Säulengang ging, welcher das ganze Gebäude entlanglief. Im längeren der beiden Flügel lagen im zweiten Stock, dem »piano nobile«, die Wohntrakte von Nero und Poppaea, die sich aufs Haar glichen

(Schlafzimmer, zwei Durchgangszimmer, Bäder und eine Kapelle). Im anderen Flügel wurde die Zimmerflucht durch einen großen, achteckigen Saal unterbrochen, für den Nero den ursprünglichen Entwurf der Architekten ändern ließ. »Dieses Achteck ist eines der ersten bekannten Beispiele für die Verwendung von Backstein und Beton in einem anspruchsvollen Maßstab und ist durch verschiedene Einzelheiten architekturgeschichtlich besonders interessant. Wie später das kreisrunde Pantheon, erhielt auch das Achteck sein Licht durch eine Öffnung in der Mitte der Kuppel. Weiteres Licht drang durch eine Reihe kleiner, heute nicht mehr sichtbarer Öffnungen in dem kreisförmigen Kranz oder Rand zwischen Mauerwerk und Gewölbe. Die Wände waren nicht durchgehend, sondern wurden in Erdgeschoßhöhe von breiten Zwischenräumen unterbrochen, zwischen denen ziemlich schmale Pfeiler mit vorgelegten Säulen standen. Die Öffnungen an den drei südlichen Seiten des Achtecks zeigten auf die vordere Kolonnade und auf den dahinterliegenden Park. (...) Jeweils die beiden nächsten Öffnungen zu beiden Seiten führten in gewölbte Räume, von denen zwei kreuzförmig und zwei rechteckig waren. Die achte Öffnung an der Rückseite des Raumes führte auf eine Reihe von Stufen, über die Wasser floß, das durch eine Rinne mitten durch den Saal geleitet wurde.«[88]

Die Domus Aurea war mit einer Unzahl technologischer Neuheiten ausgestattet. Der Musiksaal verfügte über die größte hydraulische Orgel, die je gebaut wurde. In anderen Sälen bestanden die Decken aus durchbrochenem Elfenbein, über dem bewegliche Scheiben lagen, so daß man auf die versammelten Gäste Blumen herabregnen lassen konnte. Aus verborgenen Röhren konnte man die Gäste mit parfümiertem Wasser besprühen. In den Bädern floß ein Gemisch aus Salz- und Schwefelwasser. Das Schmuckstück aber war der runde Bankettsaal, »seine Decke drehte sich in einem fort Tag und Nacht wie das Weltall herum[89]«. Grant schreibt: »Es ist viel darüber gerätselt worden, ob der ganze Saal sich karussellartig drehte, oder ob sich nur die kugelförmige Decke bewegte. Auf jeden Fall muß die Antriebskraft von einer beachtlichen Energiequelle gespeist worden sein, die wahrscheinlich das Prinzip der Wassermühle und das der Wasseruhr verband. Auf jeden Fall war die Vorrichtung der letzte Schrei des technischen Fortschritts.«[90]

Tacitus bezeichnete Nero »in seiner Art, Außerordentliches zu wünschen[91]« als »*incredibilium cupitor*«. In diesem einen Punkt gleicht Nero einer anderen Persönlichkeit der römischen Geschichte, dem Lucius Sergius Catilina, der aber ansonsten mit ihm nichts gemein hatte und über den Sallust sagt: »Er strebte stets nach dem Maßlosen, dem Unglaublichen und dem Unerreichbaren[92].« Nur daß Catilina dabei an die Politik dachte, während Nero vom »Unglaublichen« in Kunst, Wissenschaft und Technik angezogen wurde. Dank den ihm zur Verfügung stehenden Mitteln konnte er einiges davon auch realisieren. Ich glaube, daß seine von Sueton wiedergegebene Behauptung, kein Fürst vor ihm habe gewußt, was er sich alles erlauben könne[93], in diesem Sinne verstanden werden muß.

In der Domus Aurea ließ er seine Sammlung griechischer Meisterwerke wiederaufstellen, zu der die Marmorplastik *Laokoon und seine Söhne* und der *Apoll von Belvedere* gehörten. Es ist außerdem bekannt, daß er in seinem Palast eigenhändig die ebenso, wenn nicht gar noch berühmteren Werke des Praxiteles und anderer griechischer Bildhauer aufstellte, die er zu enormen Preisen erworben hatte. Auch die ganz in Weiß gehaltenen Wanddekorationen der Domus Aurea verdienen es, erwähnt zu werden. Als diese Malereien zu Beginn des sechzehnten Jahrhunderts wiederentdeckt wurden, übten sie auf Raffael, seine Schüler und viele andere Renaissancekünstler einen nachhaltigen Einfluß aus. In modifizierter Form finden wir sie in den Fresken und Stukkaturen der Loggien im Vatikan und in der Galerie Franz' I. in Fontainebleau wieder.[94]

Entworfen wurde die Domus Aurea von den beiden genialen italienischen Architekten Severus und Celer, die dank Neros Freigebigkeit und Ermunterung ihrer Phantasie freien Lauf lassen konnten und denen eine Gruppe orientalischer Techniker zur Seite stand. Der ganze Komplex trägt jedoch eindeutig Neros Handschrift und ist Ausdruck seines Geschmacks und seiner Lebenseinstellung. Vandenberg schreibt: »Der Palast (...) entsprach genau der Lebensauffassung des Kaisers: eine fröhliche, romantische, leichte Anlage, in der die Kunst den Ton angab[95].« Als Nero nach Abschluß der Arbeiten die Domus Aurea in Besitz nahm, rief er aus: »Jetzt fange ich doch endlich an, wie ein Mensch zu wohnen.«[96]

Grant schreibt: »..., so war das Zeitalter Neros doch eine Zeit echter künstlerischer Leistungen. Und hierfür war in erster Linie der Geschmack des Kaisers verantwortlich[97].« Skeptiker sollten sich die Münzen anschauen, die während seiner Regierungszeit geprägt wurden und um die Nero sich in allen Details kümmerte, denn ihnen vertraute er einen guten Teil seiner Propaganda an. Nach Meinung von Experten sind das in künstlerischer Hinsicht die schönsten Münzen, die Rom je hervorgebracht hat, ja sie gehören zu den schönsten, die die Welt je gesehen hat.[98]

Nero hatte den Geschmack, die Gewohnheiten und die Laster eines Renaissancefürsten. Kein Gewand trug er zweimal. Sogar seine Fischnetze (er ging gern fischen, während er offensichtlich nie auf die Jagd ging) mußten ungewöhnlich sein: ein Gewebe aus Gold-, Purpur- und Seidenfäden. Die Tischgerätschaften waren äußerst luxuriös. Die Becher und Tassen waren aus Flußspat, einem sehr seltenen Mineral aus Carmania (Kerma im heutigen Iran), das einen feinen Duft ausstrahlte. Für eine solche Tasse bezahlte er einmal eine Million Sesterzen. Um ein anderes Stück dieser Art, das seinem Freund Petronius gehörte und dreihunderttausend Sesterzen wert war, bemühte er sich drängend. Aber Petronius wollte es nicht hergeben. Als er sich das Leben nehmen mußte, da er in die Pisonische Verschwörung verwickelt war, zerbrach er in Zorn und Rachsucht die Tasse, nur damit sie nicht in Neros Besitz gelange.[99]

Nero war eine seltsame Kreuzung zwischen Renaissancefürst, Umstürzler und lebensfrohem Jüngling, er war adlig und plebejisch in einem. Wenn man sich in den Uffizien das herrliche Porträt des Lorenzo Magnifico von Vasari anschaut, das ihn als Schurken mit langen Haaren darstellt, der die Hand am Gürtel hält wie ein dreister Pistolero, und dazu die seltsamen bleichen Gesichter, die wie Gespenster, Albträume oder Gewissensbisse im Hintergrund lauern, hat man den gleichen Eindruck: Fürst und Umstürzler.

7
DIE VERSCHWÖRUNGEN

Im Morgengrauen des 19. Aprils 65 kommt ein Freigelassener des Senators Flavius Scaevinus, ein gewisser Milichus, in den Palast und verlangt den Kaiser zu sprechen, da er »wichtige und schreckliche Nachrichten[1]« zu überbringen habe. Zunächst wird er zum Sondersekretär Epaphroditus und dann zu Nero geführt, dem er erklärt, er habe von einem Komplott zu seiner Ermordung erfahren. Damit beginnt die Aufdeckung jener Konspiration, die als die »Pisonische Verschwörung« in die Geschichte eingehen sollte.

In jenem Frühjahr des Jahres 65 schien alles ruhig zu sein. Kurz zuvor war der jahrhundertelange Konflikt mit den Parthern zur Zufriedenheit der beiden Supermächte beigelegt worden, an den Grenzen des Römischen Reiches herrschte Friede, der Wiederaufbau Roms nach dem Brand war fast beendet. Die einzigen Ereignisse von Belang waren der gescheiterte Fluchtversuch einer Gruppe von Gladiatoren aus der Schule von Praeneste und der Untergang einiger bei Kap Misenum vom Sturm überraschter Schiffe. Keine besonderen Vorfälle also.

Doch unter der Asche schwelte das Feuer weiter. Obwohl Nero, nicht zuletzt auf Anraten Senecas, zu Beginn seiner Regierungszeit in guter augusteischer Tradition alles darangesetzt hatte, zwischen Senat, aufsteigenden Schichten und dem Volk zu vermitteln und dabei selbst die Rolle des Schiedsrichters zu übernehmen, war diese *concordia ordinum* 58 doch bereits Geschichte. Spätestens nachdem 58 seine Steuerreform zu Fall gebracht worden war, hatte er begriffen, daß der Senat in Wahrheit von ihm verlangte, ausschließlich die Interessen des Adels zu vertreten, auch wenn unter dem Deckmantel der *concordia ordinum* im Namen und Auftrag des Volkes regiert wurde, da man schließlich nicht umhinkonnte, das Volk mit schönen Worten und hier und da auch mit Geschenken bei Laune zu halten. Augustus hatte diese wahre Meisterleistung vollbracht, indem er eine Politik im Stile Moros verfolgte und dabei auf Kompromisse und Zweideutigkeiten setzte und jede verbindliche Entscheidung auf einen nicht absehbaren Tag des Heils vertagte.[2]

Trotz den unzähligen Versuchen des Senats, ihn einzuwickeln, wollte Nero dieses Täuschungsmanöver einfach nicht mitmachen, hatte er sich doch für einen ganz anderen Weg entschieden. Im Laufe der Zeit griff er deshalb immer häufiger zu Maßnahmen, die sich gegen die parasitäre Aristokratie richteten. Im Jahr 60 war das Kürzel EX S.C. (Ex Senatus Consultu) von den Münzen verschwunden. Seit 61 gewährte Nero den Senatoren nicht mehr vier Konsulate pro Jahr, sondern nur noch die üblichen zwei[3]. Vor allem aber benannte er für Ämter, deren Vergabe allein von ihm abhing (wie die Statthalterschaften der Provinzen)[4], immer häufiger »neue Männer«, Ritter, Berufssoldaten und Leute aus der Provinz und überging die Mitglieder des alteingesessenen Adels, weil sie ihm zu träge waren. Gleichfalls 61 versetzte Nero der Aristokratie einen Schlag ins Gesicht, als er zur Regelung einer Auseinandersetzung zwischen römischen Amtsinhabern seinen Freigelassenen Polyclitus nach Britannien schickte, der seine Aufgabe übrigens ausgezeichnet löste. 62 entfernte er dann Seneca, den großen Führer der Konservativen, endgültig aus der Regierung. 63/64 führte er die Währungsreform durch, die die Großgrundbesitzer benachteiligte, während sie die aktiveren Stände und die Plebs begünstigte. Nachdem seine jahrelangen Bemühungen um eine Revolution im Kulturbereich bei den Intellektuellen und einem großen Teil des Adels nur auf abgrundtiefen Haß gestoßen waren, trat er schließlich 64 zum erstenmal öffentlich als Künstler auf und löste damit einen riesigen Skandal aus. In dieser insgesamt prekären Lage war durch den Brand von Rom schließlich sogar seine Position bei der Plebs geschwächt worden, selbst sein aufopfernder Einsatz bei den Rettungsarbeiten und die außergewöhnliche Wiederaufbauleistung vermochten daran nichts zu ändern.

Eine Reaktion des Adels lag also in der Luft. Aus diesem Grund verstärkte Tigellinus Spione und Geheimagenten und machte aus Rom »eine Stadt voller Augen und Ohren«, um mit den Worten des Philosophen Apollonius von Tyana zu sprechen[5]. Die polizeilichen Maßnahmen trugen jedoch nur dazu bei, die Gemüter noch mehr zu erbittern. Eine Gruppe von Verschwörern war bereits seit Anfang 64, wenn nicht gar seit Senecas »Fenstersturz[6]« im Jahr 62, am Werk und beschloß nun, die Reihen zu schließen und die Sache zu beschleunigen. Dazu gehörten die Senatoren Flavius Scaevinus, der designierte Konsul Plautius Lateranus, Afranius Quintianus, der Dichter Annaeus Lucanus und natürlich Piso; außerdem die Ritter Cervarius Proculus, Iulius Augurinus, Munatius Gratus, Marcius Faestus, Antonius Natalis und Claudius Senecio, Neros alter Saufkumpan und intimer Freund; und nicht zuletzt die Tribunen Subrius Flavus, Gaius Silvanus, Statius Prossimus und die Zenturionen Sulpicius Asper, Maximus Scaurus und Venetus Paulus. Darüber hinaus war es den Verschwörern gelungen, den Prätorianerpräfekten Faenius Rufus, der die Dominanz seines Kollegen Tigellinus nur schwer ertragen konnte, als Komplizen zu gewinnen. Sollte das Komplott gelingen, war seine Hilfe unabdingbar. Trotzdem war die Gruppe ein ziemlich zusammengewürfelter Haufen und bestand zu großen Teilen aus Aufschneidern und aufgeblasenen Menschen; während zu allem entschlossene Leute eher in der Minderheit waren. Selbst der Anführer (oder besser derjenige, der als solcher in Erscheinung trat) war ein Mann ohne besondere Qualitäten.

Der Anwalt Gaius Calpurnius Piso war hochgewachsen, von gefälligem Aussehen, redegewandt und gehörte dem Neuadel an, war jedoch mit den bedeutenden Familien Crassus und Orfitus verwandt. Piso war reich, großzügig und verschwenderisch und liebte das schöne Leben, er schrieb Gedichte, trat als Schauspieler gern in tragischen Rollen auf (er war eng mit Nero befreundet und gehörte zur Gruppe der Senatoren, die dieser dazu überredet hatte, im Theater aufzutreten) und war vor allem als ausgezeichneter Damespieler hervorgetreten.[7] Aber als Qualifikation zum *capax Imperii,* zum Herrscher des Reiches, hatte er nicht viel vorzuweisen. Außerdem war er Nero in mancher Hinsicht doch zu ähnlich und lief damit Gefahr, daß man dem Original nachtrauern könnte[8]. Der Wahrheit zuliebe muß erwähnt werden, daß Piso sich nicht selbst an die Spitze der Verschwörung gestellt hatte, sondern aus Gründen, auf die ich noch eingehen werde, von anderen dazu gedrängt worden war. Er fühlte sich geschmeichelt, seine Eitelkeit war schließlich stärker als die Angst vor drohender Gefahr, doch hatte er keine große Lust, wirklich zur Tat zu schreiten. Er zauderte und übertrug seine eigene Unsicherheit auch auf die andern Verschwörer.

In die Sache kam erst wieder Bewegung, als die Freigelassene Epicharis, Geliebte des Annaeus Mela, eines Bruders von Seneca, zu der Gruppe stieß. Ihre Bemühungen, die Verschwörer durch flammende Reden zur Tat anzustacheln, waren ergebnislos geblieben, »und schließlich ihrer Laschheit überdrüssig, war sie bemüht, während sie sich in Kampanien aufhielt, die Flottenoffiziere in Misenum in ihrer Treue wankend zu machen«.[9] Aber sie hatte auf den falschen Mann gesetzt. Der Schiffskommandant Volusius Proculus, der unter Anicetus am ersten Mordversuch an Agrippina beteiligt gewesen war, hatte zwar überall herumerzählt, daß er dafür vom Kaiser nicht angemessen belohnt worden sei, und Epicharis ließ sich möglicherweise durch diesen Umstand dazu verleiten, ihn für die Verschwörung gewinnen zu wollen. Doch kaum hatte Proculus ihr Ansinnen angehört, ließ er sie auf der Stelle festnehmen und unterrichtete Nero. Epicharis wurde zu Nero und Tigellinus in den Palast gebracht und Proculus gegenübergestellt. Das Gespräch mit Proculus fand jedoch unter vier Augen statt, und Epicharis war wenigstens so schlau, keinen der Mitverschwörer namentlich zu nennen. Es gelang ihr schließlich, Proculus mit der Behauptung mundtot zu machen, er habe das Ganze nur erfunden. So stand Aussage gegen Aussage, und nach römischem Recht gab es keinen Beweis, auch wenn sich ein hochrangiger Offizier und eine ehemalige Sklavin gegenüberstanden. Nero beschloß daraufhin, keine Untersuchung einzuleiten (was die sofortige Folterung der Frau nach sich gezogen hätte, weil sie nur eine Freigelassene war), doch hielt man sie vorläufig in Gewahrsam.

Epicharis' Festnahme und die Angst, daß sie auspacken könnte, trieben die Verschwörer schließlich zur Aktion. Zunächst dachte man daran, den Mord in Pisos Villa in Baiae zu begehen. Nero hielt sich häufig dort auf, um sich von seinen Regierungsgeschäften zu erholen. Da er gegen seinen Freund keinerlei Verdacht hegte, kam er stets allein und ohne Wache. Aber Piso war dagegen, denn ein Verbrechen, das die Gesetze der Gastfreundschaft verletzte, hätte ihn in der Öffentlichkeit zu sehr verhaßt gemacht. So wurde schließlich beschlossen, am Abschlußtag der im April stattfindenden Cerealien [10] im Circus Maximus zur Tat zu schreiten. Inzwischen war das eine der wenigen Gelegenheiten, bei denen man sich dem Kaiser nähern konnte. Nach der Fertigstellung der Domus Aurea verließ Nero nur noch selten das Palastgelände, auch seine nächtlichen Ausflüge hatte er schon lange aufgegeben, und abends blieb er lieber mit Poppaea zu Hause. Auf die Teilnahme an den Spielen verzichtete er jedoch nie.

Deshalb wollte man das Durcheinander im Circus nutzen, der Senator Plautius Lateranus, ein Baum von einem Mann, sollte sich Nero nähern, als wolle er eine Bitte vortragen, sich ihm zu Füßen werfen und ihn dabei mit zu Boden reißen. Dann sollten die Tribunen und Zenturionen eingreifen und ihn niedermetzeln. Scaevinus beanspruchte den Hauptteil, er wollte mit einem Dolch, den er im Tempel der Fortuna gestohlen hatte und den er stolz bei den andern Verschwörern herumzeigte, den ersten Stoß führen. Der Plan sah weiter vor, daß Piso zunächst beim Tempel der Ceres die Ereignisse abwarten und nach vollbrachter Tat vom Präfekten Rufus abgeholt werden solle, um dann zur Kaserne der Prätorianer gebracht zu werden, wobei ihn Antonia, Claudius' älteste Tochter, begleiten würde, da sie als direkte Nachfahrin des Augustus von adliger Herkunft war und deshalb die ganze Operation legitimieren sollte.

Es war also alles vorbereitet und bis ins letzte geplant. Doch da einer jener Aufschneider, die bei dieser Art Vorhaben niemals fehlen und von denen es bei den Zusammenkünften des Piso nur so wimmelte, den Mund nicht halten konnte, wurde alles ruiniert. Der Kretin vom Dienst war diesmal ausgerechnet Scaevinus.

Einen Tag vor dem festgelegten Termin hatte Scaevinus eine geheime Unterredung mit Antonius Natalis, der auch mit im Bunde war, verfaßte sein Testament, ließ von dem Freigelassenen Milichus den berühmten Dolch schärfen, damit er spitz und glänzend sei, gab ein großes Bankett, ließ seine Sklaven frei und, als wenn das alles noch nicht gereicht hätte, befahl schließlich dem Milichus, blutstillende Wundverbände bereitzulegen.

Es brauchte nicht viel, um zu begreifen, worauf man sich da vorbereitete, und auch Milichus verstand. Der Gedanke an eine mögliche Belohnung blitzte schlagartig in »seiner Sklavenseele[11]« auf. Trotzdem war Milichus unsicher und fragte, wie Tacitus berichtet, seine Frau um Rat, »der von einem Weib kam und darum das Schlechtere empfahl: denn sie machte ihm obendrein Angst, und viele Freigelassene und Sklaven hätten doch dabeigestanden, die dasselbe gesehen hätten: nichts nützen werde das Schweigen eines einzelnen, aber die Belohnungen würden dem allein zufallen, der anderen mit der Anzeige zuvorkomme«.[12]

Das war also der Grund, warum sich der Freigelassene Milichus am 19. April im Morgengrauen bei Nero einfand. Scaevinus wurde auf der Stelle vorgeladen und verteidigte sich einigermaßen geschickt. Für ihn wie schon für seinen Vater sei der

Dolch ein Kultobjekt, und Milichus habe ihn aus dem Schlafzimmer entwendet; auch habe er schon zu anderen Gelegenheiten sein Testament gemacht und sich von seinen Dienern befreit; er habe stets ein sorgloses Leben geführt und schon immer großzügige Bankette gegeben, was, wie er hinzufügte, dem Prinzeps doch wohl nicht mißfallen dürfe. Er leugnete kategorisch, das Bereitlegen von Verbänden befohlen zu haben. Milichus habe dieses Detail völlig aus der Luft gegriffen, um seine Beschuldigung glaubwürdig zu machen, in Wahrheit sei sie jedoch vollkommen haltlos. Während Scaevinus das alles mit fester Stimme vortrug, schaute er seinen Diener mit so funkelndem Blick an, daß der Ärmste völlig verwirrt war. Nero wollte die Sache schon auf sich beruhen lassen, als Milichus' Frau das Wort ergriff und ein entscheidendes Detail ins Spiel brachte, das Milichus ganz vergessen hatte: das geheime Treffen mit Natalis. Man ließ auch Natalis kommen. Und diesmal war auch der große Verhörexperte Tigellinus zugegen. Natalis wurde getrennt verhört, und seine Aussage stimmte mit der von Scaevinus nicht überein. Von Tigellinus bedrängt, der ihm Straffreiheit versprach, wenn er »singen« würde, nannte Natalis schließlich die Namen Piso und Seneca. Außerdem gab er an, der Mittelsmann zwischen den beiden gewesen zu sein. An diesem Punkt brach der Damm: Scaevinus denunzierte Lucanus, Senecio und Quintianus ihre besten Freunde Glitius Gallus und Annius Pollio, und Lucanus selbst sogar seine Mutter.[13]

Die einzige, die ihre Würde bewahrte, war Epicharis, obwohl sie – übrigens als einzige – der Folter unterworfen wurde[14]. Nachdem sie einen ganzen Nachmittag von den Männern des Tigellinus gequält worden war, leugnete sie weiterhin alles ab. »Als sie am folgenden (Tag) wieder zu denselben Martern geschleppt wurde, und zwar auf einem Tragsessel – denn sie konnte auf ihren ausgerenkten Gliedern nicht stehen –, band sie ihr Brusttuch, das sie vom Busen gestreift hatte, nach Art einer Schlinge um die Stuhllehne, steckte ihren Hals hinein und preßte, indem sie ihr ganzes Körpergewicht einsetzte, den ohnehin schwachen Lebensatem aus[15].«

Nero nahm ganz Rom in den Schraubstock und rief den Ausnahmezustand aus. Stadtmauern und Einfallstraßen wurden von germanischen Soldaten besetzt, die er zu Recht für die ergebensten hielt, und das angrenzende Viertel wurde durchsucht. Da er sich entdeckt sah, beging Piso Selbstmord, als die Männer des Kaisers vor seinem Haus erschienen. Der Konsul Plautius Lateranus hingegen wurde von dem Tribun Statius getötet, denn so verlangte es das Gesetz. Wurde ein Offizier zum Verräter, dann verwirkte er das Recht auf Selbstmord und mußte die Schande ertragen, von einem Offizier minderen Ranges, der als Henker fungierte, getötet zu werden.[16]

Daraufhin schickte Nero den Tribun Gaius Silvanus zum vier Meilen außerhalb der Stadt gelegenen Landsitz Senecas, damit er ihn frage, wie er sich zu rechtfertigen gedenke. Daß Seneca der »große Alte« hinter der Verschwörung war, steht vor allem deshalb außer Zweifel, weil Piso als Kaiser und Alternative zu Nero nicht präsentabel gewesen wäre[17]. Nicht umsonst hatte der Tribun Subrius Flavus, einer der Verschwörer, gesagt, es wäre absurd, »wenn man einen Kitharaspieler beseitige und ein Tragöde nachfolge[18]«. Es ist denn auch sehr gut möglich, daß Seneca an der Spitze einer Verschwörung in der Verschwörung stand. Subrius Flavus hatte nämlich eine hochgeheime Zusammenkunft der Offiziere organisiert und dabei erklärte, Piso sei ein »Holzkopf«; wenn Nero erst einmal aus dem Weg geschafft sei, müsse auch Piso beseitigt werden, damit man Seneca zum Kaiser ausrufen könne[19]. Diese Episode wird von Tacitus als Gerücht bezeichnet, während Plinius der Ältere und Cassius Dio sie für gesichert halten[20]. Ihre Version ist allerdings überzeugender. Wenn Neros Lebensstil und seine Auftritte als Künstler schon den Senatoren (wenn auch nicht allen) mißfielen, dann mußten sie bei den ranghöheren Offizieren zwangsläufig auf noch größere Ablehnung stoßen, denn deren Horizont war noch begrenzter und ihre Moral noch rigider. Es ist deshalb unvorstellbar, daß die Offiziere sich an einer Verschwörung beteiligt hätten, nur um Nero durch einen Mann zu ersetzen, der die gleichen Neigungen hatte.

Senecas Beteiligung an der Verschwörung steht jedenfalls außer Zweifel, gleichgültig, ob er nun tatsächlich selbst Kaiser werden oder wie unter Nero die Rolle des »großen Ratgebers« spielen wollte, die ihm sicherlich wie auf den Leib geschrieben war.

1. Antonius Natalis nannte Seneca gleich an zweiter Stelle nach Piso. Natalis hatte im Verhör ausgesagt, er habe Seneca Pisos Einladung zu häufigeren Gesprächen überbracht. Seneca habe geantwortet, er sei alt und gebrechlich und daher unbeweglich, doch seien nicht viele Gespräche nötig, da »im übrigen sein Wohlbefinden vom Wohlergehen Pisos abhänge[21]«. In der verwickelten und anspielungsreichen Sprache Senecas, der stets darauf bedacht war, sich nicht mehr als notwendig zu äußern, bedeutete diese verschlüsselte Botschaft an Piso, daß er mit seiner Unterstützung rechnen könne. Mehr hatte Seneca Piso wohl auch deshalb nicht mitzuteilen, weil er, wenn wir Cassius Dio und Plinius glauben wollen, in der Zwischenzeit dabei war, mit den Offizieren auszuhandeln, daß Piso im geeigneten Augenblick auszuschalten sei.

2. Ausgerechnet an dem Tag, für den die Ermordung Neros geplant war, kehrte Seneca aus Kampanien zurück, wo er sich vorgeblich zu geruhsamem Müßiggang aufhielt und von wo er sich, nach seinen eigenen Worten, nur äußerst ungern wegbewegte. Offensichtlich war er nach Rom gekommen, um sich für die Verschwörer zur Verfügung zu halten.[22]

3. Im Jahr 62 hatte der kaiserliche Freigelassene Romanus Nero heimlich anvertraut, daß Seneca mit Piso ein Komplott gegen ihn schmiede[23]. Seneca hatte sich energisch verteidigt, und Nero glaubte ihm. Im Licht der drei Jahre später aufgedeckten Verschwörung erhält diese Anzeige allerdings ein ganz anderes Gewicht. Das Ganze geschah nämlich kurz nach dem berühmten

189

Gespräch zwischen Nero und Seneca, bei dem der Philosoph seinen Rücktritt erklärt und sich kurz darauf gänzlich zurückgezogen hatte. Unmittelbar danach hatte er dann begonnen, gegen Nero zu konspirieren, und zwar mit Piso.

An diesem vermutlich milden römischen Abend des 19. Aprils 65 stand also nun der Tribun Gaius Silvanus vor Seneca, der mit seiner Frau Pompeia Paulina und zwei Freunden im Freien beim Abendessen saß, und verlangte im Auftrag des Kaisers Rechenschaft für seine Taten. Seneca verteidigte sich, so gut er konnte. Der Tribun kehrte zu Nero und Tigellinus zurück und erstattete Bericht. Offenbar glaubten die beiden kein Wort. Nero fragte Silvanus: »Hat er die Absicht geäußert, sich das Leben zu nehmen?« Der Tribun gab zur Antwort, daß Seneca nicht im entferntesten daran denke, so jedenfalls sein Eindruck. »Dann geh noch einmal zu ihm«, sagte Nero, »und sage ihm, daß er sterben muß.«[24]

Zunächst aber ging Silvanus bei dem Prätorianerpräfekten Faenius Rufus vorbei, um ihn zu fragen, wie er sich verhalten solle, denn auch Silvanus selbst war mit den Verschwörern im Bunde. Da die Verschwörung inzwischen entdeckt, sein Name aber noch nicht gefallen war, sagte Rufus ihm, er solle die Anordnung des Kaisers ausführen. Silvanus hatte jedoch nicht den Mut, Seneca, der natürlich wußte, daß auch er zu den Verschwörern gehörte, noch einmal gegenüberzutreten, um ihm das Todesurteil zu verkünden, und schickte statt dessen einen Zenturio und einige Soldaten. Seneca bat darum, sein Testament machen zu dürfen, doch der Zenturio verweigerte es ihm mit den Worten, er solle sich beeilen. Bei dem Versuch, Seneca einen Tod anzudichten, der eines Philosophen würdig sein und bis aufs Haar dem Tod des Sokrates gleichen sollte, wird Tacitus' Erzählung an dieser Stelle ganz ungewohnt weitschweifig[25]. Möglich auch, daß der schäbige Alte in seiner letzten Stunde zu einer Würde fand, die er während seines ganzen Lebens nie besessen hatte.

Daraufhin soll Seneca, laut Tacitus, zu seinen Freunden gesagt haben, »da er gehindert werde, sich für ihre Verdienste dankbar zu erweisen, hinterlasse er ihnen das einzige und dennoch Schönste, was er besitze, nämlich das Bild seines Lebens [26]«. Dann tröstete er die Anwesenden, vor allem aber seine völlig erschütterte Frau. Paulina sagte, sie wolle den Ruhm des Märtyrertums mit ihm teilen. So ließen sich beide an Handgelenken und Beinen die Adern öffnen. Da sie jedoch alt waren, floß das Blut nur langsam, so langsam, daß jemand Zeit fand, den Kaiser darüber zu informieren, was im Hause Senecas vor sich ging. »Nero war jedoch frei von persönlichem Haß gegen Paulina (...) und befahl, ihren Tod zu verhindern [27].« Als Paulina davon erfuhr, änderte sie augenblicklich ihre Meinung über den Ruhm des Märtyrertums und ließ ihre Wunden sorgfältig verbinden. Sie überlebte ihren Mann um einige Jahre.

Da sich Senecas Tod in die Länge zog, ließ er seinen Freund, den Arzt Annaeus Statius, rufen, damit er ihm ein Gift verabreiche, »mit dem die vom Volksgericht der Athener Verurteilten hingerichtet wurden«.[28] Aber nicht einmal das Gift wirkte. Daraufhin wurde er von seinen Freunden in ein Dampfbad gebracht, wo er schließlich erstickte.

In der Zwischenzeit zeichnete sich immer deutlicher ab, welche Rolle die Offiziere bei dem Komplott gespielt hatten. Um nur ja keinen Verdacht zu erregen, war Faenius Rufus bei den Verhören besonders unbarmherzig gewesen. Subrius Flavus, der wohl entschlossenste unter den Verschwörern, deutete an einem bestimmten Punkt sogar auf sein Schwert und gab ihm dadurch zu verstehen, daß er, wenn Rufus einverstanden sei, auch bereit sei, Nero an Ort und Stelle im Palast zu töten. Er war sogar schon im Begriff, das Schwert zu ziehen, aber Rufus gebot ihm Einhalt. Schließlich fiel Rufus dem Scaevinus zum Opfer. Als Rufus ihn zum wiederholten Male mit der Frage bedrängte, ob es noch weitere Komplizen gebe, antwortete Scaevinus hämisch grinsend: »Niemand weiß das besser als du.«[29] Faenius Rufus wurde blaß und begann zu stottern. Auch Cervarius Proculus, ein

»reuiger« Verschwörer, griff ein und schrie ihm zu, daß es besser sei, endlich zu gestehen, leugnen habe keinen Sinn mehr. Vielleicht wollte Rufus sogar irgendwie reagieren, aber er wurde auf der Stelle von Cassius, einem riesigen Soldaten aus Neros Wache, in Ketten gelegt.

Dann kam Subrius Flavus an die Reihe. Als Nero ihn fragte, warum er seinen militärischen Treueid gebrochen habe, antwortete er: »Ich haßte dich. Keiner von den Soldaten war dir treuer, solange du es verdientest, geliebt zu werden: Zu hassen begann ich dich, nachdem du zum Mörder deiner Mutter und deiner Gattin, zum Wagenlenker und Schauspieler und Brandstifter geworden warst.«[30] »Nichts traf bei dieser Verschwörung die Ohren Neros offensichtlich mit größerer Wucht[31]« als diese Antwort. Denn er kannte Subrius Flavus als ehrlichen, integren Soldaten und hatte deshalb gerade ihm diese Frage gestellt. Flavus' Antwort verbitterte ihn sehr. Mit der Reaktion der Adligen hatte Nero wahrscheinlich gerechnet, vielleicht verstand er sogar das Verhalten des Faenius Rufus, der dem aufsteigenden Tigellinus zum Opfer gefallen war, doch bei den einfachen Soldaten glaubte er beliebt zu sein, denn immerhin hatte er ihnen mehr Vergünstigungen zuteil werden lassen als seine Vorgänger, auch wenn sie nicht besonders spektakulär waren. Jetzt mußte er einsehen, daß er keineswegs beliebt war, und daß es inzwischen ausgesprochen schwierig, wenn nicht unmöglich geworden war, den Ruf als Brandstifter loszuwerden. Düstere Schatten verdunkelten seine Zukunft als Prinzeps.

Doch selbst in dieser schwierigen Situation gab Nero das Heft nicht aus der Hand. Der Prozeß endete nicht mit einem Blutbad, womit bei der Schwere der Vergehen vielleicht zu rechnen gewesen wäre. Insgesamt wurden siebzig Personen angeklagt, darunter neunzehn Senatoren, sieben Ritter und elf Offiziere. Es gab zwanzig Todesurteile und dreizehn Verbannungen ins Exil.[32] Vier höhere Offiziere wurden aus dem Dienst entlassen. Neunzehn Angeklagte wurden freigesprochen. Gaius Silvanus nahm sich das Leben, obwohl er freigesprochen wurde. Antonius Natalis und Cervarius Proculus wurde vergeben, weil sie zu den Ermittlungen entscheidend beigetragen hatten. Aus uns nicht bekannten Gründen wurde auch dem Tribun Statius Prossimus vergeben, der jedoch wegen der Schande seinem Leben selbst ein Ende machte. Die Anklage, die Lucanus (der selbst zum Tode verurteilt wurde) gegen seine Mutter erhoben hatte, wollte Nero nicht einmal in Betracht ziehen.

Tacitus behauptet, Nero habe die Verschwörung genutzt, um den ihm verhaßten Konsul Vestinus Atticus ohne Prozeß zu beseitigen. Laut Tacitus hatte der Kaiser zwei gute Gründe, ihn zu verabscheuen. Erstens hatte sich Vestinus, der eine ziemlich scharfe Zunge hatte und mit dem Kaiser eng befreundet war, mit seinen Spötteleien nie zurückgehalten. Zweitens war Vestinus mit Statilia Messalina verheiratet, die Tacitus zufolge schon damals Neros Geliebte gewesen sein soll. Die Sache hat jedoch weder Hand noch Fuß, egal, von welcher Seite man sie betrachtet.

Nero war sicherlich nicht der Typ, der sich durch Spott beeindrucken ließ, notfalls zahlte er mit gleicher Münze zurück. Wie wir bereits gesehen haben, bestätigt auch Sueton, »daß Nero nichts so geduldig ertrug wie die Schimpfreden und Schmähungen der Leute[33]«. Da er selbst geistreich war, schätzte er geistreiche Menschen.

Zu jener Zeit war Nero mit Poppaea verheiratete, die ihr zweites Kind erwartete und die Nero heiß und innig liebte. Es ist also sehr unwahrscheinlich, daß er Messalinas Geliebter war. Selbst wenn es stimmte, hätte es für ihn keinen Sinn ergeben, Vestinus zu beseitigen, um Messalina zu heiraten, denn damals konnte er noch nicht wissen, daß Poppaea einige Monate später sterben würde. Im Gegenteil: Vestinus hätte ihm, jedenfalls in den Augen der äußerst mißtrauischen Poppaea, als Deckung dienen können. Im übrigen hatte Nero Vestinus gerade in diesem Jahr zum Konsul nominiert. Das hätte er sicher nicht getan, wenn er die Absicht gehabt hätte, ihn aus dem Weg zu räumen. Außerdem hatte Nero, sei es nun aus Scheinheiligkeit oder aus anderen Gründen, einen großen Widerwillen dagegen, seine Feinde und Rivalen ohne Prozeß zu beseitigen. Wenn er wirklich diese Absicht gehabt hätte, wäre es ihm in dem Durcheinander nach der Entdeckung der Verschwörung ein leichtes gewesen, einen Ankläger gegen Vestinus zu finden und seiner Eliminierung einen legalen Anstrich zu geben.

Auch die Einzelheiten der Hinrichtung des Konsuls bestätigen, daß hierfür ein Gerichtsurteil vorgelegen haben muß. Der Tribun Gerellianus erschien nämlich mit Soldaten und in Begleitung des kaiserlichen Arztes im Haus des Vestinus. Vestinus saß gerade mit einigen Freunden beim Essen, die sofort von den Soldaten umstellt wurden. Der Konsul wurde ins Schlafzimmer gebracht, und in Anwesenheit des Arztes wurden ihm die Adern geöffnet. Seine Tischgenossen ließ man erst spät in der Nacht frei. Nero, der witzige, aber auch bösartige Bemerkungen liebte, soll den Kommentar gegeben haben, »genug Strafe hätten sie erlitten für das Mahl beim Konsul[34]«.

Damit es keine Zweifel an der Vorschriftsmäßigkeit der Verfahren und der Angemessenheit der Urteile gäbe, ließ Nero alle Untersuchungsakten veröffentlichen. (»Indes hielt Nero nach Einberufung des Senates eine Ansprache vor den Vätern, gab einen Erlaß an das Volk heraus und fügte ihm die in Buchform zusammengefaßten Anzeigen und Geständnisse der Verurteilten bei[35].«)

Die Verschwörung führte zu einer erdrutschartigen Umwälzung der kaiserlichen Nomenklatura. Der Konsular Petronius Turpillianus und der designierte Konsul Cocceius Nerva, dem wie Tigellinus die Triumphinsignien gewährt wurden, erreichten neue Positionen. Die Prätorianer erhielten zweitausend Sesterzen pro Kopf und kostenlose Getreiderationen, für die sie vorher den Marktpreis hatten bezahlen müssen. Milichus bekam die erwartete Belohnung und durfte sich mit dem leicht komischen Titel »Retter« schmücken. Nymphidius Sabinus erhielt als Belohnung für seinen Beitrag zur Unterdrückung der Verschwörung die Konsulatsinsignien und nahm wenig später an Tigellinus' Seite die Stelle des Faenius Rufus als Prätorianerpräfekt ein.

Das war die wichtigste, folgenreichste Veränderung. Nymphidius Sabinus war der Sohn eines Gladiators und einer schönen Freigelassenen, Tochter einer Schneiderin und des unter Claudius mächtigen Ministers Callistus, die bei den Dienstboten des Kaisers der Prostitution nachging. Er behauptete jedoch, der Sohn von niemand geringerem als Caligula zu sein, was nach Tacitus durchaus möglich war, denn von Caligula hatte er die hochgewachsene Gestalt und die finstere Miene, und es war durchaus nicht auszuschließen, »daß sich C. Caesar, der auch für Dirnen eine Vorliebe hatte, wirklich mit dessen Mutter abgegeben hat[36]«.

Es verwundert wenig, daß Tacitus ein so negatives Bild von Sabinus zeichnet, denn hier kommen wieder wie stets bei ihm die in der römischen Aristokratie verbreiteten Vorurteile gegen alle Amtsinhaber zum Vorschein, die plebejischer oder gar illegitimer Herkunft waren[37]. Außer diesen Bettgeschichten wissen wir über Sabinus fast nichts. Sehr wahrscheinlich war auch er Experte für öffentliche Sicherheit[38] und sollte ein Gegengewicht zur Übermacht des Tigellinus bilden. Jedenfalls war diese Besetzung eine weitere Fehlentscheidung, denn Nymphidius Sabinus sollte bei Neros Sturz eine entscheidende Rolle spielen.

Die Pisonische Verschwörung hatte noch weitere Auswirkungen. Einige Monate später wurden Annaeus Mela, Claudia Antonia und Petronius hingerichtet. Mela, der Epicharis' Geliebter, Senecas Bruder und Lucanus' Vater war, also zu drei Verschwörern in engster Beziehung stand, gehörte sicherlich auch mit zum Komplott. Das gleiche gilt für Antonia, Tochter des Claudius, die nach Neros Ermordung Piso ursprünglich zu den Prätorianern hatte begleiten sollen. Suetons Behauptung, Nero habe Antonia töten lassen, weil sie ihn nicht heiraten wollte[39], entbehrt jeder ernstzunehmenden Grundlage. Von Claudius' Töchtern hatte

Nero bereits Octavia geheiratet, und das reichte ihm. Außerdem ist die Annahme absurd, daß der Kaiser eine Frau zur Gattin hätte begehren sollen, deren Schwester er hatte ermorden lassen.

Was nun Petronius anbelangt, so soll es sich dabei laut Tacitus um eine Racheaktion des Tigellinus gehandelt haben[40]. Petronius war nämlich der berühmte »Schiedsrichter Petronius«, Autor des *Satyricons,* den Nero in allen Fragen der Eleganz und des Raffinements zum Vorbild erkoren und deshalb an den Hof geholt hatte. Tigellinus soll Petronius beseitigt haben, weil dieser ihm in puncto Schlemmerei und Orgien beim Kaiser den Rang ablief, auf den der Prätorianerpräfekt aber großen Wert legte, um den Kaiser an sich zu binden.

Wie wir bereits gesehen haben, gehörte Petronius keineswegs zu Neros Kumpanen bei irgendwelchen Orgien, er war einfach ein Liebhaber des »bon ton«, eine Sache, von der Tigellinus nichts verstand und bei der er folglich auch nicht mithalten konnte. Außerdem war Tigellinus nicht mehr als ein Befehlsempfänger, selbst wenn er dabei mit Übereifer vorging. Er besaß sicher nicht die Autorität, Nero ohne triftigen Grund zur Beseitigung eines teuren Freundes zu veranlassen, zumal an einem Hof, an dem die Freunde zunehmend rarer wurden. Petronius wurde von einem Sklaven des Scaevinus angeklagt, zum Kreis der Piso-Verschwörer zu gehören. In seinem Prozeß verteidigte er sich unzureichend und wurde zum Tod verurteilt. Petronius folgte Nero bis nach Cuma, um den alten Freund zu erweichen. Aber Nero wollte ihn nicht empfangen. Daraufhin nahm er sich mit einer Nonchalance das Leben, die seinem Lebensstil als vollkommener Dandy entsprach.

Ganz anders lag der Fall bei Thrasea Paetus. Er stammte aus Padua und war ein sittenstrenger und unbescholtener Senator. Bis 58 gehörte er zu Neros Mitarbeitern, 56 war er Konsul gewesen und anschließend zum Quindecimvirn ernannt worden. Im Senat genoß er allseits großes Ansehen, und sein Wort hatte Gewicht. So hatte er entscheidend dazu beigetragen, daß der

Statthalter von Kilikien Cossutianus Capito wegen Erpressung verurteilt wurde, obwohl er mit Nero befreundet war. Nachdem Nero ab 58 eine entschieden volksfreundliche Politik verfolgte, begann Paetus das Regime zu bekämpfen, allerdings auf so ungeschickte Art, daß er ihm eher nutzte. Bei nebensächlichen oder unwichtigen Fragen betrieb er im Senat Haarspaltereien, die selbst seine Freunde zur Verzweiflung trieben, während er verstummte, wenn es um wichtige Dinge, »Beratungen von Krieg und Frieden, von Steuern und Gesetzen[41]« ging. Trotzdem hatte er Mut. Als die Nachricht von Agrippinas Tod bekanntgegeben wurde, verließ er als einziger Senator demonstrativ die Curie und gab damit deutlich zu verstehen, daß er nicht im geringsten an Neros und Senecas Erklärungen glaubte. Er war auch der einzige, der Neros ersten Auftritt bei den Juvenalien öffentlich kritisierte. Obwohl Nero ihn nicht nur für einen unerträglichen Griesgram, sondern auch für einen ausgemachten Schwachkopf hielt, respektierte[42] er Thrasea, weil er wie viele absolute Herrscher eine Art Bewunderung für die Unbestechlichen hegte[43]. Obwohl Thrasea mittlerweile zur Opposition gehörte, war es mehrmals vorgekommen, daß Nero seine Meinung teilte[44]. Um ihm jedoch den Verdruß über seine fortgesetzte Obstruktion zu verstehen zu geben, verbot Nero ihm 63 die Teilnahme an den Festlichkeiten anläßlich der Geburt seiner Tochter Claudia. Thrasea war so töricht, diesen Hinweis wörtlich zu nehmen, mißverstand seine tatsächliche Bedeutung[45] und blieb den Senatssitzungen fortan fern. Daraufhin machte sich Nero geduldig daran, das Verhältnis zu kitten, was ihm zunächst sogar so gut gelang, daß Seneca ihn dazu beglückwünschte[46]. Der Erfolg hielt jedoch nicht lange an, und Thrasea nahm seinen passiven Widerstand wieder auf. Seine Halsstarrigkeit wurde sprichwörtlich, und in Rom, aber nicht nur dort, diskutierte man darüber, was Thrasea Paetus *nicht* getan hatte[47].

Thraseas Verhalten führte, ob er nun wollte oder nicht, mit der Zeit dazu, daß sich alle Unzufriedenen um ihn sammelten, vor allem aber die seit Senecas Rückzug führungslosen Vertreter der erzkonservativen Aristokratie. Nun war aber Nero nach dem Brand von Rom und der Pisonischen Verschwörung im Jahr 66 nicht mehr der Nero des Jahres 63. Mit dem Adel hatte er gebrochen und war nun auch nicht mehr bereit, ein Verhalten wie das des Thrasea und die daraus für ihn entstehenden Gefahren hinzunehmen.

Zu Beginn des Prozesses gegen Thrasea drohte Nero der Curie und bezichtigte die Senatoren des Absentismus, allerdings ohne Namen zu nennen. Heimtückisch betraute er ausgerechnet Cossutianus Capito, zu dessen Verurteilung Thrasea in der Vergangenheit beigetragen hatte, mit der Anklage gegen Thrasea. Capito war erst einige Jahre zuvor rehabilitiert worden, hatte sich seitdem durch eifriges Denunzieren hervorgetan und auf diese Art versucht, seine eigenen Vergehen vergessen zu machen.

Capito trug drei Anklagepunkte vor: 1. Thrasea habe seit drei Jahren die Curie nicht mehr betreten; 2. seit einem Jahr nehme er sein Amt als Quindecimvir nicht mehr wahr und bleibe den entsprechenden Zeremonien fern; 3. ein solches Verhalten sei nicht nur tadelnswert, da er seine Aufgaben als Senator nicht mehr erfülle, »Aufruhr sei dies schon und Parteiung«[48] und müsse als Hochverrat betrachtet werden. Zu Capitos Unterstützung trat Eprius Marcellus auf, der feurigste, mysteriöseste *Denunziant* jener Zeit. (Nach römischem Recht war ein »Denunziant« nicht das, was wir heute darunter verstehen. Als Denunziant wurde einfach derjenigen bezeichnet, der die für jeden Prozeß unabdingbare Anzeige erstattete. Eine Art Staatsanwalt also, nur daß er Privatbürger war, was natürlich leicht zu Verzerrungen führte und zu Zwecken benutzt werden konnte, die mit Gerechtigkeit nichts mehr zu tun hatten, was denn auch häufig geschah).[49] Marcellus sagte, es wäre akzeptabel, ja sogar gerecht gewesen, wenn Thrasea einzelne Maßnahmen des Kaisers und des Senates scharf kritisiert hätte, denn dazu seien die Senatoren schließlich da. Absolut nicht zu tolerieren sei hingegen ein Schweigen, das alles pauschal verdamme. »Sei es der Friede rings in der Welt«, schrie Marcellus, »oder seien es die von den Heeren ohne Verluste errungenen Siege, die ihm mißfielen?«[50]

Sich selbst treu bleibend, verweigerte Thrasea jede Verteidigung. Er kam nicht einmal in die Curie. Der Senat verurteilte ihn wegen Hochverrats zum Tode. Zwei weitere Angeklagte, Thraseas Schwiegersohn Helvidius und der Dichter Montanus, kamen mit geringeren Strafen davon. Helvidius wurde ins Exil geschickt und Montanus freigesprochen, allerdings mit der Auflage, sich nicht mehr mit Politik zu befassen.

Tacitus und Cassius Dio sehen einen Zusammenhang zwischen dem Verfahren gegen Thrasea und dem Prozeß gegen eine weitere herausragende Persönlichkeit, den ehemaligen Statthalter von Kleinasien Barea Soranus, der verurteilt wurde, weil er die Rebellion in Kleinasien geschürt haben sollte[51]. Tatsächlich handelt es sich hierbei um zwei verschiedene Dinge aus unterschiedlichen Zeiten[52]. Die Geschichte mit Barea hängt mit der Verschwörung des Vinicianus zusammen (Sommer 66), über die wir nicht viel wissen (Tacitus' Bericht endet früher), die aber, obwohl sie schnell scheiterte, wenigstens potentiell wesentlich gefährlicher gewesen sein muß als die Pisonische Verschwörung, da ihr zahlreiche Statthalter und ehemalige Statthalter, hohe Militärs und Corbulo, der bedeutendste Heerführer der damaligen Zeit, angehörten.

Annius Vinicianus war Corbulos Schwiegersohn (Barea war mit beiden verwandt) und hatte sich unter Corbulos Befehl im Feldzug gegen die Parther hervorgetan. Gerade weil er Corbulo bei Laune halten wollte, hatte Nero Vinicianus immer mit Respekt behandelt. Vom *adlectus*[53] hatte er ihn zum Senator und dann, ohne daß er vorher Prätor gewesen war, direkt zum Konsul ernannt, ihn also einige Stufen auf dem traditionellen *cursus honorum* überspringen lassen. Vinicianus war auch die wichtige Aufgabe anvertraut worden, Tiridates auf seiner Reise von Armenien nach Rom zu begleiten[54]. Danach behielt Nero ihn in

Rom und ließ ihn nicht mehr zu den Truppen im Osten zurückkehren. Nach Meinung einiger moderner Historiker, vor allem von Cizek, mißtraute er Vinicianus und ahnte bereits, daß dort etwas ausgeheckt wurde[55]. Vinicianus war denn auch nicht der Typ, auf den man sich bedingungslos verlassen konnte. Sein Bruder Annius Pollio war an der Pisonischen Verschwörung beteiligt, und in ihrer Familie gab es traditionell eine ausgeprägte Feindschaft gegen die iulisch-claudische Dynastie[56]. Schon sein Vater Lucius hatte gegen Tiberius konspiriert und war der Anführer jener Verschwörung, die zunächst 41 zur Ermordung Caligulas geführt und dann 42 die von Camillus Scribonianus angeführte Revolte gegen Claudius angezettelt hatte[57].

Falls Nero Vinicianus wirklich fürchtete, so wußte er das sehr gut zu verstecken. Und zwar so perfekt, daß er ihn sogar auf seine Reise nach Griechenland mitnahm. Da sich Vinicianus seinerseits über die Absichten des Kaisers im unklaren war, beschloß er, schnell zu handeln. Schon unterwegs nach Griechenland sollte Nero bei Beneventum ermordet werden[58]. Daraufhin sollten sich die Brüder Rufus und Proculus Scribonus, Kommandanten von Germania superiore und Germania inferiore in Bewegung setzen. Corbulo, bei dem alle Fäden zusammenliefen, sollte sich erst nach getaner Tat zu erkennen geben, damit man ihn dann zum Kaiser ausrufen konnte.[59] Aber die Verschwörer in Rom agierten zu überstürzt, und das Komplott wurde entdeckt (offenbar verstanden Tigellinus und Nymphidius Sabinus ihr Geschäft). Bei Corbulo und den Gebrüdern Scribonus mußte Nero allerdings listiger vorgehen. Beide verfügten über Streitkräfte, die ihn leicht hätten hinwegfegen können, Corbulo über die mächtige Armee in Armenien und die Brüder Scribonus über je drei Legionen[60]. Nero reiste also nach Griechenland ab und tat so, als wenn nichts wäre. Von dort sandte er eine Botschaft an Corbulo, in der er ihn als Vater und Wohltäter bezeichnete und nach Griechenland einlud. Als Corbulo schließlich in Kenchreai, dem Hafen von Korinth, von Bord ging, wurde ihm der kaiserliche Befehl zum Selbstmord übergeben. »Axios!« (»Das habe ich verdient!«) rief der Feldherr aus.[61] Und niemand hat und wird je erfahren, ob er damit meinte, daß er schön dumm gewesen sei, als er Nero vertraute und sich von seinen Truppen entfernte, oder ob er damit seine Beteiligung an der Verschwörung zugeben wollte[62]. Mit derselben List wurden auch die Brüder Scribonus aus dem Weg geräumt. Auch sie wurden nach Griechenland eingeladen und bei der Ankunft gezwungen, sich das Leben zu nehmen.[63]

Vinicianus und Barea Soranus wurden in Rom hingerichtet, als Nero sich noch in Italien aufhielt. Weitere Komplizen wie Marcus Licinius Crassus Frugi, der 64 Konsul war, und Quintus Sulpicius Camerinus, Ex-Statthalter von Afrika, wurden durch den Freigelassenen Helius verurteilt, der während Neros Abwesenheit die Regentschaft übernahm.

Nach den Krisen von 58, 61 und 65 war es schließlich die Verschwörung des Vinicianus, die Neros Verhältnis zum Adel den Gnadenstoß versetzte. Bei genauerem Hinsehen wird deutlich, daß Nero trotz allen Gegensätzen das zu Beginn seiner Regierungszeit freiwillig gegebene Versprechen, Autorität und Autonomie des Senats zu schützen, im Grunde eingehalten hat. So war es den Senatoren unbenommen, Gesetze auch gegen den Willen des Kaisers zu erlassen, zum Beispiel in der wichtigen Frage der Freigelassenen. Weiterhin stand es ihnen frei, die Steuerreform abzulehnen, bei Prozessen wegen Erpressung in völliger Autonomie zu entscheiden und sogar Funktionäre zu verurteilen, die von Nero ernannt waren oder ihm nahestanden. Sogar in den Wirren nach der Pisonischen Verschwörung war es ihnen noch gelungen, ihren Kollegen Iunius Gallio, einen Bruder Senecas, zu retten, als der hemmungslose Denunziant Salienus Clemente ihn als Komplizen der Verschwörer auf die Anklagebank zerren wollte[64].

Nach der Geschichte mit Vinicianus existierte der Senat für Nero faktisch nicht mehr. Das ging so weit, daß er die Bauarbeiten zum Kanal von Korinth in seinem und im Namen des Volkes von Rom feierlich eröffnete und den Senat gar nicht erwähnte. Seither vertraute er nur noch Männern niederer, oder jedenfalls nichtadliger Herkunft. So zum Beispiel Fonteius Capito und Verginius Rufus, die als Nachfolger der Gebrüder Scribonus berufen wurden, Licinius Mucianus, der den Platz des 66 verstorbenen syrischen Statthalters Cestius Gallus einnahm, und Vespasian, der zur Niederschlagung des Aufstandes nach Judäa geschickt wurde[65].

Die Liste der Toten adliger Abstammung, die auf Neros Konto gehen, ist lang. Man muß jedoch berücksichtigen, daß alle außer Thrasea Paetus an Verschwörungen beteiligt waren, die die Ermordung des Kaisers zum Ziel hatten. Weiterhin darf man den Zeitgeist nicht außer acht lassen. Claudius zum Beispiel war nie so gefährlichen Angriffen ausgesetzt wie Nero, trotzdem schickte er, der sanfte Claudius, dreißig Senatoren und nicht weniger als dreihundert Ritter in den Tod, häufig aus nichtigen Gründen, nur weil manch einer anfangs bei Messalina und später dann bei Agrippina in Ungnade gefallen war[66]. Unter Domitian reichte dann weit weniger als das Verhalten eines Thrasea Paetus, die Niederschrift einer Biografie etwa, um zum Tod verurteilt zu werden (so geschehen mit dem Historiker Arulenus Rusticus, der Thraseas Freund war)[67].

Nach dem Tod Poppaeas heiratete Nero die schöne, elegante und raffinierte Statilia Messalina, für die es die fünfte Ehe war[68]. Wir wissen sehr wenig über sie. Doch muß sie eine außergewöhnlich großzügige Frau gewesen sein, da sie duldete, daß Nero den Eunuchen Sporus, der Poppaea so ähnlich sah, »heiratete« und ihn auf seine Reise nach Griechenland mitnahm, die sein Schwanengesang sein sollte.

8
SCHWANENGESANG:
DIE REISE NACH GRIECHENLAND

Im Spätsommer 66 erfüllte sich Nero den Wunsch, von dem er schon als Kind geträumt hatte: eine Reise nach Griechenland. Ein Jahr wollte er dort verbringen. Nie zuvor war ein römischer Kaiser so lange von Rom fortgeblieben.

Während seiner dreizehnjährigen Herrschaft hatte Nero Rom kaum verlassen. Ein Abstecher nach Ancona, um Tiridates zu empfangen, einige Stippvisiten in Neapel und Baiae, die Sommeraufenthalte zum Baden in Antium, einige kurze Kreuzfahrten auf dem Mittelmeer längs der Küsten von Latium und Kampanien: Das war schon alles.

Einige Jahre zuvor hatte Nero schon einmal einen Versuch gemacht, war aber auf dem Weg nach Griechenland in Beneventum umgekehrt. Warum, wissen wir nicht. Bei anderer Gelegenheit hatte er eine Reise nach Ägypten geplant, im Jahr 64. Damals war bereits alles vorbereitet, in einem Edikt hatte er versichert, daß seine Abwesenheit nicht lange dauern werde und Rom auf jeden Fall in guten Händen sei. Aber das Volk erhob, quasi körperlich, Einspruch und flehte ihn an, zu bleiben. Es liebte diesen Kaiser, der stets für Vergnügungen sorgte, fürchtete aber auch, daß die Lebensmittel in seiner Abwesenheit knapp werden könnten. So gab er seine Reisepläne auf, wobei er wiederholt erklärte, »das römische Volk besitze die oberste Gewalt über ihn, und er müsse gehorchen, wenn es ihn zurückhalte«[1].

Diesmal war er jedoch entschlossen, nicht länger zu warten, obwohl der Moment ziemlich ungünstig war. Durch die Verschwörung des Vinicianus war die Treue der obersten Kommandeure, vielleicht sogar der Truppen selbst, in Frage gestellt; deutlicher konnte die Warnung kaum noch ausfallen. Aber Nero wollte nicht hören. Vielleicht unterschätzte er auch die Verschwörung. Oder er spürte dunkel, daß seine Uhr ablief und er keine Zeit mehr zu verlieren hatte.

Die Reise nach Griechenland war nicht nur die Erfüllung eines Kindheitstraumes, sondern wie alle öffentlichen Akte Neros hatte auch sie eine politische Bedeutung. Sie sollte der krönende Abschluß jener Kulturrevolution werden, mit deren Hilfe er von Anfang an versucht hatte, die römischen Sitten im hellenistischen Sinn zu verändern. Selbst die geplante Länge seines Aufenthaltes war Programm, sie sollte die Gleichberechtigung zwischen westlichen und östlichen Ländern betonen und gleichzeitig den universalen Charakter des Reiches und des Kaisers unterstreichen, der nicht nur über Rom und seine Bürger herrschte, sondern über alle.[2]

Neros Begleitung bestand aus eintausend Prätorianern und einem bunten Gefolge von ungefähr fünftausend Personen, dem außer den Augustianern, die die Mehrheit ausmachten, auch Heerführer, Gelehrte, Musiker, Sänger, Kostümbildner und einige vereinzelte Senatoren angehörten. Außerdem hatte Nero seine dritte Frau Statilia Messalina, den Eunuchen Sporus (ihn »heiratete« er auf dieser Reise), seinen Privatsekretär Epaphroditus, seinen Schatzmeister, den Freigelassenen Phoebus, den Zeremonienmeister der Spiele Cluvius Rufus, Vespasian und Ofonius Tigellinus bei sich[3]. In Rom waren Nymphidius Sabinus und die Freigelassenen Helius und Polyclitus zurückgeblieben, um sich um die Verwaltung zu kümmern. Vor seiner Abreise hatte Nero sich geweigert, mit den Senatoren die traditionellen Abschiedsküsse zu wechseln.

Anfang Oktober landete er in Korfu[4] und gab beim Altar des Jupiter Cassius in Korkyra sofort sein erstes Konzert. Danach trat er auch in Nikopolis und bei den Spielen von Aktium auf, die Augustus anläßlich der siegreichen Schlacht gegen Antonius und Kleopatra gestiftet hatte. Sein Ziel war jedoch Korinth, das er aus politischen und kulturellen Gründen zu seiner griechischen

Residenz machte, nicht etwa nur, weil es Provinzhauptstadt war. Das bei den konservativen Senatoren verhaßte Korinth[5] repräsentierte nämlich das moderne, hellenistische Griechenland, war also von östlicher Kultur durchdrungen, während Athen, Sparta und Eleusis, das er mied, für das klassische Griechenland standen[6].

Nero überwinterte in Korinth und blieb dort bis zum April 67. Diese Pause nutzte er, um einige wichtige Staatsfragen in Angriff zu nehmen. Zu Beginn des Jahres ernannte er den fünfzigjährigen Vespasian zum Kommandanten von Judäa und erteilte ihm den Auftrag, den dort ausgebrochenen Aufstand niederzuschlagen. In bekannter Klatschmanier berichten die üblichen Quellen, Nero habe die Gelegenheit genutzt, um Vespasian loszuwerden, den er angeblich verachtete, weil er während seiner Auftritte einschlief. Außerdem sei Vespasian mit Thrasea Paetus und Barea Soranus befreundet gewesen, was als ernstzunehmendes Motiv schon eher in Frage gekommen wäre. Beides nicht sonderlich einleuchtend. Hätte Nero den Oberbefehlshaber gehaßt, dann hätte er ihn sicher nicht mitgenommen. Außerdem hätte er dann auch Vespasians älteren Bruder Flavius Sabinus nicht bis zuletzt im prestigereichen Amt des römischen Stadtpräfekten belassen[7]. Vespasian war niederer Herkunft, gehörte also zu dem Personenkreis, dem Nero nach dem endgültigen Bruch mit der Aristokratie allein noch zu vertrauen beschlossen hatte. Wenngleich er nicht adlig war, so hatte er dafür doch alle Eigenschaften eines guten Heerführers. Unter Caligula hatte er sich in Thrakien als Tribun, in Kreta und Kyrene als Quästor und in Rom als Ädil und Prätor hervorgetan; unter Claudius war er 41 und 42 zuerst in Germanien, dann in Britannien Legat und erhielt dort die Triumphinsignien; zuletzt hatte er sich als Prokonsul in Afrika weitere Verdienste erworben.[8] So zeichnete sich Vespasians Verhalten in Judäa denn auch durch Umsicht und Erfolg aus, und mit Hilfe seines Sohnes Titus (auch er ein zukünftiger Kaiser) brachte er den Aufstand unter Kontrolle. Beim Triumphzug seines Oberbefehlshabers konnte Nero allerdings nicht mehr dabeisein, denn als der Feldzug mit der Rückeroberung Jerusalems beendet wurde, war Nero schon tot.

Von Korinth aus löste Nero auch, wie bereits bekannt, das heikle Problem mit Corbulo und den Brüdern Scribonus. Außerdem war er den ganzen Winter damit beschäftigt, gemeinsam mit seinen Mitarbeitern die administrativen Maßnahmen vorzubereiten, die er zum Wohle Griechenlands zu ergreifen gedachte[9].

Aber zweifellos war die Griechenlandreise vor allem eine künstlerische Tournee, und monatelang konnte er die Tatsache vergessen, daß er eigentlich Kaiser war. Im Frühjahr und Sommer nahm er an allen vier panhellenischen Spielen teil: den Olympischen, Pythischen, Isthmischen und Nemeischen Spielen. Ihm zu Gefallen wurden sie alle in einem einzigen Jahr abgehalten. Selbst das Programm wurde geändert. Bei den Olympischen Spielen gab es zum erstenmal musikalische Wettbewerbe, damit Nero als Kitharöde, in seiner besten Disziplin also, auftreten konnte (das war auch der Grund, warum sie später für ungültig erklärt wurden).

Natürlich gewann er bei sämtlichen Spielen und brachte es sage und schreibe auf eintausendachthundertundacht Medaillen. Er besiegte alle berühmten zeitgenössischen Musiker, darunter auch seinen Lehrmeister Terpnus. Er wurde damit *Periodonikes,* wie die Sieger aller vier großen Spiele genannt wurden.

Nero war überglücklich und freute sich wie ein Kind über diesen »Grand Slam«. Das hinderte ihn jedoch nicht daran, die mit den Siegeskränzen verbundenen Geldprämien einzulösen, denn seine Kassen waren leer. Gebannt schauten die Völker des Reiches zu: Der Herr der westlichen Welt war zum Berufskünstler geworden[10].

Nach diesen Triumphen kehrte Nero nach Korinth zurück und legte Hand an ein grandioses Werk, dessen Realisierung er schon lange plante: den Durchstich der Landenge von Korinth. Schon siebenhundert Jahre früher hatte der weise Tyrann von Korinth

Periander mit diesem Projekt geliebäugelt, und auch Caesar und Caligula hatten darüber nachgedacht. Aber es war nie etwas dabei herausgekommen. Nero ließ ägyptische Ingenieure und Geologen nach Korinth kommen, um die Realisierbarkeit des Projekts zu prüfen und den Verlauf des Kanals festzulegen. Um einen schiffbaren Kanal zu schaffen, mußte das Gelände auf einer Länge von sechs Kilometern bis auf eine Tiefe von achtzig Metern ausgehoben werden. Die Vorteile des Vorhabens lagen auf der Hand: Das Umschiffen der Peloponnes würde überflüssig (und damit das Umfahren des heimtückischen Kaps Matapan, das jedes Jahr viele Menschenleben forderte), die Entfernung zum Osten sich erheblich verringern und die Handelsbeziehungen würden davon profitieren.

Trotzdem hatte das Projekt viele Gegner. Sei es aus religiösen Gründen (wenn die Götter an dieser Stelle eine Landenge gewollt hatten und keinen Meeresarm, dann gab es dafür sicher einen Grund)[11], sei es, daß man befürchtete, der Meeresspiegel könne auf beiden Seiten unterschiedlich hoch sein und nach dem Ausheben des Kanals könne sich ein Meer ins andere ergießen, dabei das Festland überfluten und eine Katastrophe heraufbeschwören[12]. Es war keine leichte Entscheidung. Beging man einen Fehler, setzte man seinen Kopf aufs Spiel. Nach dem damaligen Wissensstand der Physik ging Nero davon aus, daß alle Meere auf dem gleichen Niveau lägen[13], und nach letzten Beratungen mit seinen Technikern ließ er mit der Ausführung beginnen. Von Vespasian ließ er sich sechstausend Kriegsgefangene schicken, fügte seine Prätorianer und einige Tausend zur Strafarbeit Verurteilte hinzu, die er aus allen Winkeln des Reiches kommen ließ. Insgesamt waren es zehntausend Arbeitskräfte. Nero tat selbst den ersten Spatenstich, natürlich mit einem goldenen Spaten, »und trug die ausgegrabene Erde in einem Korb auf seinen Schultern weg[14]«.

Die Unredlichkeit gewisser Quellen wird von Cassius Dio sozusagen pantografiert, wenn er behauptet, Nero habe das Projekt

»aus Langeweile« in Angriff genommen[15]. Spätestens seit 64 war die Realisierung großer Bauvorhaben fester Bestandteil von Neros Politik. Der Bau des Kanals von Korinth liegt ganz eindeutig auf dieser Linie, es ist also vollkommen lächerlich, ihn auf eine zufällige Entscheidung, eine Grille oder, schlimmer noch, auf »Langeweile« zurückzuführen. Andere antike Quellen sind da objektiver. Flavius Philostratos hielt dies für Neros wichtigste Entscheidung[16], Philostratos aus Lemnos betonte die zu erwartenden Handelserleichterungen[17], auch Sueton beurteilte das Projekt positiv[18], während Plinius der Ältere, der als Historiker der Naturwissenschaften auf diesem Gebiet über besondere Autorität verfügte, das Vorhaben sogar für notwendig hielt[19].

Mit dem Durchstich wurde im Westen beim Hafen von Lechaion begonnen. Ein Fünftel des Kanals wurde ausgehoben, nach Neros Tod wurden die Arbeiten jedoch eingestellt, und seine Nachfolger ließen das Projekt fallen. Als man achtzehn Jahrhunderte später Ende des neunzehnten Jahrhunderts das Projekt erneut in Angriff nahm, wurden die Arbeiten, die von 1881 bis 1893 dauerten, an der gleichen Stelle wiederaufgenommen, wo auch Nero begonnen hatte, und man gab dem Kanal den Verlauf, den schon Neros hervorragende Techniker dafür vorgesehen hatten.

Mitte November schickte Nero ein Rundschreiben an alle griechischen Städte, damit sich am 28. des Monats möglichst viele griechische Bürger in Korinth versammelten: Er hatte große Dinge zu verkünden. Am 28. November 67 erschien Nero im hoffnungslos überfüllten Stadion von Korinth und erklärte Griechenland für unabhängig. Diese Entscheidung machte Geschichte. In der bisherigen Geschichte des Reiches war es schon vorgekommen, daß hier und da einer Stadt die Unabhängigkeit verliehen wurde, niemals aber einer ganzen Provinz.

Natürlich handelte es sich nicht um eine vollständige Freiheit, denn die Außenpolitik unterstand weiterhin Rom[20], aber es war wohl auch keine leere Geste, denn als Vespasian Kaiser wurde, hatte er nichts Eiligeres zu tun, als sie zu annullieren[21]. Nach der Unabhängigkeitserklärung unterstand Griechenland nicht länger einem römischen Statthalter und brauchte auch keine Abgaben mehr zu zahlen[22]. Aber Neros Geste hatte vor allem große symbolische Bedeutung. Wie heruntergekommen und verarmt Griechenland auch immer sein mochte, es war doch weiterhin das ideelle Zentrum der östlichen Welt, und Neros Maßnahme sanktionierte den Prozeß der soziokulturellen Hellenisierung des Reiches, an der er selbst unermüdlich arbeitete.

Der Text von Neros Rede ist auf einer Bronzetafel erhalten, die man in dem Städtchen Karditsa in Boiotien nordöstlich von Athen gefunden hat. Hier der wichtigste Absatz: »Unerwartet, Männer von Griechenland, ist das Geschenk, das ich euch machen will – mag auch einer Freigebigkeit wie der meinen Unerwartetes fremd sein –, unerwartet und so groß, daß ihr nie hättet hoffen können, darum zu bitten. O hätte ich euch meine Gunst erzeigen können, da Hellas noch in seiner Blüte stand, auf daß sich noch mehr von euch an meiner Gnade freuen könnten! Nicht aus Mitleid indes, allein aus Wohlwollen erweise ich euch nun diese Wohltat, und euren Göttern sei Dank, deren Schutz und Geleit ich allzeit erfahren habe zu Wasser und zu Lande, daß sie mir Gelegenheit geben zu solcher Wohltat. Andere Kaiser haben Städte freigelassen: Nero allein eine ganze Provinz[23].«

Im übrigen mußte Nero feststellen, daß die Griechen untereinander nie gleich waren, nicht einmal in diesem Augenblick (»Ihr wart immer Sklaven einer fremden Macht oder anderer Griechen[24]«). Wollte man nun Hellas wirklich einigen und damit den Traum seiner größten Söhne erfüllen, dann gab es noch viel zu tun. Zu diesem Zweck setzte er eine Versammlung an, zu der Delegierte aller griechischen Städte kommen sollten (außer Sparta, das er wegen seines Militarismus und aus anderen verständlichen Gründen verachtete: Nero selbst war alles andere als »spartanisch«).

Diese Entscheidung rief in Griechenland und der ganzen östlichen Welt großen Enthusiasmus hervor. Auf griechischen Münzen wurde er zum »Befreier Jupiter« proklamiert[25]. Andere Münzen aus Apollonia am Ionischen Meer grüßten den »Schutzherrn Griechenlands[26]«. In Alexandria wurde er mit Apoll, Poseidon und dem Olympischen Jupiter verglichen[27].

Wie Plutarch und Pausanias[28] belegen, wurde das Andenken des andernorts verfluchten Nero von den Griechen stets in Ehren gehalten. Übrigens erzielte Nero diesen beachtlichen diplomatischen Erfolg, der die Treue der östlichen Völker zu ihm und zum Reich festigte, ohne große Kosten. Es war ein Meisterwerk intelligenter Politik, denn die Unabhängigkeit Griechenlands kostete ihn wenig, brachte ihm viel und war gleichzeitig für die Griechen vorteilhaft. »Die Provinz«, schreibt Warmington, »war arm und brachte nur geringe Erträge; für die Griechen aber war die Abgabenfreiheit alles andere als unbedeutend[29].«

So außergewöhnlich gut die Sache im Osten lief, so schlecht standen die Dinge in Rom. Helius hatte Nero wiederholt zur Rückkehr gedrängt. Die Polizeiberichte waren alles andere als beruhigend: Der Adel pflegte seinen dumpfen Groll und genoß aufgrund der andauernden Abwesenheit des Kaisers große Handlungsfreiheit, das Volk war unzufrieden, da die Getreideschiffe nur unregelmäßig kamen, einige waren sogar für den Krieg in Judäa beschlagnahmt worden, und auch unter den Soldaten grassierte die Unzufriedenheit, denn aufgrund des Geldmangels war die öffentliche Hand mit der Zahlung der Gehälter im Rückstand[30].

Aber Nero hatte nicht auf seinen Freigelassenen hören wollen. Er plante sogar, seine Reise noch fortzusetzen und nach Ägypten[31], vielleicht sogar nach Syrien und Armenien zu reisen[32]. Einige Autoren haben die These vertreten, daß Nero die Hauptstadt in den Osten verlegen wollte, möglicherweise nach Alexandria, der zweitgrößten Stadt des Reichs[33], oder doch jedenfalls ein neues politisches Zentrum zu kreieren gedachte und damit lange vor Konstantin die Gründung einer Doppelmonarchie vorweggenommen haben würde[34]. Das ist allerdings ziemlich unwahrscheinlich. »Nero versuchte nicht, die politische Struktur des Reiches zu sprengen, sondern die konservative römische Mentalität«, soweit Cizek[35].

Als Helius in höchstem Maße alarmiert im Januar 68 persönlich nach Griechenland eilte und Nero beschwor zurückzukehren, zögerte dieser jedenfalls nicht länger, hatte es vielmehr plötzlich sogar äußerst eilig. Mitten im Winter stach er trotz Sturms in See, entging um Haaresbreite dem Untergang, ließ den Matrosen die Peitsche geben und schaffte die Überfahrt über die Adria statt der üblichen zwanzig in sieben Tagen. Er landete in Brindisi, fuhr weiter nach Neapel, wo er sich kurz aufhielt, und reiste dann über Antium und Alba Longa nach Rom.

Die Hauptstadt empfing ihn festlich gestimmt, überall, wo er vorbeifuhr, schwenkten jubelnde Bürger Fahnen und Fähnchen. Als er ihnen jetzt nach einjähriger Abwesenheit gegenübertrat, muß dieser Kaiser ihnen seltsam vorgekommen sein: Sein Haar reichte ihm inzwischen bis zum Rücken, er trug ein purpurrotes Gewand und einen funkelnden, sternenbesetzten Mantel, auf dem Kopf einen Kranz aus wilden Olivenzweigen, in der Hand den Siegerlorbeer aus Olympia; dabei stand er gemeinsam mit dem berühmten, von ihm in Griechenland besiegten Kitharöden Diodorus auf einem vergoldeten, von zwei weißen Pferden gezogenen Wagen. Vor ihm marschierten die Augustianer und trugen neben den eintausendachthundertundacht Siegeskränzen Schilder, die die Orte seiner Siege bezeichneten. Es folgten Soldaten, Senatoren und Ritter. Die Menge geriet in Verzückung, brachte ihm Geschenke, verbrannte Weihrauch und klatschte ihm zu: »Salve, Sieger von Olympia! Salve, Sieger von Pythia! Augustus! Augustus! Apoll Nero! Herkules Nero! Einziger Gewinner aller Wettkämpfe! Einziger und höchster Herr! Augustus! Augustus!«

Nero hatte die Absicht, den Feierlichkeiten den Charakter eines militärischen Triumphes zu geben, der eigentlich den siegreichen

Heerführern vorbehalten war. Nur wurde diesmal nicht der Sieg der Waffen, sondern der Sieg der Kunst gefeiert. »Es war tatsächlich eine Leistung, den klassischen blutrünstigen Triumphzug zu friedlichen Zwecken umfunktioniert zu haben«, wie Grant bemerkt [36]. Nero wollte den Wert des traditionellen *triumphus* dadurch weder schmälern noch parodieren, sondern, wie schon zwei Jahre zuvor bei den Feierlichkeiten zu Ehren Tiridates', noch einmal unterstreichen, daß er die friedlichen Siege für ebenso wichtig hielt wie die militärischen [37]. Das war für ihn die Krönung seiner gesamten Politik, eine Botschaft an die Nachkommen, die allerdings zukünftig kein Gehör finden sollte.

Der Zug folgte der bei Triumphzügen üblichen Route, zog über die Via Sacra am Forum vorbei, aber statt zum Kapitol, dem Ziel- und Höhepunkt aller militärischen Triumphe, bog er zum Palatin ab, wo Nero in einem herrlichen Tempel, den er gerade erst hatte errichten lassen, Apoll, dem Gott der Künste, seine Siegeskränze als Opfer darbrachte.

Da er jedoch ohne sie nicht sein konnte, ließ er sie später in sein Schlafzimmer bringen, um sie besser bewundern und sich an ihnen erfreuen zu können [38], aber da sie zu sperrig waren und nicht alle hineinpaßten, ließ er sie schließlich auf dem Obelisken am Circus Maximus anbringen.

Das war seine Apotheose. Darauf folgte dann nur noch der plötzliche, heftige Fall.

9
DAS ENDE

Nach Rom zurückgekehrt, gab sich Nero voll und ganz dem Vergnügen hin und besuchte Theater, Wettbewerbe und Konzerte, deren besonderer Clou fast immer sein Auftritt war. Bei den Wettbewerben, an denen er in dieser letzten Zeit teilnahm, war er sogar hin und wieder bereit, eine Niederlage hinzunehmen. Jetzt wo er Periodonikes war, konnte er sich das schließlich leisten. Jedoch brachte seine Doppelrolle als Kaiser und professioneller Künstler nach und nach sogar seine Anhänger in ernsthafte Verlegenheit und ihn selbst in paradoxe Situationen. So bot ihm zum Beispiel der Prätor Aulus Larcius eine Million Sesterzen, damit er bei ihm zu Hause auftrete[1]. Nero lehnte das Angebot lächelnd ab, Tigellinus aber ließ den unverschämten, unvorsichtigen Larcius vorladen und zwang ihn, die Summe als Preis für sein Leben trotzdem herauszurücken[2].

Obwohl Nero kein Konzert ausließ, verzichtete er trotzdem nicht auf seine Großprojekte. So bereitete er eine Expedition in den Kaukasus vor. Zwei Jahre zuvor hatte er bereits einige Abteilungen des Heeres zur Erforschung des Gebietes ausgeschickt. Jetzt wollte er es besetzen und hatte in Italien, Germanien, Bithynien und an der Donau schon mit der Aushebung von Truppen begonnen. Während seiner gesamten Regierungszeit hatte Nero sich darum bemüht, aus dem Schwarzen Meer ein römisches Binnenmeer zu machen, und die Besetzung des Kaukasus sollte nun dieses Werk vollenden[3]. Darüber hinaus war die Besetzung nur als erste Etappe eines weit ehrgeizigeren Vorhabens gedacht. Nach der Unterwerfung der wilden Stämme im Kaukasus wollte Nero persönlich die Expedition leiten, die das Kaspische Meer umgehen, weit nach Rußland vorstoßen und auf den Spuren Alexanders des Großen, den Nero schamlos zu imitieren gedachte, bis nach China vordringen sollte. Um zu unterstreichen, daß sein Unternehmen dem von Alexander an Wagemut in nichts nachstand, hatte Nero schon ein Korps ausgesuchter Rekruten zusammengestellt und ihm den Namen »Phalanx Alexander der Große« gegeben.

Im Grunde war diese Entscheidung, dem großen Makedonier nachzueifern, ein letzter provokatorischer Akt. Alexander war nämlich bei den römischen Intellektuellen überhaupt nicht beliebt, da sie als gute, etwas engstirnige Pragmatiker lieber konkrete, handfeste Resultate sahen als phantasievolle Höhenflüge. Seneca hielt ihn für beinah verrückt[4], und Lucanus sah in ihm einen unglücklichen Größenwahnsinnigen[5]. Nero hingegen gefiel an Alexander genau das, was die konservativen Intellektuellen so sehr störte: Ihn faszinierten nicht so sehr Alexanders Siege, sondern seine Visionen, sein unstillbares Verlangen, die Grenzen des Unbekannten zu überschreiten. So hatte Neros Vorhaben denn auch, abgesehen von der Absicht, die römische Herrschaft am Schwarzen Meer zu konsolidieren, weniger militärischen Charakter, sondern zielte vielmehr auf die Erforschung unbekannter Gebiete.

Das ganze Vorhaben kam jedoch Mitte März zum Erliegen, als die Nachricht eintraf, daß der junge, erst dreiunddreißigjährige Statthalter von Gallien Iulius Vindex sich erhoben hatte. Nero hielt sich zu diesem Zeitpunkt in Neapel auf und maß der Sache keine große Bedeutung bei. Tatsächlich verfügte Vindex nur über wenige Truppen, und die traditionell nerotreue Provinzhauptstadt Lugdunum (Lyon) hatte sich dem Aufstand des Statthalters nicht angeschlossen. Allerdings hätte ihn zumindest die Tatsache stutzig machen müssen, daß es sich bei dem Rebellen ausgerechnet um Vindex handelte, jenen Vindex, den er selbst ernannt hatte, weil er seinen Mut, seine Hartnäckigkeit und seine Intelligenz schätzte[6]. Doch Nero blieb einfach weitere acht Tage in Neapel, setzte sein normales Leben zwischen Ringkampfschule und Theater fort und kam zu keiner Entscheidung. In einer Botschaft aus Rom betonten Helius und Polyclitus, daß die Lage äußerst ernst sei. Wie viele Kräfte Vindex zur Verfügung habe, sei vollkommen gleichgültig, man müsse vielmehr der nackten Tatsache ins Auge sehen, daß zum erstenmal ein Statthalter offen rebelliert habe. Erst daraufhin schrieb Nero schließlich einen Brief an den Senat, in dem er seine Abwesenheit mit einem Halsleiden entschuldigte und die Curie aufforderte, Vindex zu verurteilen. Dann kehrte er in die Hauptstadt zurück und rief seine persönlichen Ratgeber zusammen. Die Beratung war jedoch sehr kurz, »den Rest des Tages verbrachte er mit der Besichtigung und Prüfung von Wasserorgeln neuester Konstruktion. Er zeigte sogar die einzelnen Teile vor, sprach über Verhältnis und Schwierigkeit des Mechanismus der Instrumente[7]«, gab die Zusicherung, sie nächstens im Theater vorzuführen und fügte ironisch hinzu: »wenn Vindex es erlaubt[8]«.

In der Zwischenzeit war Vindex nicht untätig. In einer Botschaft an Galba, den Statthalter von Hispania Tarraconensis, forderte er diesen auf, sich dem Aufstand anzuschließen, und versprach ihm seine Unterstützung, wenn er bereit sei, sich zum Kaiser ausrufen zu lassen[9].

Den steinreichen, geizigen Senator Servius Sulpicius Galba, der inzwischen dreiundsiebzig Jahre alt war, hatte Nero 60 zum Statthalter in Spanien ernannt, als sein Verhältnis zum Senat noch einigermaßen in Ordnung war. Galba hatte sich auf diesem Posten durch eine Mischung von Grausamkeit und Nachgiebigkeit hervorgetan[10]. Sein Motto war: »Niemand kann wegen seines Nichtstuns zur Rechenschaft gezogen werden[11].« Deshalb war er mit den kaiserlichen Legaten aneinandergeraten und hatte gute Gründe, Neros Zorn zu fürchten, da dieser Faulenzer nicht liebte. Galba war ein farbloser, ängstlicher Typ, und Vindex' Botschaft versetzte ihn in große Angst. Verriet er den Kaiser, riskierte er seinen Kopf, verriet er ihn nicht, riskierte er ihn genauso. Er versuchte Zeit zu gewinnen. Aber der Statthalter von Aquitanien (Südwestfrankreich) forderte ihn in einem Brief auf, ihm gegen Vindex zur Seite zu stehen. Sein Legat Titus Vinius wies Galba zu Recht darauf hin, daß jegliche Diskussion über eine solche Anfrage schon Hochverrat sei: Er müsse sich also auf der Stelle dafür oder dagegen entscheiden. Doch waren es nicht diese stichhaltigen Argumente, die den alten Galba aufrüttelten, sondern die nachdrückliche Aufforderung aus Rom, endlich zu handeln. Die Revolte war zwar von den Provinzen ausgegangen, ihr geistiges Zentrum aber war der Senat in Rom[12]. Diesmal hatte die Aristokratie die Absicht, sich Nero ein für allemal vom Hals zu schaffen.

Unter den modernen Historikern ist lange darüber diskutiert worden, welches nun die tieferen Ursachen für Neros Fall gewesen seien. Unbestritten ist, daß die Senatoren den Kaiser wegen seiner volksfreundlichen Politik haßten, aber das allein hätte nicht ausgereicht, dieser Haß mußte sich mit einer allgemeineren Unzufriedenheit verbinden, um auch den Rest der römischen Gesellschaft erfassen zu können. Einige Autoren glauben, daß Neros Regime an wirtschaftlichen Schwierigkeiten scheiterte[13]. Allerdings ist diese These nicht so recht überzeugend. Zwar ist es richtig, daß die kaiserlichen Kassen wegen Neros Ausgabenpolitik seit 64 unter chronischer Leere litten, aber das Reich insgesamt erfreute sich einer Zeit der Blüte. Außerdem ging die Revolte von Gallien aus, das unter Nero einen außerordentlichen wirtschaftlichen Aufschwung erlebte[14]. Falls es aufgrund momentaner Geldknappheit tatsächlich wirtschaftliche Schwierigkeiten gegeben hat, dann spielten sie nur eine untergeordnete Rolle.

Auch Neros Grausamkeit kann nicht der Grund gewesen sein. Dieses Argument wurde erst nach seinem Tod zum Propagandamittel aufgebauscht. Nero war wesentlich weniger grausam als seine Vorgänger und strafte eine kleine, begrenzte Gruppe von insgesamt vierzig Personen. Diese gehörten jedoch jener Schicht an, die dann seine Biografen hervorbrachte, was sicher zu seinem postum schlechten Ruf entscheidend beitrug[15]. Die gegen die Christen verhängten Strafen mögen uns heute grausam erscheinen, doch für Neros Zeitgenossen waren sie es keineswegs. Warmington schreibt: »Grausamkeit war für die Römer ein relativer Begriff. Damals galt es keineswegs als grausam, wenn rechtmäßig verurteilte Verbrecher gekreuzigt, den wilden Tieren vorgeworfen oder verbrannt wurden. Es war durchaus üblich, daß solche entsetzlichen Strafen gegen Sklaven und Personen ohne Bürgerrecht verhängt wurden[16].« Nero jedenfalls hat übertrieben strenge Strafen stets vermieden, die gegen die Christen verhängten vielleicht ausgenommen.

Am Ende aber war es außer seiner volksfreundlichen Politik vor allem der ungeheure Skandal, den seine Kulturrevolution hervorrief, der Nero zu Fall brachte: sein Versuch, das Reich zu entromanisieren und zu entprovinzialisieren, unter der italischen Bevölkerung die *paideia,* die griechische Erziehung zu verbreiten[17], das Zentrum des Reiches nach Osten zu verlagern und schließlich sich selbst als Künstler zu präsentieren, was im Grunde nur die logische Konsequenz dieser Politik war. Damit hatte er sich zu weit vorgewagt und der damaligen römischen Mentalität zuviel zugemutet, selbst die ihm wohlgesinnten Kreise[18] waren damit überfordert. Sein Sturz und das Scheitern seiner Kulturrevolution fallen zeitlich zusammen. Die von Vindex und Galba in den Tagen der Revolte ausgegebenen Münzen liefern einen deutlichen Hinweis auf die wirklichen Ursachen für Neros Fall: Sie beschwören das »Römische«, sprechen von »Roms Wiedergeburt« und »Roms Restauration«[19].

Am 2. April beschloß Galba endlich, zu handeln. In einer in Cartagena veröffentlichten Proklamation stellte er sich offen gegen Nero und bezeichnete sich selbst als »Vertreter des Senats und des Römischen Volkes«. Mit von der Partie waren sein Legat Titus Vinius, der Quästor von Baetica Aulus Cecina und vor allem Marcus Otho, Statthalter von Lusitanien und Neros alter Freund. Die Treue hingegen hielten ihm auf der Iberischen Halbinsel der Statthalter von Baetica Obultronius Sabinus und dessen

Legat Cornelius Marcellus, den Galba, der später ein wahres Blutbad anrichtete, nach Neros Tod beseitigte[20].

Als die Nachricht von Galbas Proklamation eintraf, wurde Nero ohnmächtig. Als er wieder zu sich kam, sagte er zu seiner alten Amme, die ihn zu trösten versuchte: »Es ist aus mit mir!«[21] Aber dann erholte er sich wieder, improvisierte einige Verse, mit denen er die Anführer der Revolte verspottete, und ging am Abend wie üblich ins Theater, wo er sogar Zeit fand, einem Schauspieler, der ihm besonders gefallen hatte, einen Glückwunschbrief zu schicken.

Erst am nächsten Tag begann er Gegenmaßnahmen einzuleiten. Er ließ Galba vom Senat öffentlich zum Feind erklären und traf die notwendigen militärischen Vorkehrungen. Er unterstellte Petronius Turpillianus und Rubrius Gallus die beiden Legionen, die für den geplanten Kaukasusfeldzug bereits von der Donau und aus Bithynien abgezogen worden waren, sowie die für ihre Ergebenheit gegenüber dem Kaiser berühmte 14. Legion und ließ sie in Norditalien in Stellung bringen. Zur Verteidigung von Lugdunum entsandte er die brandneue Phalanx Alexander der Große. Außerdem wurde am Kap Misenum unter den Seeleuten mit der Aushebung einer weiteren Legion begonnen. Wie bei einem Ausnahmezustand traditionell üblich, übernahm Nero Ende April allein das Konsulat.

So tat er zwar alles Notwendige, aber ihm fehlte die rechte Überzeugung, so daß alles halbherzig blieb. Sonst so energiegeladen, schienen ihn jetzt die Kräfte zu verlassen. Beinah könnte man den Eindruck haben, daß er keine Lust hatte, sich zu verteidigen. Möglicherweise hielt er die schizophrene Situation nicht mehr aus – Kaiser aus Pflicht, Künstler aus Berufung – und hegte im Unterbewußtsein dunkel den Wunsch, sich daraus zu befreien.

Jedenfalls hing sein Schicksal in diesem Augenblick nicht so sehr von seinen eigenen matten Aktionen ab als vielmehr vom Statthalter in Germania superiore. Die einzige größere, aus drei

Legionen bestehende Truppenkonzentration im westlichen Teil des Reiches befand sich nämlich am Rhein und stand unter dem Kommando des hochgeschätzten Lucius Verginius Rufus aus Mediolanum (Mailand), einem der wichtigsten Mitglieder einer Gruppe von illustren Norditalienern. Mit seinen zahlreichen Truppen lag Rufus also den Aufständischen am nächsten, und der Ausgang des Kampfes hing davon ab, wie er sich verhalten würde. Vindex hatte Rufus von Anfang an dazu aufgefordert, sich ihm anzuschließen. Nero hingegen hatte keinerlei Druck ausgeübt. Hätte er an der Loyalität seines Statthalters gezweifelt, so wäre das ein Zeichen von Schwäche gewesen. Als Kommandant der in geografischer Nähe der Aufständischen stationierten Truppen wußte Rufus, daß es seine Pflicht war, gegen Vindex vorzugehen, was er dann, allerdings mit übertriebener Langsamkeit, auch tat. Ende Mai stellte er sich in Vesantius (Besançon) der Schlacht mit Vindex, der zwar zwanzigtausend Mann zusammengebracht hatte, die allerdings bunt zusammengewürfelt waren, so daß Rufus einen leichten Sieg davontrug. Vindex nahm sich das Leben[22]. Als Galba davon erfuhr, schickte er einen verzweifelten Brief an Verginius und beschwor Rufus, sich auf seine Seite zu schlagen. Nachdem er eine heftige Abfuhr erhalten hatte, zog er sich ängstlich auf die Iberische Halbinsel zurück, verschanzte sich mit einer einzigen Legion im abgelegenen Clunia und rechnete mit dem Schlimmsten.[23]

Jetzt hatte Nero die Situation wieder in der Hand. Die Rheintruppen standen hinter ihm. Zu Verginius Rufus hatte sich auch der Kommandant von Germania inferiore Fonteius Capito gesellt. Die Statthalter von Dalmatien und Pannonien hatten öffentlich für Nero Partei ergriffen. Auch die östlichen Provinzen blieben ihm treu. Alle anderen Statthalter hielten sich vorsichtig neutral und warteten auf eine entscheidende Handlung des Kaisers. Möglicherweise hätte es genügt, an der Spitze einer ergebenen Legion gegen Galba zu marschieren; er hätte sicherlich leichtes Spiel gehabt. Aber diese entscheidende Handlung blieb aus. Nero verhielt sich vielmehr so, daß selbst seine Anhänger konsterniert waren. Je mehr Tage vergingen, desto mehr häuften sich Anzeichen von Unsicherheit und beinah selbstmörderischer Apathie. Sein persönliches Verhalten war kaum dazu angetan, Vertrauen einzuflößen[24]. Er liebäugelte damit, sich nach Ägypten zurückzuziehen und von dort aus zu regieren, oder sogar das Reich mit Galba zu teilen. In anderen Augenblicken dachte er daran, alles aufzugeben, denn schließlich, so sagte er, »kann ich doch immer mit der Kunst meinen Lebensunterhalt verdienen«. Ein solches Verhalten entmutigte die ihm Nahestehenden und gab seinen Gegnern Auftrieb. Bei anderer Gelegenheit sagte er, als er auf die Schultern eines Vertrauten gestützt das Speisezimmer verließ, »sobald er nur den Fuß auf gallische Erde gesetzt habe, wolle er unbewaffnet den Heeren entgegentreten und nichts weiter tun, als weinen. Wenn er dann dadurch die Meuterer so weit gebracht hätte, daß sie ihre Taten bereuten, werde er tags darauf fröhlichen Herzens im Kreise fröhlicher Leute die Siegeslieder vortragen, an deren Abfassung er sich schon jetzt machen müsse[25].« Nero hatte den Kontakt zur Realität vollständig verloren. Der Rausch der Griechenlandreise und seine einjährige Abwesenheit von Rom wurden ihm zum Verhängnis.

Alle noch unschlüssigen Statthalter wandten sich nun nach und nach Galba zu, und auch unter den Getreuen wuchs der Zweifel, ob der Kaiser wohl in der Lage sei, der Situation die Stirn zu bieten. Der aufsehenerregendste Fall von Abtrünnigkeit war ausgerechnet Rubrius Gallus, einer der beiden Feldherrn, die Nero gegen Vindex eingesetzt hatte. Er lief jetzt zum Feind über und setzte dadurch auch Turpillianus außer Gefecht, der nun trotz aller Ergebenheit nichts mehr tun konnte, um Nero zu retten.[26]

Inzwischen hatte Nero fast alle gegen sich: Aristokratie, Intellektuelle, Ritter und nennenswerte Teile des Heeres. Nicht unwichtig war sicher auch die Tatsache, daß Nero im Gegensatz zu seinen Vorgängern die Truppen nie besucht, das Schlachtfeld nie betreten hatte und seit seiner rudimentären militärischen Ausbildung, die er in seiner Jugend von Afranius Burrus erhalten hatte, nie wieder eine Waffe angerührt hatte. Bekanntlich hatte er stets die Athletik vorgezogen und die Kampfkünste verschmäht, dem *certamen* vor dem *agon* den Vorzug gegeben.

Auf den Wänden in Rom tauchten beleidigende, spöttische Inschriften auf. Auf dem Scheitel einer für ihn errichteten Statue befestigte man einen Lockenschmuck und eine Inschrift, die besagte, »jetzt endlich sei der wahre Wettkampf da, und er möge endlich sich ergeben«. Ein anderes Graffito lautete: »Selbst die Hähne hat er durch sein Singen aufgeweckt.[27]«

Blieb also nur das Volk. Nero glaubte, bei der Plebs immer noch beliebt zu sein, bei seinen Papieren fand sich denn auch der Entwurf für einen Appell an das Volk. Tatsächlich war er auch beim Volk immer noch beliebt, aber, wie Warmington schreibt, »hatte das Proletariat mehr Gewicht, wenn es gegen, als wenn es für etwas war[28]«.

Trotzdem hätte Nero sich noch aus der Affäre ziehen können – schließlich war Galba, der sich noch in seinem Versteck in Clunia aufhielt, genauso unentschieden und ängstlich wie Nero –, wenn ihn am Ende nicht auch die Prätorianerpräfekten im Stich gelassen hätten.

Tigellinus brachte sich als erster in Sicherheit, er entschuldigte sich mit einer Krankheit und verschwand heimlich aus Rom. Es ist nicht bekannt, ob er Nero aktiv verriet oder ihn nur im entscheidenden Moment im Stich ließ. Wahrscheinlich letzteres, denn Tigellinus war wirklich krank und hatte Krebs.[29] Sicher ist jedenfalls, daß er keinen Finger rührte, um den Kaiser zu retten. Dafür wurde er von Galba belohnt, der ihm das Leben schenkte, obwohl die aufgebrachte Menge lauthals seinen Kopf forderte.[30] Trotzdem nahm er später ein böses Ende. Als Otho Galba aus dem Amt verdrängte, machten alle Jagd auf Tigellinus: Neros Anhänger, weil sie ihm seinen Verrat, Neros Feinde, weil sie ihm seine Verbrechen nicht verziehen. Als man ihn in den Bädern von Sinuessa aufspürte, wo er sich mit seinen Konkubinen vergnügte, schnitt er sich mit einem Rasiermesser die Kehle durch[31]. Nach Tigellinus' Verschwinden lag nun alles in den Händen des zweiten Prätorianerpräfekten Nymphidius Sabinus, der bei Neros Sturz eine entscheidende Rolle spielen und dem schließlich gelingen sollte, was Senat, Heerführer und Statthalter nicht geschafft hatten. Warmington bemerkt, daß »seine Funktion in den Quellen offenbar unterbewertet wird, so als könne man nicht zugeben, daß eine derart niederträchtige Person, die sich zudem später noch den Verrat an Galba zuschulden kommen ließ, über Neros Sturz entschied[32]«. Aber es war schließlich Sabinus, der falsche Gerüchte in Umlauf setzte, um Nero davon zu überzeugen, daß inzwischen das gesamte Heer gegen ihn sei. Er teilte ihm mit, daß man der Loyalität des Verginius Rufus nicht mehr so sicher sein könne, daß auch der Statthalter von Ägypten Tiberius Alexandrus zögere[33] und sogar der getreue Turpillianus ihn verraten habe. Alles gefälscht[34]. Aber da Nero mittlerweile von jeglicher Kommunikation abgeschnitten war, glaubte er diesen Gerüchten. »Nero«, schreibt Tacitus in den Historien, »wurde mehr durch Botschaften und Gerüchte als mit Waffengewalt gestürzt.«[35] Nachdem Sabinus den Kaiser auf diese Art bearbeitet hatte, brachte er ihn dazu, die Domus Aurea zu verlassen und sich in einen Palast bei den Servilianischen Gärten zu begeben. Dort ließ er ihn zurück, eilte mit einigen Senatoren, mit denen er sich bereits einig war, zum Prätorianerlager und verkündete, Nero sei nach Ägypten geflohen. Im Namen Galbas versprach er den Soldaten Geldgeschenke und veranlaßte sie, Galba zum Kaiser auszurufen. Dreißigtausend Sesterzen für jeden Prätorianer, sechstausend für jeden Legionär, das war der Preis für den Verrat, den Galba jedoch nie bezahlte[36].

Als Nero am Morgen des 9. Juni[37] nach kurzer Nachtruhe aufwachte, merkte er sofort, daß etwas nicht in Ordnung war, denn im Palast herrschte eine unnatürliche, unheilverkündende Stille. Die wachhabenden Prätorianer waren verschwunden und hatten mitgenommen, so viel sie tragen konnten, einschließlich der goldenen Kapsel, in der Nero das Gift versteckt hatte. Nur Phaon, Epaphroditus, Neophitus und Sporus waren bei ihm geblieben [38]. Auch Statilia Messalina hatte sich elegant aus dem Staub gemacht [39].

Was die weiteren Ereignisse betrifft, so können wir nur auf Suetons Erzählung zurückgreifen, der sehr dazu neigt, ein möglichst demütigendes, erniedrigendes Bild von Neros letzten Stunden zu zeichnen [40]. Doch da das alles ist, was uns zur Verfügung steht, müssen wir uns notgedrungen daran halten.

Da ihm kein Gift zur Verfügung stand, schickte Nero Boten aus, um den Gladiator Spiculus, seinen alten Saufkumpan, oder den erstbesten herbeizuschaffen, der bereit wäre, ihn zu töten. Da aber niemand anzutreffen war, rief Nero, dem trotz alledem ein Rest von schwarzem Humor, im wahrsten Sinne des Wortes, geblieben war, aus: »Habe ich denn weder Freund noch Feind?«[41]

Phaon bot ihm sein vier Meilen vor der Stadt zwischen Via Salaria und der Via Nomentana gelegenes bescheidenes Landgut [42] an. Zu Pferde machte sich die kleine Gruppe auf den Weg. Nero hatte sich einen verschossenen Mantel übergeworfen und die Sklavenmütze aufgesetzt, die er vor Jahren bei seinen nächtlichen Ausflügen benutzt hatte, um nicht erkannt zu werden. Als er in der Nähe des Prätorianerlagers vorbeikam, hörte er, wie die Soldaten Galba zum Kaiser ausriefen. Aus einer am Straßenrand stehenden Gruppe hörte er jemanden, als er sie eilig vorbeireiten sah, sagen: »Die setzen Nero nach.«[43] Ein ausgedienter Prätorianer hingegen grüßte ihn herzlich, als er ihn erkannte. Beim Hintereingang des Landhauses angekommen, den man gewählt hatte, um nicht aufzufallen, mußte die Gruppe die Pferde zurücklassen und durch Gebüsch und Dornensträucher zu Fuß weitergehen. Phaon breitete seinen Mantel aus, damit Nero, der barfuß war, darauf laufen könne. Die fünf kamen nur langsam voran. Als sie schließlich zu einer kleinen Sandgrube gelangten, bat Phaon Nero, sich einstweilen hier zu verstecken, bis die andern einen Weg gebahnt hätten. Nero weigerte sich und sagte: »Ich will nicht lebendigen Leibes unter die Erde gehen.«[44] Er blieb jedoch eine Weile stehen, dann bahnte er sich zwischen den Dornen einen Weg, zerfetzte dabei Mantel und Haut, und gelangte schließlich auf allen vieren, nur mit einer Tunika bekleidet, in einen Geheimraum, der zum Haus führte. Hier konnte er sich endlich auf ein Lager werfen, das mit einem alten Mantel bedeckt war. Seine Freigelassenen drangen in ihn, damit er seinem Leben auf der Stelle ein Ende mache, um sich der durch Galbas Häscher drohenden schimpflichen Behandlung zu entziehen. Er aber zögerte. Den Verlust der Macht hätte er vielleicht sogar als Befreiung erlebt, doch sterben wollte er nicht. Er phantasierte noch immer über eine Flucht nach Ägypten, wo er von der Bürde des Reiches befreit, von seiner Kunst zu leben gedachte. Seine Freigelassenen konfrontierten ihn jedoch mit der harten Realität: Er mußte sterben.

So befahl er schließlich, vor seinen Augen eine Grube auszuheben, die seinen Körpermaßen angepaßt war, womöglich ein paar Marmorstücke zusammenzustellen, ebenso Wasser und Kleinholz herbeizuschaffen, damit man seiner Leiche sofort die letzte Ehre erweisen könne. Während diese Vorbereitungen ausgeführt wurden, soll er immer wieder ausgerufen haben: »Welch ein Virtuose stirbt in mir!«[45]

Dann brachte ein Bote Phaon die Nachricht, Nero sei vom Senat zum Staatsfeind erklärt worden, und man suche nach ihm, um nach dem Brauch der Vorfahren die Strafe zu vollziehen. Um sich selbst Angst zu machen und den Mut zum Selbstmord zu finden, ließ sich Nero haarklein erklären, worin diese Strafe bestehe. Als er erfuhr, daß »der Mensch dabei nackt mit dem Halse in eine Gabel geschlossen und mit Ruten zu Tode geprügelt werde[46]«, ergriff er den Dolch, prüfte die Schneide, steckte ihn jedoch wieder in die Scheide und sagte, »seine Schicksalsstunde sei noch nicht gekommen[47]«. Da sprengten schon die Reiter heran, denen befohlen war, ihn lebend zu fangen. Als er sie bemerkte, zitierte er in seiner Todesangst den Homerischen Vers:

»Von schnellfüßigen Pferden trifft der Hufschlag mir die Ohren[48].« Dann riß er sich zusammen: »Mit Schimpf und Schande lebe ich! Das schickt sich nicht für Nero, das schickt sich wirklich nicht. In solcher Lage gilt es, besonnen zu sein. Auf, ermanne dich!«[49] Daraufhin ergriff er den Dolch und stieß ihn sich in die Kehle. Blitzschnell eilte Epaphroditus herbei und vollendete den Stoß. In diesem Augenblick stürzte ein Zenturio herein und versuchte, als er den Kaiser sterbend am Boden liegen sah, die Wunde zu verbinden. Nero, der diese Geste mißverstand, röchelte: »Das ist Treue.« Schließlich hauchte er: »Zu spät!«[50] Dann endlich erstarrten die weitaufgerissenen Augen, und der Tod war eingetreten. Nero war dreißig Jahre alt.

ANMERKUNGEN

ANMERKUNGEN ZUR EINFÜHRUNG

1   *Offenbarung des Johannes,* 13, 18.
2   M. Grant, *Nero,* München 1978, S. 214.
3   E. Renan, *Der Antichrist,* Leipzig 1873.
4   Die vollständigste Sueton-Biografie in italienischer Sprache stammt von
    F. Della Corte, *Svetonio, eques romanus,* Florenz 1967.
5   Zu Tacitus vgl. das monumentale Werk von E. Paratore, *Tacito,* Mailand
    1951; A. Michel, *Tacito e il destino dell'Impero,* Turin 1975; außerdem die
    neuere, aber sehr apologetische Biografie von P. Grimal, *Tacito,* Mailand
    1991.
6   Tacitus, *Annalen,* XV, 44.
7   Für einen Überblick über die Nero-Literatur der letzten fünfzig Jahre vgl.
    die bemerkenswerte Arbeit des leider sehr früh verstorbenen Giovanni
    Fusar Imperatore, *Saggio di analisi critica della bibliografia neroniana dal
    1934 al 1975,* Mailand 1978.
8   Zu den antiken Quellen vgl. den Klassiker A. Momigliano, *Osservazioni
    sulle fonti per la storia degli imperatori Gaio, Claudio e Nerone,* in: *Ren-
    diconti dell'Accademia dei Lincei,* VI, Reihe 3, 1932, pp. 193 ff.; M. A.
    Levi, *Nerone e i suoi tempi,* Mailand–Varese 1949, pp. 7–40.
9   Die neueste Ausgabe einer Auswahl dieser Dokumente stammt von
    M. Smallwood, *Documents illustrating the Principates of Gaius, Claudius
    and Nero,* Cambridge 1967. Eine ältere vollständigere Ausgabe erschien ab
    1863 unter dem Titel *Corpus Inscriptionum Latinarum* (CIL), hrsg.
    zunächst von T. Mommsen, später dann von H. Dessau et al. Außerdem
    Inscriptiones Latinae Selectae (ILS), hrsg. von H. Dessau, 1892–1916.
    Zu den Inschriften über die Laufbahn der verschiedenen Personen grundle-
    gend: *Prosopographia Imperi Romani saec.* I, II, III, hrsg. von E. Klebs,
    H. Dessau, P. von Rohden, 1896–1898 (PIR¹); oder die Ausgabe von
    E. Groag und A. Stein, 1933 (PIR²).
10 Tacitus' Voreingenommenheit gegenüber der iulisch-claudischen Dynastie
    (Tiberius, Caligula, Claudius, Nero) ist so groß, daß er es mühelos schafft,
    das Goldene Zeitalter des Römischen Reiches auf eine Anhäufung von
    Verbrechen, Schrecken, Verrücktheiten und Orgien zu reduzieren. Tacitus
    ist kein Historiker, er ist ein Verfasser von Schmähschriften. Diese Ansicht

vertritt u. a. auch der bekannte Latinist E. Paratore, *Un evento clamoroso nella Roma di millenovecento anni fa,* in: *Studi romani,* VII, 1959, p. 488. Zum gleichen Thema schreiben M. Cazenave, R. Auguet in ihrem Buch *Gli imperatori folli,* Como 1990, pp. 147 f.: »Mit Hilfe der Archäologie ist uns der Nachweis gelungen, daß die römischen Historiker unverschämt logen, wenn es ihrer Sache diente, mit anderen Worten, wenn es notwendig war, Leidenschaften, Interessen und Vorurteile der Senatorenkaste in akzeptabler Form zu präsentieren.«

Trotzdem bleibt Tacitus natürlich ein großer Schriftsteller. Gerade bei der Arbeit an dieser Biografie ist mir klargeworden, daß man trotz dem zeitlichen Abstand von zweitausend Jahren und der in der Zwischenzeit erfolgten linguistischen Bereicherung die Dinge häufig nicht besser ausdrücken kann als er. Deshalb habe ich es vorgezogen, im Text viele Zitate aus den *Annalen* zu belassen.

11 Unter Trajan, dreißig Jahre nach Neros Tod, schreibt Dion Chrysostomos: »Noch heute wünschen sich viele, daß er noch lebe. Und tatsächlich glauben viele, daß es so ist.« (*Orationes,* I, 9, 10).

12 Tacitus, *Historien,* II, 8.

13 Sueton, *Cäsarenleben. Nero,* LVII.

14 ibidem.

ANMERKUNGEN ZU KAPITEL 1

1 Tacitus, *Annalen,* XII, 69.

2 Sueton, *Nero,* LI.

3 Daß Nero ein schöner Mann gewesen sei, bestätigt Tacitus indirekt, als er über die falschen Neros spricht, die nach dem Tod des Kaisers auftauchen. Über seinen Kopf sagt er, daß er »Augen und Haare von seltener Schönheit« gehabt habe. Tacitus, *Historien,* IX, 9. Seneca, der im übrigen wegen seines lobenden Getues mit Vorsicht zu genießen ist, schreibt über Nero: »Leuchtend erstrahlt in mildem Glanze sein liebliches Antlitz, und unter wallendem Haar sein wohlgestalteter Nacken.« Seneca, *Apokolokyntosis divi Claudii,* 4.1, 30,31.

4 M. Grant, op. cit., S. 15.

5 Sueton, *Nero,* XXII.

6 ibidem, VII.

7 E. Cizek, *Néron,* Paris 1982, p. 30; S. F. Bonner, *L'educazione nell'antica Roma,* Rom 1986, pp. 254–312.

8 M. A. Levi, *L'impero romano,* Mailand 1967, p. 253.

9 Tacitus, *Annalen,* XI, 27.

10 ibidem, XII, 6.
11 ibidem, XII, 7.
12 ibidem, XII, 27.
13 ibidem, XII, 41.
14 ibidem, XII, 42.
15 Am Tag nach Claudius' Tod brachte Seneca die Schmähschrift *Apokolo-kyntosis divi Claudii* (Die Verkürbissung des Kaisers Claudius) in Umlauf, die sich stark sarkastisch über den eben verstorbenen Kaiser äußerte (vgl. Kap. 2, S. 40). Wie schreibgewandt er auch gewesen sein mag, es ist kaum möglich, daß er das Büchlein in einer Nacht verfaßt hat (außerdem war er schon mit der Antrittsrede des jungen Nero beschäftigt). Offensichtlich arbeitete er schon eine ganze Weile daran, spätestens seit Agrippina ihn in ihr Vorhaben eingeweiht hatte oder er ahnte, was sie vorhatte. Wie Treves richtig bemerkt, hat Seneca in seiner Funktion als Philosoph oder Minister nie einen moralischen Unterschied gemacht zwischen dem Verhalten desjenigen, der um die Vorbereitung eines Verbrechens wußte und es nicht verhinderte, und dem eines unmittelbar Beteiligten. P. Treves, *Il giorno della morte di Seneca*, in: *Studia florentina Alexandro Ronconi sexagenario oblata*, Rom 1970, pp. 515 f. Auf jeden Fall »deckte« Seneca Agrippinas Verbrechen.
16 Alle Quellen stimmen darin überein, daß der Mord vor Nero verheimlicht wurde.

ANMERKUNGEN ZU KAPITEL 2

1 Tacitus, *Annalen*, XIII, 2.
2 G. Fusar Imperatore, op. cit., p. 39.
3 L. Herrmann, *La genèse du senatus consultum Silanianum*, in: *Archives d'histoires du droit oriental*, I, 1952, pp. 495–499; R. Waltz, *La vie politique de Seneca*, Paris 1909, pp. 300 ff.
4 Tacitus nennt für die Ermordung des Pedanius das Jahr 61 (*Annalen*, XIV, 42), L. Herrmann hat jedoch durch viele Argumente belegt, daß sie 57 stattfand. L. Herrmann, op. cit., pp. 495–505.
5 M. Grant, op. cit., S. 89.
6 Tacitus, *Annalen*, XIV, 44.
7 Auch hier spürt man den Einfluß Senecas, der gleichfalls spanischer Herkunft und mit Pedanius eng befreundet war.
8 Tacitus, *Annalen*, XIV, 45.
9 ibidem, XIII, 32.
10 M. Grant, op. cit. S. 93.

11 B. H. Warmington, *Nerone realtà e leggenda*, Bari 1973, p. 38 f.

12 Tacitus, *Annalen,* XVI, 27.

13 ibidem.

14 B. H. Warmington, op. cit., p. 40.

15 ibidem, p. 38.

16 G. Fusar Imperatore, op. cit., p. 96.

17 Ein Siegel, das auf einer Amphore in Carnatum gefunden wurde, bezeichnet Phaon als »Freigelassenen des Kaisers und Chef der Finanzen«, CIL,
111, 14; 112, 2.

18 E. Cizek, op. cit., pp. 206 f.

19 Die Ritter bildeten die mittlere Klasse zwischen Senatoren und Plebs. Wer
400 000 Sesterzen besaß, wurde Ritter. Gewöhnlich waren die Ritter Ge-
schäftsleute, Kaufleute, Geldverleiher, Staatspächter (Steuerpächter), aber
auch Berufsoffiziere und kaiserliche Funktionäre. Sie waren eine sehr aktive Schicht und könnten vielleicht als Bürgertum jener Zeit bezeichnet
werden. Weil sie so aktiv waren, fanden sie bei Nero Gefallen, mit Ausnahme der Steuerpächter, gegen deren Übergriffe er strenge Maßnahmen
traf. E. Cizek, op. cit., p. 284.

20 Zu den Freigelassenen Neros und zum Verwaltungsaufbau im allgemeinen:
vgl. E. Cizek, op. cit., pp. 202–210 und M. Grant, op. cit., S. 40–45.

21 E. Cizek, op. cit., p. 210. Einigen Autoren zufolge ist die Tatsache, daß
Phaon und Epaphroditus überlebten, ein sicheres Anzeichen für ihren Verrat an Nero. Obwohl sie in seinen letzten Stunden bei ihm waren, sollen sie
dem Prätorianerpräfekten Nymphidius Sabinus, der zu Galba übergelaufen
war, den Zufluchtsort des Kaisers verraten haben.

22 M. A. Levi, *L'impero romano,* p. 278.

23 Cassius Dio, *Storia romana,* 61, 92.

24 Tacitus, *Annalen,* XIII, 42.

25 ebd., XIII, 43.

26 Seneca, *Die Verkürbissung des Kaisers Claudius,* 4, 1, 13; 14, 17–25.

27 V. Alfieri, *Del principe e delle lettere,* L. Russo (Hg.), Florenz 1943,
p. 417.

28 In den gleichen Widerspruch verfällt auch ein Mann wie Diderot, der
Seneca auf Kosten Neros idealisiert. D. Diderot, *Essai sur les règnes de
Claude et de Néron,* 1775.

29 Die demokratische Politik Neros im Sinn einer Politik im Interesse des
Volkes, folgt einer die gesamte römische Geschichte durchziehenden Linie,
die mit Catilina beginnt und über Caesar und Mark Anton bis zu Caligula
und Nero reicht.

30 Diese Auffassung vertreten u. a. M. A. Levi, *Nerone e i suoi tempi,* pp.
119 f.; G. G. Belloni, *Monete da Agusto a Traiano,* in: *Aufstieg und Nie-*

dergang der Römischen Welt, Berlin/New York 1974, 11,1, pp. 1048–1052.

31 Nach der originellen Definition von Mary Thornton hatten die Münzen im Römischen Reich die gleiche Funktion wie heute Zeitungen und Fernsehen. M. Thorntan, *Nero's New Deal,* in: *Transactions and proceedings of the American Philological Association,* 102, 1971, p. 623.

32 M. A. Levi, *L'impero romano,* p. 265.

33 Tacitus, *Annalen,* XIII, 5.

34 Sueton, *Nero,* XV.

35 B. H. Warmington, op. cit., p. 84.

36 ibidem, p. 85.

37 Tacitus, *Annalen,* XIII, 31.

38 *Orientis Graecis Inscriptiones Selectae* (OGIS), 538, Dittemberger (Hrsg.), 1903–1905.

39 E. Cizek, op. cit., pp. 294 f.

40 Tacitus, *Annalen,* XIV, 27.

41 A. Garzetti, *L'Impero da Tiberio agli Antonini,* Bologna 1960, p. 159. A. Momigliano, *Nerone,* in: *Cambridge ancient History,* X, 1934, cap. XXII, pp. 709 ff. Vor allem die Untersuchungen von Levi und Cizek haben die Bedeutung Senecas drastisch eingeschränkt. Vgl. M. A. Levi, *Nerone e i suoi tempi,* und *L'impero romano;* E. Cizek, op. cit.

42 Cassius Dio, 61,4,1.

43 M. A. Levi, *L'impero romano,* p. 258.

44 vgl. S. 31–34.

45 B. H. Warmington, op. cit., p. 43.

46 M. Griffin, *Seneca. A philosopher in politics,* Oxford 1976, p. 87.

47 Aurelio Vittore, *Liber de Caesaribus,* 5, 2; Pseudo Aurelio Vittore, Epitome de Caesaribus, 5, 1–5.

48 M. A. Levi, *L'impero romano,* p. 265.

49 O. Murray, *The »Quinquennium Neronis« and the stoics,* in: *Historia,* 14, 1965; A. Momigliano, *Nerone,* op. cit., p. 706; M. A. Levi, *L'impero romano,* p. 265. Alle diese Autoren beziehen sich auf den Klassiker von S. C. Anderson, *Traian on the Quinquennium Neronis,* in: *Journal of Roman Studies,* 1, 1911, pp. 173 ff.

50 M. A. Levi, *L'impero romano,* p. 265.

51 E. Cizek, op. cit. p. 281.

52 ibidem, p. 299.

53 P. Vandenberg, *Nerone,* Mailand 1984, p. 168; M. Grant, op. cit., S. 90; beide beziehen sich auf Iustinian, *Digesten,* 1,12.

54 M. Sadek, *On the billow output of the Alexandrian Mint under Nero,* in: *Phoenix,* 20, 1966, pp. 131–147. Aus dieser Untersuchung geht hervor, daß die Produktion der Münze in Alexandria, der wichtigsten des Reiches,

während der ersten acht Jahre von Neros Herrschaft beschränkt war. Seit 63 hingegen verfolgt Nero eine Politik der gemäßigten Inflation, die im Zusammenhang steht mit seiner enormen Bautätigkeit, die er zum Abbau von Arbeitslosigkeit und Unterbeschäftigung eingeleitet hatte.

55 M. A. Levi, *L'impero romano,* p. 270.

56 ibidem, pp. 270 f.

57 die angeblich unter der Konkurrenz außeritalischer Landwirtschaftsprodukte stark gelitten hätten.

58 M. A. Levi, *L'impero romano,* pp. 271 f.

59 Tacitus, *Annalen,* XIII, 50.

60 ibidem.

61 G. Fusar Imperatore, op. cit., p. 101.

62 Tacitus, *Annalen,* XIII, 51. Laut Clementina Gatti war das die eigentliche Absicht Neros. Mit dem Vorschlag, die indirekten Steuern abzuschaffen, habe Nero nur geblufft, um die Senatoren für die genauso unbeliebten, aber weniger wichtigen Maßnahmen weichzuklopfen. C. Gatti, *Nerone e il progetto di riforma tributaria del 58 d.C.,* in: *La parola al passato,* XXX, 1975, pp. 41–47.

63 Tacitus, *Annalen,* XIII, 51.

64 Auch wenn er sich nicht offen äußerte, war der Philosoph gegen die Abschaffung der indirekten Steuern. C. Gatti, op. cit., p. 47.

65 Außerhalb des Reiches wurde die Abwertung nur teilweise akzeptiert. In Indien nahm man ab diesem Zeitpunkt lieber Gold- als Silbermünzen, weil ihr Abwertungsgrad geringer war. M. Thornton, op. cit., p. 625; S. Bolin, *State and currency in the Roman Empire to 300 A.D.,* Stockholm 1958, p. 78.

66 ibidem, pp. 59–62, 183 f., 197 f.

67 M. Thornton, op. cit., p. 634.

68 G. Gianelli, S. Mazarino, *Trattato di Storia Romana,* II, Rom 1956, pp. 146–148.

69 Nach der Theorie von Keynes beschäftigen staatliche Aufträge in Zeiten der Stagnation Arbeitslose, verändern die Einkommensverteilung, schaffen neue Nachfrage und reaktivieren die Wirtschaft.

70 M. Thornton, op. cit., p. 629.

71 G. Fusar Imperatore, op. cit., p. 105.

72 M. Cazenave, R. Auget, op. cit.

73 Tacitus, *Annalen,* XV, 74.

74 Sueton, *Nero,* X.

75 B. H. Warmington, op. cit., p. 100.

76 ibidem.

1   Sueton, *Nero,* XVIII.
2   Tacitus, *Annalen,* XIII, 51.
3   E. Cizek, op. cit., p. 321.
4   M. Grant, op. cit., S. 93.
5   entsprach ungefähr dem heutigen Sussex.
6   E. Stevens, *The Will of Q. Veranius,* in: *Classical Review,* I, 1951, pp. 4–7.
7   Der griechische Schriftsteller Onasandrus widmete ihm einen umfangrei-
    chen Aufsatz über die Kunst der Kriegführung. M. Grant, op. cit., S. 95.
8   ibidem, S. 97.
9   Tacitus, *Historien,* IV, 54.
10 Cassius Dio, 52, 2,1.
11 M. Grant, op. cit., S. 99.
12 Wo die Schlacht stattfand, ist nicht belegt. Grant gibt Atherstone im War-
    wickshire an. M. Grant, op. cit., S. 101.
13 M. A. Levi, *Nerone e i suoi tempi,* pp. 190 f.
14 M. Grant, op. cit., S. 57.
15 M. A. Levi, *L'impero romano,* p. 286.
16 Tacitus, *Annalen,* XV, 3.
17 ibidem, XIII, 9.
18 B. H. Warmington, op. cit., p. 127.
19 Tacitus, *Annalen,* XV, 25.
20 M. Grant, op. cit., S. 105.
21 M. A. Levi, *L'impero romano,* p. 296.
22 Ein Priester des Zarathustra durfte nicht länger als 24 Stunden auf dem
    Meer bleiben.
23 M. A. Levi, *L'impero romano,* p. 298.
24 ibidem.
25 Einige Autoren behaupten, das Treffen habe in Neapel stattgefunden.
    M. Grant, op. cit., S. 187; B. H. Warmington, op. cit., p. 131.
26 Cassius Dio, 63, 5.
27 ibidem.
28 Vgl. E. Cizek, op. cit., bes. Kap. 4 über den »Neronismus« (p. 121–172).
29 Tacitus, *Annalen,* XV, 46.
30 E. Cizek, op. cit., p. 329.
31 Seneca, *Naturwissenschaftliche Untersuchungen,* VI, 8; Plinius der Ältere,
    Naturgeschichte, VI, 181 ff.
32 M. Grant, op. cit., S. 115; B. H. Warmington, op. cit., p. 42.
33 M. Grant, op. cit., S. 113.
34 M. A. Levi, *L'impero romano,* p. 301; Zum geplanten Kaukasusfeldzug

und dessen Ziele vgl. B. W. Henderson, *The life and principate of Emperor Nero*, London 1905, pp. 226 ff.

35 A. Bruhl, *Le souvenir d'Alexandre le Grand et les Romains*, in: *Melanges d'Archéologie et d'Histoire de l'École Française de Rome*, 48, 1930, pp. 207–211.

36 M. Grant, op. cit., S. 9.

37 B. H. Warmington, op. cit., p. 217.

38 Sueton, *Nero*, XII; A. Maiuri, *Dell'opposizione ai ludi gladiatori*, in: *Atene e Roma*, 2, 1952, pp. 45–48.

39 M. Grant, op. cit., S. 56; Calpurnius Siculus, *Bucoliche*, VII, 66; III, 57; VII, 135 ff.

40 P. Vandenberg, op. cit., p. 131.

41 Sueton, *Nero*, XXXIX.

42 ibidem.

43 ibidem.

44 Auch der katholische Schriftsteller Emilio Radius, der keineswegs zart mit Nero umspringt, schreibt: Was die populäre Satire, die Pasquillen angeht, war er toleranter als seine Vorgänger. Er ließ die Dinge laufen und amüsierte sich über die Antinerogeschichtchen, die er sich erzählen ließ. E. Radius, *L'incendio di Roma*, Mailand 1962, p. 162.

45 Tacitus, *Annalen*, XIV, 49; H. Warmington, op. cit., p. 182.

46 Sueton, *Nero*, XXXIX.

47 Der Senat konnte den Fall wegen Befangenheit, wie wir heute sagen würden, nicht behandeln, da die Mitglieder der Kurie selbst betroffen waren.

48 Tacitus, *Annalen*, XIV, 50.

49 E. Cizek, op. cit., p. 49; Sueton, *Nero*, XXXI.

50 Tacitus, *Annalen*, XVI, 1,2,3.

51 D. Diderot, op. cit.

ANMERKUNGEN ZU KAPITEL 4

1 So z. B. E. Cizek, op. cit., p. 362. Für eine erschöpfende Behandlung des »Neronismus« vgl. pp. 121–172.

2 Tacitus, *Annalen*, XIV, 20.

3 ibidem.

4 M. A. Levi, *Nerone e i suoi tempi*, pp. 125 f.

5 Sueton, *Nero*, XX.

6 Das Interesse für die Musik kommt zweifellos aus Griechenland. Pythagoras machte als erster wissenschaftliche Untersuchungen über den Klang und gab ihm eine mathematische Valenz. In der hellenistischen Kultur war

die Musik von so zentraler Bedeutung, daß Nietzsche sogar behauptete, daß für die Griechen »die Kultur von der Musik abhängig war«. F. Nietzsche, *Fragmente aus dem Nachlaß*; allgemeiner: *Die Geburt der Tragödie aus dem Geiste der Musik,* Zürich 1974, S. 95–199. Die Aktivität Neros als Sänger, Lyraspieler und Musiker muß in diesem Zusammenhang gesehen werden. Für die römischen Konservativen ist die Musik hingegen mehr oder weniger eine »degenerierte Kunst«. Vgl. Tacitus (weiter oben, S. 84).

7   Cassius Dio, 61, 19, 2–3.
8   M. Grant, op. cit., S. 96.
9   Tacitus, *Annalen,* XIV, 15.
10 ibidem.
11 M. Grant, op. cit., S. 86.
12 Tacitus, *Annalen,* XIV, 21.
13 Sueton, *Nero,* XXII.
14 Tacitus, *Annalen,* XVI, 4.
15 ibidem.
16 Sueton, *Nero,* XXI.
17 ibidem, XVI.
18 Tacitus, *Annalen,* XIII, 24.
19 Als »Singnutte auf fremden Bühnen« bezeichnet ihn unter anderm Juvenal, *Satiren,* VII, Verse 222 ff.
20 E. Cizek, op. cit., p. 361.
21 Tacitus, *Annalen,* XIV, 20.
22 E. Cizek, op. cit., p. 361.
23 Das Urteil von Musonius findet sich in der Operette *Nerone, o dello scavo dell'istmo,* im *Corpus Lucianeum* (Lukianos aus Samosata), allgemein dem Philostratos (Philostratos von Lemnos) zugeschrieben.
24 M. Grant, op. cit., S. 81.
25 C. Morelli, *Nero poeta e i poeti attorno a Nerone,* in: *Athenaeum,* 1914, p. 147.
26 Vgl. auch H. Bardon, *Les poésies de Néron,* in: *Revue des études latines,* XIV, 1963, p. 341.
27 Persius, *Satiren,* I, Verse 93–102.
28 Tacitus, *Annalen,* XIV, 16.
29 Sueton, *Nero,* LII.
30 Für gut halten die Gedichte Neros u. a. H. Bardon, op. cit., pp. 337–349; M. P. Charlesworth, *Nero: some aspects,* in: *Journal of Roman Studies,* 40, 1950, pp. 69 f.; G. Ch. Picard, *Auguste e Néron,* Paris 1962, pp. 145–151.
31 Es existierte eine Sammlung von Neros Werken mit dem Titel *Dominicus.*
32 H. Bardon, op. cit., p. 347.

33   Bardon ist anderer Meinung, hält sie für authentisch und gut. H. Bardon,
     op. cit., pp. 341–343.
34   Seneca, *Naturwissenschaftliche Untersuchungen*, I,5,6; 6,8,3.
35   Martial, *Epigramme*, VIII, 70.
36   M. Grant, op. cit., S. 76.
37   H. Bardon, op. cit., pp. 343–349.
38   M. Grant, op. cit., S. 74.
39   ibidem, 72.
40   Tacitus, *Annalen*, XIV, 14.
41   Sueton, *Nero*, XXII.
42   P. Vandenberg, op. cit., p. 124.
43   ibidem, pp. 124 f.
44   Tacitus, *Annalen*, XVI, 4.
45   ibidem, XVI, 5; Sueton, *Vespasian*, IV.
46   Vgl. den Kommentar von G. Vitucci zu Flavius Josephus, *La guerra giu-
     daica*, Mailand 1991, p. 553.
47   Sueton, *Nero*, X.
48   ibidem, XX.
49   M. Cazenave, R. Auguet, op. cit., p. 131.
50   So interpretiert es E. Radius, op. cit., p. 91. Die Leichtigkeit im Umgang
     mit dem Volk hatte er wahrscheinlich von seinem Großvater Germanicus,
     der das Volk mitzureißen verstand und sehr beliebt war. Außerdem schrieb
     Germanicus, der große Feldherr unter Tiberius, Komödien und war ein
     guter Dichter.
51   G. Ch. Picard, op. cit., pp. 145–151.
52   Tacitus, *Annalen*, XV, 52.
53   ibidem, XIII, 25.
54   E. Cizek, op. cit., p. 33; Cassius Dio, 61,9,3.
55   Sueton, *Nero*, XX.
56   E. Cizek, op. cit., p. 45.
57   Servius, *Kommentar zu Vergils Gedichten, Aeneis,* V, 770.
58   M. Grant, op. cit., S. 73.
59   Sueton, *Nero*, XXVI.
60   ibidem, XLI.
61   Martial, *Epigramme*, VII, 34.
62   Philostratos, *Das Leben des Apollonios von Tyana*, IV, 42.
63   ibidem.
64   Sueton, *Nero*, XXIX.
65   Petronius, *Satirikon*, 132.
66   Tacitus, *Annalen*, XIV, 22.
67   ibidem, XIV, 47.

68 ibidem.

69 R. S. Rogers, *Heirs and rivals to Nero*, in: *Transactions and proceedings of the American Philological Association*, 86, 1955, pp. 193–195.

70 Tacitus, *Annalen*, XIV, 47.

71 H. Bardon, op. cit., pp. 22 f.

72 Tiberius Claudius Spiculus, der berühmteste Gladiator jener Zeit, war ein intimer Freund von Nero und seiner Leibwache. CIL, X, 6690.

73 Cassius Dio, 43, 15.

74 Martial, *Epigramme*, VIII, 70.

75 *Antologia Palatina*, 9, 572.

76 Nach Tacitus beliefen sich die Geschenke Neros an Private auf 2,2 Mrd. Sesterzen. Tacitus, *Historien*, I, 20.

77 Sueton, *Nero*, XXX.

78 Plutarch, *Galba und Otho*, 9.

79 M. Grant, op. cit., S. 164.

80 Vgl. Kap. 2, S. 231, Anm. 55.

81 Vgl. Kap. 2, S. 52 ff..

82 Sueton, *Otho*, II.

83 ibidem.

84 B. H. Warmington, op. cit., p. 65.

85 Sueton, *Nero*, XXXIV.

86 F. Giancotti, *Seneca antagonista di Agrippina*, in: *Rendiconti dell'Accademia dei Lincei*, VIII, serie 8, 1953, pp. 252 f.

87 Tacitus, *Annalen*, XIII, 13.

88 Sueton, *Nero*, L.

89 R. Verdière, *A verser au dossier sexuel de Néron*, in: *La parola al passato*, XXX, 1975, p. 7.

90 Außer Verdière E. Cizek, op. cit., pp. 40 und 66; K. R. Bradley, *Suetonius' Life of Nero, an historical commentary*, Brüssel 1978, pp. 160–164. Jedenfalls konnte niemand, nicht einmal ein Kaiser, die Vergewaltigung einer Vestalin erlauben, ohne einen großen Skandal zu erregen, während Sueton die Vergewaltigung der Rubria so nebenbei erwähnt, wie eine Sache ohne jede Konsequenz.

91 M. Grant, op. cit., S. 31.

92 Tacitus, *Annalen*, XVI, 19.

93 Das kann deutlich aus einem Absatz bei Tacitus abgeleitet werden, in dem Nero nach Erhalt des Dossiers sagt, »er verstehe nicht, wie sie von seinen Nächten erfahren hätten«, was keinen Sinn ergäbe, wenn Petronius dabeigewesen wäre. Ibidem, XVI, 20.

94 ibidem.

95 Sueton, *Nero*, XXIX.

96 ibidem.

97 Vgl. J. Colin, *Juvénal et le marriage mystique de Gracchus* (Juv., *Sat.*, II, 117–142), in: *Atti dell'Accademia delle Scienze di Torino, classe di Scienze Morali, Storiche e Filologiche,* 90, 1955/6, pp. 72–79.

98 Tacitus, *Annalen,* XV, 37.

99 Sueton, *Nero,* XXIX.

100 ibidem, XXVIII.

101 E. Cizek, op. cit., pp. 41 f.

102 »Griechische Liebe« sagt man noch heute zu päderastischen Liebesbeziehungen.

103 Cassius Dio, 61, 10, 4–5.

104 E. Cizek, op. cit., p. 34.

105 Plinius der Ältere, *Naturgeschichte,* XXXI, 40.

ANMERKUNGEN ZU KAPITEL 5

1   Vgl. u. a. E. Paratore, *Un evento clamoroso nella Roma di millenovecento anni fa,* p. 488.

2   Tacitus, *Annalen,* XIII, 14.

3   ibidem, XIII, 16.

4   Dieses Thema wird von Racine in seinem *Britannicus,* V, 5, wiederaufgenommen.

5   E. Paratore, *Tacitus,* pp. 83 f. und 792.

6   Zu dieser komplexen Frage vgl. S. 144.

7   Vgl. E. Volterra, *Istituzioni di diritto privato romano,* Rom 1960, pp. 74, 113, 114. In der Frühzeit wurde die Erreichung der Pubertät bzw. der Volljährigkeit durch körperliche Untersuchung festgestellt. Ibidem, p. 91.

8   Tacitus, *Annalen,* XIII, 21.

9   M. Grant, op. cit., S. 37.

10 G. Roux, *Néron,* Paris 1962. Auch ich habe diese Aussage am Toxikologischen Zentrum Niguarda Ca' Granda in Mailand überprüfen lassen: Die Behauptung von Roux ist zutreffend.

11 Tacitus, *Annalen,* XIII, 10.

12 In diesem Sinne E. Paratore, *Tacito,* pp. 84, 99; *Un evento clamoroso nella Roma di millenovecento anni fa,* p. 504; M. Grant, op. cit., S. 37; E. Cizek, *L'époque de Néron et ses controverses idéologiques,* Leida 1972, pp. 39, 89; G. Roux, op. cit.; A. Weigall, *Néron,* Paris 1931.

13 E. Paratore, *Un evento clamoroso nella Roma di millenovecento anni fa,* p. 504.

14 M. A. Levi, *Nerone e i suoi tempi*, p.10; E. Paratore, *Un evento clamoroso
    nella Roma di millenovecento anni fa,* p. 504.

15 M. Grant, op. cit., S. 28.

16 Tacitus, *Annalen,* XIII, 1.

17 ibidem, XIII, 4.

18 A. Momigliano, *Nerone,* pp. 707 ff.

19 Tacitus, *Annalen,* XIII, 18.

20 Nicht zu verwechseln mit der anderen Domitia (Domitia Lepida), die
    Agrippina nach ihrer Hochzeit mit Claudius hatte ermorden lassen.

21 Tacitus, *Annalen,* XIII, 19.

22 ibidem, XIII, 21.

23 ILS, 229.

24 Tacitus, *Annalen,* XIV, 3.

25 ibidem, XIV, 2.

26 ibidem, XIV, 3.

27 Die von Tacitus und einigen modernen Autoren vertretene These, Nero
    habe die Mutter umbringen lassen, um Poppaea heiraten zu können, ist
    nicht haltbar. Es ist vor allem höchst zweifelhaft, ob Nero zur Zeit der Er-
    mordung Agrippinas Poppaea überhaupt schon gekannt hat. Entscheidend
    ist jedoch, daß er sie erst im Jahr 62 heiratete, also drei Jahre nach dem
    Muttermord.

28 An der Tatsache, daß Seneca als Komplize an der Ermordung Agrippinas
    beteiligt war, besteht kein Zweifel. Auch Tacitus erwähnt das ganz expli-
    zit. Cassius Dio behauptet sogar, daß Seneca den zögernden Nero dazu
    getrieben habe. Dafür spricht im übrigen auch das gesamte Verhalten
    Senecas. Selbst Pierre Grimal, der Seneca auf der ganzen Linie verteidigt,
    kann nicht umhin, zuzugeben, daß Seneca bei Agrippinas Ermordung eine
    entscheidende Rolle spielte. Trotzdem verteidigt Grimal Seneca, dem er
    im Gegensatz zu Nero zubilligt, aus Staatsraison gehandelt zu haben. Eine
    höchst eigenwillige Theorie. P. Grimal, *Seneca,* Mailand 1992, pp.
    113–115.

29 M. Grant, op. cit., S. 63.

30 Tacitus, *Annalen,* XIV, 4.

31 ibidem, XIV, 5.

32 ibidem.

33 ibidem, XIV, 7.

34 ibidem, XIV, 8.

35 Nach Tacitus soll Agrippina dem Meuchelmörder den Schoß entgegenge-
    halten haben mit den Worten: »Den Leib triff!« (*Annalen,* XIV, 8). Das läßt
    zwei Interpretationen zu: Entweder wollte sie wegen ihrer Laszivität be-
    straft werden, oder weil sie ein »Monster« wie Nero zur Welt gebracht

hatte. Die erste Variante ist nicht besonders überzeugend, denn Agrippina
war nie besonders unzüchtig, sondern hatte Sex nur zu Machtzwecken kalt-
blütig eingesetzt. Aber auch die zweite Version läßt zu wünschen übrig. Sie
steht im Gegensatz zu der Antwort, die Agrippina einem Wahrsager gegeben haben soll, als dieser ihr prophezeite, daß ihr Sohn sie umbringen
werde, wenn er erst Kaiser sei: »Soll er mich doch töten, wenn er nur
herrscht!« Vielleicht ist auch dieser Ausspruch nur eine Legende (wie
»Triff den Leib!«), er entspräche aber wesentlich mehr der ungewöhnlichen
Persönlichkeit Agrippinas: Wenn schon nicht sie die Welt beherrschen
konnte, dann sollte es wenigstens ihr Sohn tun.

36 Tacitus, *Annalen,* XIV, 10.
37 R. S. Rogers, op. cit., p. 202.
38 Sueton behauptet, Nero habe die Tante ermorden lassen, um in den Besitz
    des Erbes zu kommen (*Nero,* XXXIV). Eine offensichtlich völlig absurde
    Anschuldigung. Domitia war alt und krank, dem Tode nahe, welchen Sinn
    hätte es da gehabt, sie zu ermorden?
39 Sueton, *Nero,* XXXIV.
40 M. Grant, op. cit., S. 125 f.
41 Tacitus, *Annalen,* XIII, 45.
42 Anomym, *Octavia,* Vers 699 ff.
43 Der Prätörianerpräfekt, der im Jahr 51 von Agrippina zugunsten von Bur-
    rus abgesetzt wurde.
44 Sueton, *Otho,* III.
45 Tacitus, *Annalen,* XIII, 46.
46 Sueton, *Nero,* XXXV.
47 Sueton, *Otho,* III.
48 Mit entsprechenden Methoden hat man ausgerechnet, daß Poppaea schon
    vor der Verstoßung Octavias schwanger war und beide Liebenden davon
    wußten. Vgl. R. S. Rogers, op. cit., p. 192.
49 M. Grant, op. cit., S. 121.
50 Tacitus, *Annalen,* XIV, 60.
51 R. S. Rogers, op. cit., p. 205.
52 Tacitus, *Annalen,* XIV, 61.
53 ibidem, XIV, 63.
54 Im Jahr 64 empfing die Kaiserin den jüdischen Historiker Flavius Jo-
    sephus, der die Freilassung einiger von den römischen Behörden gefan-
    gengenommener Rabbiner erreichte. Flavius Josephus, *De vita sua,* 3,
    13, 16.
55 Plinius der Ältere, *Naturgeschichte,* XXXVII, 50.
56 Die Römer waren keine Sexisten. Obwohl von den öffentlichen Ämtern
    ausgeschlossen, waren die Frauen nicht auf häusliche Dinge beschränkt

und hatten eine wichtige Rolle in der Gesellschaft. Die Geburt eines Mädchens wurde mit der gleichen Freude aufgenommen wie die eines Jungen.

57 Tacitus, *Annalen*, XV, 23.

58 Sueton, *Nero*, XXXV.

59 M. Grant, op. cit., S. 179.

60 E. Cizek, *Néron*, pp. 175, 179.

61 Tacitus, *Annalen*, XIV, 53.

62 ibidem, XIV, 2.

63 M. A. Levi, *Nerone e i suoi tempi*, p. 154; A. Momigliano, *Nerone*, p. 17.

64 Tacitus, *Annalen*, XIV, 53, 54.

65 ibidem, XIV, 55, 56.

66 ibidem.

67 B. H. Warmington, op. cit., p. 182.

68 Das beweist, daß Nero keine persönlichen Vorbehalte hatte oder sie jedenfalls zu überwinden wußte.

69 P. Petit, *Histoire génerale de l'Empire Romain*, Paris 1974, p. 95; E. Cizek, *Néron*, p. 196.

70 E. Cizek, *L'epoque de Neron et ses controverses idéologiques*, p. 159.

71 S. 115 f.

72 E. Volterra, op. cit., pp. 73, 78.

73 B. H. Warmington, op. cit., pp. 19–21.

74 ibidem, pp.21-22.

75 R. S. Rogers, op. cit., pp. 190–212.

76 Tacitus, *Annalen*, XIV, 22.

77 R. S. Rogers, op. cit., pp. 208–209.

78 Tacitus, *Historien*, IV, 42.

79 R. S. Rogers, op. cit., p. 209.

80 Tacitus, *Annalen*, XIV, 58.

81 B. Baldwin, *Executions, Trials and Punishment in the Reign of Nero*, in: *La parola al passato*, XXII, 1967, pp. 425–439.

82 R. S. Rogers, op. cit., pp. 200 ff.

83 E. Meise, *Untersuchung zur Geschichte der Julisch-Claudischen Dynastie*, München 1969, S. 201 f.

84 B. Mc Alindon, *Senatorial opposition to Claude and Nero*, in: *American Journal of Philology*, 77, 1956, pp. 113–132.

85 Tacitus, *Annalen*, XIV, 65.

86 Diese Überlegung zu Plautus, Silla und Piso wurde auch von R. S. Rogers angestellt. R. S. Rogers, op. cit., pp. 211 f.

1   Vgl. stellvertretend für alle B. H. Warmington, op. cit., p. 166: »Der Vor-
    wurf der fahrlässigen Brandstiftung wird von allen modernen Fachleuten
    zurückgewiesen.«
2   P. Vandenberg, op. cit., p. 195.
3   A. Ronconi, *Tacito, Plinio e i cristiani,* in: *Studi in memoria di Ugo Enrico
    Paoli,* Florenz 1956, p. 615.
4   E. Cizek, *Néron,* pp. 307 f.
5   Sueton, *Nero,* XXXVIII.
6   Zur Eskalation der Anschuldigungen gegen Nero vgl. P. Vandenberg, op.
    cit., p. 191.
7   ibidem, pp. 193 f.
8   vgl. Karte S. 158 f.
9   Wie schon gesagt, waren die Römer sehr abergläubisch, und im Jahr 60
    fehlte wegen dieses Aberglaubens nicht viel, und Nero hätte seinen Thron
    an Rubellius Plautus verloren (vgl. S. 145).
10 Sueton, *Nero,* XXXVIII.
11 Tacitus, *Annalen,* XV, 50.
12 M. A. Levi, *L'impero romano,* pp. 278 f.
13 B. H. Warmington, op. cit., p. 167.
14 Tacitus, *Annalen,* XV, 38.
15 E. Radius, op. cit., p. 152. Dem Schriftsteller und Journalisten Emilio Ra-
    dius verdanken wir die vielleicht detaillierteste, sicher jedoch plastischste
    Beschreibung des Brandes und seiner Ausbreitung. Lediglich eine Angabe
    stimmt nicht: daß das Kapitol zerstört worden sei, während es doch ver-
    schont blieb, wie aus den *Historien* des Tacitus hervorgeht. Als Tacitus
    eine Episode erzählt, die sich fünf Jahre nach dem Brand ereignete, er-
    wähnt er dabei die 83 vor Christus errichteten Säulengänge, die zu Ehren
    der Vorfahren gebauten Straßen, eine Reihe von Häusern, die nach der Er-
    mordung Caesars gebaut wurden, und den Jupitertempel, dessen Dachge-
    bälk verfault war. Tacitus, *Historien,* III, 71–74. Vgl. auch P. Vandenberg,
    op. cit., p. 189.
16 J. Beaujeu, *L'incendie de Rome en 64 et les Chrétiens,* in: *Latomus,* 19,
    1960, pp. 65–80 und 219–231.
17 Tacitus, *Annalen,* XV, 39.
18 P. Vandenberg, op. cit., p. 190.
19 Tacitus, *Annalen,* XV, 38.
20 Zur Häufigkeit von Bränden in Rom vgl. u. a. G. Walter, *Néron,* Paris
    1955, pp. 167 ff.
21 E. Cizek, *Néron,* op. cit., p. 306.

22 Cassius Dio, 62, 17.

23 G. Caiati, *L'incendio di Roma e la congiura di Pisone,* Rom 1969.

24 Es stimmt, daß das Volk, jedenfalls nach Tacitus' Darstellung, vor allem bei dem Brand in den Aemilianischen Gärten das genaue Gegenteil glaubte und dachte, Tigellinus habe ihn auf Befehl des Kaisers gelegt (*Annalen,* XV, 40). Das beweist aber bestenfalls, wie verwirrt die von der Katastrophe mitgenommene Bevölkerung war, und außerdem Tacitus' Unredlichkeit beim Zusammentragen oder Erfinden dieser Gerüchte: Warum hätte Nero die in einem herrlichen Teil Roms gelegenen Aemilianischen Gärten anzünden sollen, wenn sein Ziel darin bestand, Rom schöner wiederaufzubauen?

25 C. Saumagne, *Les incendiaires de Rome* (ann. 64 p. Chr.) *et les lois pénales des Romains,* in: *Revue Historique,* 227, 1962, pp. 358 ff.

26 U. de Franco, *L'incertezza di Tacito e le ipotesi recenziori sull'incendio neroniano,* Bari 1946.

27 *Offenbarung,* XIII, 1.

28 *Offenbarung,* XVIII, 8.

29 L. Herrmann, *Quels chrétiens ont incendié Rome?,* in: *Revue Belge de Philologie et Histoire,* 27, 1949, p. 642. Entgegen der verbreiteten Meinung, die Offenbarung stamme aus der letzten Phase von Neros Regierungszeit oder sogar aus der Zeit Domitians, als Johannes zwischen siebzig und neunzig Jahre alt war, datiert Herrmann sie auf den viel früheren Zeitraum zwischen 58 und 64. Die Frage ist jedoch nicht so entscheidend, denn Johannes bezog sich sicher auf Überzeugungen, die in der christlichen Gemeinde weit verbreitet waren.

30 Außer Herrmann: J. Bishop, *Nero: the man and the legend,* London 1964, pp. 79 ff; P. Bonfante, *Storia del diritto romano,* Roma 1934, II, p. 8, Anm. 6; G. Gianelli, S. Mazarino, op. cit., pp. 53–56; M. Goguel, *La renaissance du Christianisme,* Paris 1955, p. 563. Grundlegend in diesem Zusammenhang C. Pascal, *L'incendio di Roma e i primi cristiani,* Turin 1901, auf den sich alle Autoren berufen, die die Christen für schuldig halten.

31 Tacitus, *Annalen,* XV, 44.

32 Tacitus schreibt nämlich »correpti qui fatebantur« (»man verhaftete diejenigen, die ein Geständnis ablegten«), und nicht »qui correpti erant fatebantur« (*Annalen,* XV, 44).

33 So A. G. Roos, *Nero and the Christians,* in: *Symbolae van Oven,* Leiden 1946, p. 300; C. Saumagne, op. cit., pp. 343 ff.; J. Beaujeu, op. cit., pp. 73 f.; B. H. Warmington, op. cit., p. 169; A. Ronconi, op. cit., pp. 620, 624, 626.

34 Paulus, *Römerbrief,* 13, 1–7; 7, 7. Vgl. auch den ersten *Brief an Timotheus,* 2, 2. In den Jahren 63 und 64 äußerte Petrus die gleiche Befürchtung; Petrus, *Briefe,* I, 4, 13–17.

35   Tacitus, *Annalen,* XV, 38.

36   »Ihr Lieben, lasset Euch die Hitze nicht befremden, die Euch widerfährt,
     (...), sondern freuet Euch.« Petrus, *Briefe,* I, 4, 12–13.

37   »Eine einzige Nacht mit der Fackel würde uns die Rache sichern.« Tertul-
     lian, *Apologeticum,* 37.

38   *Offenbarung,* XVIII, 8.

39   »Ich bin gekommen, daß ich ein Feuer anzünde auf Erden; was wollte ich
     lieber, als es brennete schon!« *Evangelium des Lukas,* XII, 49. Es ist klar,
     daß Feuer für Christus, Lukas und Petrus eine symbolische Bedeutung hatte
     (bei solchen Besessenen wie Johannes und Tertullian würde ich darauf
     nicht schwören), es ist aber nicht auszuschließen, daß einfältige und unge-
     bildete Christen, die ja schließlich die Mehrheit stellten, diese Botschaft
     wörtlich nahmen (ich beziehe mich hier natürlich nur auf die Worte von
     Christus, Lukas, Petrus und Johannes, denn Tertullian lebte später).

40   Vgl. L. Rusca, *Saggio sulle persecuzioni dei cristiani,* Mailand 1963,
     p. 211, Anm. 1.

41   E. Renan, *San Paolo,* Mailand 1965, p. 365. Grundsätzlich gleich E. Ra-
     dius, op. cit., pp. 72 f.

42   L. Herrmann, *Quels chrétiens ont incendié Rome?,* op. cit., p. 16.

43   ibidem.

44   C. Saumagne, op. cit., pp. 343 ff.

45   A. Ronconi, op. cit., p. 621.

46   G. Scarpat, *Il pensiero religioso di Seneca e l'ambiente ebraico e cristiano,*
     Brescia 1977, pp. 149 f.; R. Hanslik, *Beiträge zur Geschichte des Urchri-
     stentums, in: Jahrbuch der österr. Leo-Ges.,* 1933, S. 55.

47   »Und als sie in den Tod gingen«, schreibt Tacitus (*Annalen,* XV, 44). Das
     bedeutet, daß es noch andere gab, die nicht zum Tode verurteilt oder frei-
     gesprochen wurden.

48   J. Beaujeu, op. cit., p. 80; M. Sordi, *Il cristianesimo e Roma,* Bologna
     1965, p. 93.

49   Seneca, *Briefe an Lucilius,* 14; Juvenal, *Satiren,* VIII, Verse 231 ff.

50   A. Ronconi, op. cit., p. 624; B. H. Warmington, op. cit., p. 169.

51   A. Ronconi, op. cit., p. 624.

52   M. Grant, op. cit., S. 139.

53   Vgl. außerdem M. Simon, *I primi cristiani,* Mailand 1958, p. 106.

54   ibidem; A. Ronconi, op. cit., pp. 624 ff.; G. Fusar Imperatore, op. cit.,
     p. 86.

55   Paulus starb 67. *La Sacra Biblia,* Rom 1974, p. 1084.

56   E. Radius, op. cit., p. 34.

57   M. Simon, op. cit., p. 106.

58   Tertullian, *Ad nationes,* I, 7.

59 Plinius der Jüngere, *Briefe,* 10, 96.

60 M. Cazenave, R. Auguet, op. cit., p. 175.

61 M. A. Levi, *L'Impero romano,* op. cit., p. 301.

62 Tertullian, *Apologeticum,* 7, 1. Zum Verhalten der römischen Plebs gegenüber den Christen: L. Rusca, op. cit., p. 208.

63 M. Simon, op. cit., p. 96.

64 Seneca, *Über den Aberglauben,* Fragment 42. Die Aversion des Philosophen gegen die Juden war nicht zuletzt der Grund für die Sympathie der christlichen und katholischen Autoren, die alles daransetzten, seine moralische Integrität zu retten (auch auf Kosten Neros, wie wir bereits gesehen haben).

65 U. a. R. Turcan, *Sénèque et les religions orientales,* Brüssel 1962, pp. 10 f.

66 E. Radius, op. cit., pp. 102 f.

67 »Selig sind die Armen, denn ihrer ist das Himmelreich.« *Evangelium des Lukas,* 16, 20. »Es ist leichter, daß ein Kamel durch ein Nadelöhr gehe, als daß ein Reicher ins Reich Gottes komme.« *Evangelium des Matthäus,* 19, 24.

68 J. Pichon behauptet sogar, Nero sei selbst Christ geworden. Das scheint mir ehrlich gesagt etwas übertrieben. J. Pichon, *Saint Néron,* Paris 1962.

69 »Schwarze« Magie war im Reich verboten, »weiße« dagegen erlaubt.

70 *Apostelgeschichte,* 21, 27–36.

71 Tacitus, *Annalen,* XII, 54.

72 *Apostelgeschichte,* 24, 26.

73 ibidem, 25, 18–20; 18, 14–15.

74 ibidem, 25, 11.

75 ibidem, 25, 12.

76 ibidem, 28, 31.

77 Paulus, *Römerbrief,* 13, 1–2.

78 E. Radius, op. cit., p. 103.

79 ibidem; vgl. auch L. Rusca, op. cit., pp. 204 f., Anm. 3.

80 Tacitus, *Annalen,* XV, 43.

81 M. Grant, *Rom,* Zürich, 1960, S. 452.

82 ibidem, pp. 452 f.

83 vgl. oben S. 53.

84 Vgl. die Sammlung von Dokumenten von Mary Smallwood, op. cit.

85 E. Cizek, *Néron,* op. cit., pp. 305 f.

86 Nach den bescheidensten Schätzungen umfaßte er einen halben Quadratkilometer, das ist mehr als eineinhalbmal soviel wie der ganze heutigen Vatikan; anderen Schätzungen zufolge dagegen soll er dreimal so groß gewesen sein; M. Grant, *Nero,* p. 143.

87 Sueton, Nero, XXXI.

88 M. Grant, *Nero*, S. 147. Grants leidenschaftlichem Interesse für Architektur und Stadtplanung verdanken wir die vielleicht beste Rekonstruktion der Domus Aurea, deren beachtliche Reste beim Colle Oppio in Rom heute noch zu sehen sind.
89 Sueton, *Nero*, XXXI.
90 M. Grant, *Nero*, 147.
91 Tacitus, *Annalen*, XV, 42.
92 Sallust, *Die Verschwörung des Catilina*, V.
93 Sueton, *Nero*, XXXVII.
94 M. Grant, *Nero*, S. 150.
95 P. Vandenberg, op. cit., p. 202. A. Michel schreibt, daß Nero »vielleicht eine echte Moral des Glücks hatte«, op. cit., p. 172.
96 Sueton, *Nero*, XXXI.
97 M. Grant, *Nero*, S. 157.
98 ibidem, p. 165.
99 ibidem, p. 160.

ANMERKUNGEN ZU KAPITEL 7

1   Tacitus, *Annalen*, XV, 55.
2   M. A. Levi, *L'impero romano*, p. 313.
3   M. A. Levi, *Nerone e i suoi tempi*, pp. 146 f.
4   Die Provinzen waren in »kaiserliche« und »Senatsprovinzen« eingeteilt; bei letzteren wurden die Statthalter vom Senat ernannt.
5   M. Grant, *Nero*, S. 173.
6   Tacitus, *Ananalen*, XV, 65.
7   Scoliast an Juvenal, V, 109.
8   E. Cizek behauptet, daß Piso für einen »moderaten Neronismus« eintrat. E. Cizek, op. cit., p. 229. Ein großes Loblied auf Piso hatte der Hofdichter Calpurnius Siculus in seinem *Laus Pisonis* gesungen, das er in den letzten Jahren von Claudius' Regierungszeit verfaßte.
9   Tacitus, *Annalen*, XV, 51.
10 Zum genauen Tagesablauf vgl. P. Treves, op. cit., p. 509.
11 Tacitus, *Annalen*, XV, 54.
12 ibidem.
13 ibidem, XV, 56.
14 ibidem, XV, 57.
15 ibidem.
16 P. Treves, op. cit., p. 513.
17 In diesem Sinn u. a. P. Treves, op. cit.; R. S. Rogers, op. cit., p. 208; B. W.

Henderson, op. cit., pp. 280–283; C. Questa, *Studi sulle fonti degli »Annali« di Tacito,* Rom 1963, pp. 202 ff.; selbst der absolute Seneca-Anhänger Grimal schreibt: »Hinter Piso sieht man den Schatten von Seneca«, P. Grimal, op. cit., p. 141; gegen diese These hat sich der namhafte englische Historiker R. Syme ausgesprochen, R. Syme, *Tacitus,* I–II, Oxford 1958, ist aber damit allein geblieben.

18 Tacitus, *Annalen,* XV, 65.

19 ibidem.

20 Cassius Dio, 62, 64, I.

21 Tacitus, *Annalen,* XV, 60.

22 P. Treves, op. cit., p. 516.

23 Tacitus, *Annalen,* XIV, 65; R. S. Rogers, op. cit., p. 206.

24 Tacitus, *Annalen,* XV, 61.

25 M. Grant, op. cit., S. 175.

26 Tacitus, *Annalen,* XV, 62.

27 ibidem, XV, 64.

28 ibidem.

29 ibidem, XV, 66.

30 ibidem, XV, 67.

31 ibidem.

32 Zu den Verbannten gehörten auch die von Senecio und Quintianus beschuldigten Freunde Glicius Gallus und Annius Pollio. Offensichtlich hatte der Kaiser den Anschuldigungen nicht völlig geglaubt.

33 Sueton, *Nero,* XXXIX.

34 Tacitus, *Annalen,* XV, 69.

35 ibidem, XV, 73.

36 ibidem, XV, 72.

37 M. Grant, *Nero,* op. cit., S. 178.

38 ibidem; E. Cizek, *Néron,* p. 197.

39 Sueton, *Nero,* XXXV.

40 Tacitus, *Annalen,* XVI, 18.

41 ibidem, XIII, 49.

42 Plutarch, *Praecepta Reipublicae Gerundae,* 810 A.

43 Einmal fragte ich Susanna Agnelli, welchen Männertyp ihr Bruder Gianni am meisten bewundere, und sie antwortete: »Ich glaube, Giannis Traum wäre, dem Unbestechlichen zu begegnen. Aber ich muß dazu sagen, daß er behauptet, es gebe ihn nicht. (...) Für meinen Bruder wäre es das höchste Glück, wenn er eines Tages einen Menschen treffen würde, den er nicht korrumpieren kann.« (M. Fini, *Gianni Agnelli visto da una Agnelli,* in: *Europeo,* 20. 2. 1975).

44 siehe oben, S. 79.

45 O. Murray, op. cit., p. 55.
46 Tacitus, *Annalen*, XV, 23.
47 ibidem, XVI, 22.
48 ibidem.
49 vgl. B. H. Warmington, op. cit., pp. 206 f. Ein weiterer berühmter »Denunziant« aus der Zeit Neros war der junge Aquilius Regulus (Tacitus, *Historien*, IV, 42).
50 Tacitus, *Annalen*, XVI, 28.
51 ibidem, XVI, 23.
52 M. Grant, *Nero*, p. 182; Tacitus, *Historien*, IV, 40.
53 Der Senator adlectus wurde in einem Sonderverfahren direkt vom Kaiser gewählt.
54 Cassius Dio, 52, 23, 6.
55 E. Cizek, *Néron*, pp. 270 f.
56 B. H. Warmington, op. cit., p. 208; R. S. Rogers, op. cit., p. 196.
57 R. S. Rogers, op. cit., p. 196; B. H. Warmington, op. cit., p. 208.
58 Sueton, *Nero*, XXXVI.
59 E. Cizek; *Néron*, pp. 270, 312.
60 M. Grant, *Nero*, S. 183.
61 Cassius Dio, 63, 17, 4–6.
62 E. Cizek, *Néron*, p. 272.
63 Cassius Dio, 63, I, 2.
64 E. Paratore, *Tacito*, pp. 792 f.
65 B. H. Warmington, op. cit., p. 208.
66 M. Grant, *Nero*, p. 24.
67 B. H. Warmington, op. cit., p. 199.
68 PIR¹ S 625.

ANMERKUNGEN ZU KAPITEL 8

1 Tacitus, *Annalen*, XV, 36.
2 M. A. Levi, *L'impero romano*, p. 302.
3 M. Grant, *Nero*, S. 189 f.
4 Zu Reiseroute und Zeitplan vgl. G. Schumann, *Hellenistische und griechische Elemente in der Regierung Neros*, Leipzig 1930, S. 68 ff.; O. Brooner, *Excavations at Isthmia*, in: *Hespera*, 31, 1962, pp. 1 ff.; S. Vogt, *Die Alexandrinischen Münzen*, Stuttgart 1924.
5 Vgl. Cicero, *De lege agraria*, 2, 32, 87.
6 E. Cizek, *Néron*, p. 152.
7 Vgl. G. Vitucci, op. cit., p. 553.

8   Sueton, *Vespasian,* II, III, IV.

9   E. Cizek, *Néron,* op. cit., p. 151.

10 M. Grant, *Nero,* S. 10.

11 Hinter diesen religiös motivierten Ängsten verbarg sich in Wahrheit eine
    uralte Weisheit. Alle vorindustriellen Gesellschaften waren sich dessen be-
    wußt, daß es äußerst gefährlich ist, in Naturkreisläufe einzugreifen und sie
    zu verändern. Die durch die industrielle Revolution verursachten Desaster
    zeigen uns nur allzu deutlich, daß dieses Bewußtsein seine Berechtigung
    hatte (zu diesem Problem vgl. M. Fini, *La ragione aveva torto?,* Brescia
    1985, p. 169–181). Diese Erkenntnis aber kam erst danach. Man kann Nero
    sicher nicht zur Last legen, im 1. Jahrhundert ein Problem übersehen zu
    haben, das erst im 20. Jahrhundert erkannt wurde. Nero war seiner Zeit
    voraus, und gerade deshalb mußte er mit den Sitten und Glaubenssätzen
    seiner Zeit unweigerlich in Konflikt geraten. Damals war das Vertrauen in
    die Technik ein Zeichen für geistige Offenheit, während es heute ein Zei-
    chen für Blindheit ist.

12 Philostratos aus Lemnos, *Nero oder über den Kanal von Korinth.*

13 ibidem.

14 Sueton, *Nero,* XIX; Philostratos aus Lemnos, op. cit.

15 Cassius Dio, 63, 16, I.

16 Flavius Philostratos, *Das Leben des Appolonios von Tyana,* 5, 7.

17 Philostratos aus Lemnos, op. cit.

18 Sueton, *Nero,* XIX.

19 Plinius der Ältere, *Naturgeschichte,* 4, 10. Zur Ausführung und Bedeutung
    der Arbeiten vgl. B. Gerster, *L'Isthme de Corinthe,* in: *Bulletin de Corre-
    spondance Hellénique,* 8, 1884, pp. 225 ff.; G. Schumann; op. cit., p. 75;
    J. Korver, *Néron et Musonius. A propos du dialogue du Pseudo Lucien,
    »Néron ou sur le percement de l'isthme de Corinthe«,* in: *Mnemosyne,* 3,
    1950, pp. 319–329.

20 A. Momigliano, *Nerone,* p. 236.

21 Pausanias, *Beschreibung Griechenlands,* 7, 17, 4; Sueton, *Vespasian,* VIII.

22 Wenn eine Stadt oder, wie in diesem Fall, eine Provinz frei wurde, bedeutete
    das nicht automatisch auch Befreiung von Abgaben. M. Grant, *Nero,* S. 193.

23 M. Smallwood, op. cit., Nr. 64.

24 ibidem.

25 ibidem, Nr. 66.

26 *Catalogue of Greek Coins in the British Museum,* Nr. 85.

27 M. Smallwood, op. cit., Nr. 65.

28 E. Cizek, *Néron,* pp. 155 f.

29 B. H. Warmington, op. cit., p. 159.

30 M. Grant, *Nero,* S. 194.

31 G. Schumann; op. cit., pp. 16–20.
32 E. Cizek, *Néron,* op. cit., p. 156.
33 M. A. Levi, *L'impero romano,* op. cit., pp. 222, 302.
34 E. Cizek, *L'époque de Néron et ses controverses idéologiques;* diese These
    wurde später vom Autor selbst verworfen; E. Cizek, Néron, p. 157.
35 E. Cizek, *Néron,* p. 157.
36 M. Grant, *Nero,* S. 195.
37 E. Cizek, *Néron,* p. 159.
38 Sueton, *Nero,* XXV.

ANMERKUNGEN ZU KAPITEL 9

1   Sueton, *Nero,* XXI; Cassius Dio, 63, 21, 2.
2   M. Grant, op. cit., S. 196.
3   ibidem, S. 197.
4   Seneca, *Briefe an Lucilius,* 94.
5   Lucanus, *Pharsalia,* Verse 26–28.
6   PIR² J, 628; R. Syme, *Ten studies Tacitus,* Oxford 1970, p. 27; J. B. Hains-
    worth, *Verginius and Vindex,* in: *Historia,* 11, 1962, pp. 86 ff.
7   Sueton, *Nero,* XLI.
8   ibidem.
9   Plutarch, *Große Griechen und Römer, Galba und Otho,* 4; Cassius Dio, 63,
    23, 1.
10 Sueton, *Galba,* IX.
11 ibidem.
12 E. Cizek, *Néron,* pp. 385, 388; G. Fusar Imperatore, op. cit., p. 121.
13 M. A. Levi, *L'impero romano,* p. 304.
14 G. Ch. Picard, op. cit., pp. 245 f.
15 Daß Nero wegen seiner Grausamkeit stürzte, ist natürlich die These von
    Tacitus (*Historien,* 1, 16).
16 B. H. Warmington, op. cit., p. 217.
17 E. Paratore, *Un evento clamoroso nella Roma di millenovecento anni fa,*
    op. cit., p. 498.
18 Viele der Aufständischen, darunter auch Vindex, waren für einen modera-
    ten Neronismus, einen Neronismus ohne Nero. Nach Galbas Fall versuch-
    ten Otho und Vitellius explizit, den Neronismus zu restaurieren. E. Cizek,
    Néron, op. cit., pp. 388, 400, 401.
19 B. H. Warmington, op. cit., p. 211.
20 Bei seinem Einzug in Rom ließ Galba Tausende nerotreue Soldaten und
    Seeleute niedermetzeln, die sich ihm wehrlos ergeben hatten (Tacitus, *Hi-*

storien, 1, 6, 31). Dann begann er mit einer Säuberungsaktion ohne Prozesse und beseitigte außer Sabinus und Marcellus auch Petronius Turpillianus, den designierten Konsul Cingonius Varro, Betuus Cilo, Fonteius Capito, Clodius Macrus. Mit einem Wort alle Militärs, die Nero treu gedient oder ihn erst im letzten Augenblick verlassen hatten und deshalb als unsichere Kantonisten galten (Tacitus, *Historien,* 1, 6, 37). Daß Galba viel schlimmer war als Nero, bestätigt Tacitus selbst, wenn er über die Gründe schreibt, die Otho schließlich zum Aufstand gegen Galba trieben: »Unter Galba dürfe er nicht auf ein neuerliches Lusitanien und die Ehre einer zweiten Verbannung warten.« (Tacitus, *Historien,* 1, 21) Selbst wenn man Galba einmal außer acht läßt, »erlebte Rom nach Neros Tod eine so schreckliche Zeit, daß im Verhältnis dazu die von Tacitus scharf kritisierten Regierungen von Tiberius und Nero geradezu paradiesisch anmuten«. (M. Cazenave, R. Auguet, op. cit., p. 192).

21 Sueton, *Nero,* XLII.

22 Sueton, *Galba,* XI; Plutarch, *Große Griechen und Römer, Galba und Otho,* 7; Cassius Dio, 63, 24, 3–4.

23 Galba kam erst daraus hervor, als er die Nachricht erhielt, daß Nero tot und er zum Kaiser ausgerufen worden war.

24 M. Grant, *Nero,* op. cit., S. 206.

25 Sueton, *Nero,* XLIII.

26 Tacitus, *Historien,* 1, 6.

27 Sueton, *Nero,* XLV.

28 B. H. Warmington, op. cit., p. 219.

29 Plutarch, *Galba und Otho,* 17.

30 Sueton, *Galba,* XV; Tacitus, *Historien,* 1, 72.

31 Tacitus, *Historien,* 1, 72.

32 B. H. Warmington, op. cit., p. 216.

33 E. Cizek, op. cit., p. 388.

34 D. C. A. Shotter, *A Time Table for the Bellum Neronis,* in: *Historia,* 24, 1975, pp. 70 f.

35 Tacitus, *Historien,* 1, 89.

36 Das war einer der Gründe, die im Verlauf von acht Monaten zu Galbas Sturz und zur Einsetzung Othos führten. Galbas Ende war ziemlich schändlich. Aus der Fluchtsänfte geschleudert, wurde er von den Trägern niedergemacht. Schon auf dem Boden liegend, flehte er die Soldaten an, ihm einige Tage Zeit zu geben, damit er das Versprochene bezahlen könne. Ein Soldat durchbohrte ihm mit einem Schwertstoß die Kehle, »die anderen zerfetzten in abstoßender Wut ihm Arme und Beine – die Brust war ja vom Panzer geschützt; die meisten Wunden wurden in tierischem Blutrausch dem schon verstümmelten Leichnam zugefügt«. (Tacitus, *Historien,* 1, 41) Galbas

Körper »blieb hier, so wie er war, liegen, bis ein gemeiner Soldat, der gerade vom Proviantfassen zurückkehrte, seine Last ablegte und ihm den Kopf abhieb. Da er ihn wegen der Glatze nicht beim Schopfe fassen konnte, barg er ihn in dem Schoß seines Mantels. Dann zwängte er seinen Daumen in den Mund und brachte ihn so zu Otho. Dieser schenkte das Haupt den Marketendern und Troßknechten, die es auf einen Spieß steckten und unter allerlei Witzen im Lager umhertrugen.« (Sueton, *Galba,* XX) Auch Nymphidius Sabinus nahm ein schreckliches Ende. Nachdem er schon Nero verraten hatte, verriet er auch Galba, weil er selbst Ambitionen auf den Thron hatte. Als er entdeckt wurde, flüchtete er in das Zimmer eines Soldaten, wurde aber von seinen eigenen Prätorianern erbarmungslos massakriert.

37 Der 9. Juni wird allgemein als Datum akzeptiert. Einige schlagen den 11. Juni vor. E. Cizek, *Néron,* p. 400; K. R. Bradley, op. cit., pp. 211, 292.

38 Pseudo Aurelius Victor, *Epitome dei Cesari,* V, 7.

39 Statilia Messalina war zweifellos eine Frau, die sich in jeder Lage zu helfen wußte. Nachdem Otho Kaiser geworden war, wollte er sie heiraten, aber sie lehnte ab, da sie das Schlimmste vorhersah (Otho regierte 3 Monate). Noch unter Domitian (81–96) gehörte sie zu den Königinnen in den »römischen Salons«.

40 Selbst seinen Tod hielt man für elend und machte Nero sein Zögern zum Vorwurf. Wie Galba starb, haben wir bereits gesehen (vgl. Anm. 36). Einen sinnvollen Vergleich könnte man mit dem Tod von Neros Nachfolger Aulus Vitellius anstellen, der Offizier war und theoretisch zum Heldentod hätte berufen sein müssen: »Auf der Stelle warf er sich in eine verdeckte Sänfte und begab sich heimlich, mit nur zwei Begleitern, einem Bäcker und einem Koch, nach dem Aventin in sein väterliches Haus, um von dort nach Kampanien zu fliehen. Bald darauf ließ er sich jedoch auf ein haltloses und unsicheres Gerücht, daß der Friede bewilligt sei, wieder zum Kaiserpalast zurücktragen. Als er dort alles verlassen fand und auch seine Begleiter sich allmählich aus dem Staube machten, schnallte er einen mit Goldstücken gefüllten Gürtel um den Leib und flüchtete sich in die Kammer des Pförtners. Vor deren Tür band er einen Hund an. Von innen verrammelte er sie mit einem Bettgestell und mit Polstern.« (Sueton, *Vitellius,* XVI) »Sie zogen ihn aus seinem Schlupfwinkel hervor und fragten ihn aus, wer er sei – denn sie kannten ihn nicht –, und ob er wisse, wo Vitellius sei. Zuerst täuschte er sie durch falsche Angaben. Aber bald wurde er erkannt. Jetzt flehte er unaufhörlich, ihn einstweilen, und wäre es auch in einem Kerker, in Gewahrsam zu halten, wobei er vorgab, daß er wichtige Dinge, die das Leben Vespasians beträfen, zu sagen habe. Doch man band ihm die Hände auf den Rücken und schleppte ihn, einen Strick um den Hals, mit zerrissenen Klei-

dern, halbnackt auf das Forum. Die ganze Heilige Straße entlang erlitt er die größten Mißhandlungen und Beschimpfungen. Man zog ihm, wie das nur bei Verurteilten zu geschehen pflegt, den Kopf an den Haaren zurück und befestigte ein Schwert mit der Spitze nach oben auf seiner Brust, damit er sein Gesicht sehen lassen mußte und nicht zur Erde senken konnte. Einige bewarfen ihn mit Kot und Mist, andere schimpften ihn Mordbrenner und Freßsack, ein Teil des Pöbels verhöhnte ihn sogar seiner körperlichen Gebrechen wegen: Er war nämlich überaus groß, sein Gesicht vom übermäßigen Weingenuß fast kupferrot, sein Leib aufgedunsen und das eine Bein etwas lahm infolge eines Stoßes von einem Viergespann, den er beim Wettfahren erlitten hatte, während er Kaiser Caligula dazu anleitete. Zuletzt wurde er bei den Gemonien durch unzählige kleine Wunden zu Tode gemartert und dann mit einem Haken in den Tiber geschleift.« (Sueton, *Vitellius*, XVII) Nebenbei sei bemerkt, daß ein öffentlicher Lynchmord (wie das Gemetzel auf der Piazza Loreto 1945), dem auch Vitellius, Galba und andere nach 68 zum Opfer fielen, während Neros 14jähriger Regierungszeit nicht einmal dem elendsten Bürger zugestoßen war.

41 Sueton, *Nero*, XLVII.
42 Offensichtlich hatte sich der Freigelassene Phaon im Gegensatz zu seinen Kollegen während seiner langen Dienstjahre beim Kaiser nicht bereichert.
43 Sueton, *Nero*, XLVIII.
44 ibidem.
45 ibidem, XLIX. Der Latinist und Gräzist R. Cantarella behauptet, daß *artifex* nicht Künstler, sondern Schauspieler bedeutet, der berühmte Satz also lauten müßte: »Welch ein Schauspieler stirbt in mir!«. R. Cantarella, *Le ultime parole di Nerone morente*, in: *Il mondo classico*, 1, 2, 1931, pp. 53–58.
46 Sueton, *Nero*, XLIX.
47 ibidem.
48 Homer, *Ilias*, X, Vers 535.
49 Sueton, *Nero*, XLIX.
50 ibidem.

37 n. Chr.	(15. Dezember) Lucius Domitius Ahenobarbus, der zukünftige Nero, wird als Sohn von Agrippina der Jüngeren und Gnaeus Domitius Ahenobarbus in Antium geboren.
39 n. Chr.	Agrippina wird wegen Beteiligung an einer Verschwörung von Kaiser Caligula in die Verbannung geschickt; Domitia Lepida, Lucius' Tante mütterlicherseits, nimmt Lucius zu sich.
40 n. Chr.	Tod des Vaters.
41 n. Chr.	Ermordung Caligulas; Claudius wird sein Nachfolger; Agrippina wird aus dem Exil zurückgerufen.
48 n. Chr.	Claudius läßt seine Ehefrau Messalina ermorden.
49 n. Chr.	Claudius heiratet Agrippina. Seneca wird Lehrer des zwölfjährigen Lucius. Lucius wird mit Claudius' achtjähriger Tochter Octavia verlobt.
50 n. Chr.	Claudius adoptiert Lucius, der den Namen Nero annimmt.
51 n. Chr.	Afranius Burrus wird Präfekt der Prätorianer.
53 n. Chr.	Nero heiratet Octavia. Erste öffentliche Reden Neros.
54 n. Chr.	Agrippina vergiftet Claudius. Nero wird zum Kaiser ausgerufen (13. Oktober).
55 n. Chr.	Tod von Claudius' Sohn Britannicus, Neros potentiellem Rivalen. Beginn des Krieges gegen die Parther; Corbulo übernimmt das Truppenkommando.
56 n. Chr.	Seneca veröffentlicht *De clementia* (Über die Milde) und widmet das Buch Nero.

58 n. Chr.	Steuerreform; Nero schlägt die Abschaffung aller indirekten Steuern vor; der Senat lehnt das Projekt ab; der Kaiser begnügt sich mit einigen weniger weitreichenden Maßnahmen im Steuerbereich.
59 n. Chr.	Ermordung Agrippinas.
	Die von Nero geplante Kulturrevolution zum Zwecke der Hellenisierung der römischen Sitten nimmt Gestalt an.
	Spiele der Jugend (Juvenalien).
60 n. Chr.	Aufstand in Britannien.
	Die Neroneen werden zum erstenmal abgehalten.
61 n. Chr.	Die Auseinandersetzungen mit der Aristokratie spitzen sich zu.
62 n. Chr.	Tod des Burrus; Ofonius Tigellinus und Faenius Rufus werden seine Nachfolger.
	Seneca bietet Nero seinen Rücktritt an.
	Nero verstößt Octavia und heiratet Poppaea.
	Ermordung Octavias.
	Paetus wird von den Parthern bei Randeia geschlagen.
63 n. Chr.	Poppaeas und Neros Tochter Claudia wird geboren und stirbt vier Monate später.
	Corbulo übernimmt erneut das Kommando an der Front im Osten; der armenische König Tiridates unterwirft sich dem Römischen Reich.
	Friedensschluß mit den Parthern.
	Der Aufstand in Britannien wird niedergeschlagen.
	Nero befiehlt seinen Feldherrn eine Friedens- und Aussöhnungspolitik.
64 n. Chr.	Abwertung der Währung.
	Neros erster öffentlicher Auftritt als Lyraspieler in Neapel.
	Brand von Rom (19. Juli); die Christen werden angeklagt.

	Wiederaufbau der Stadt; Bau der Domus Aurea; Nero beginnt mit einer Politik der großen Ausgaben, die vor allem die Errichtung öffentlicher Bauten vorsieht.
65 n. Chr.	Adelsverschwörung des Piso. Seneca wird zum Selbstmord gezwungen.
	Nymphidius Sabinus übernimmt an Tigellinus' Seite das Amt des Prätorianerpräfekten.
	Zweite Neroneen.
	Poppaea stirbt während einer Schwangerschaft.
66 n. Chr.	Prozeß gegen den Erzkonservativen Thrasea Paetus, Verurteilung.
	Nero heiratet Statilia Messalina.
	Beginn des Aufstandes in Judäa.
	Nach achtmonatiger Reise erreicht Tiridates Rom, um sich Nero zu unterwerfen; der Janustempel wird geschlossen.
	Die Verschwörung des Vinicianus, in die auch Corbulo verwickelt ist, wird entdeckt und vereitelt.
	Reise nach Griechenland.
67 n. Chr.	Nero nimmt an den panhellenischen Spielen teil und wird *Periodonikes*. Er beginnt mit den Arbeiten für den Durchstich durch die Landenge von Korinth. Er erklärt Griechenland für unabhängig.
	Der Freigelassene Helius begibt sich nach Griechenland, um Nero zur Rückkehr in die Hauptstadt zu beschwören.
68 n. Chr.	Übereilte Rückkehr Neros nach Italien; in Rom feiert er den Triumph der Kunst und stellt ihn auf eine Stufe mit dem militärischen Triumph.
	Nero plant eine Expedition nach China auf den Spuren Alexanders des Großen.
	Aufstand des Vindex in Gallien.

Der Statthalter von Spanien Galba schließt sich Vindex an.

Verginius Rufus besiegt Vindex in Vesantius.

Vindex nimmt sich das Leben.

Tigellinus läßt Nero im Stich, Nymphidius Sabinus läuft zu Galba über.

Nero nimmt sich das Leben (9. Juni).

DIE ANTIKEN QUELLEN

Die wichtigsten Quellen über Nero und seine Regierungszeit sind Publius Cornelius Tacitus (die *Annalen* und in weit geringerem Ausmaß auch die *Historien*), Caius Tranquillus Suetonius (*Cäsarenleben*) und Cassius Dio (*Römische Geschichte*). Tacitus und Sueton schrieben ungefähr fünfzig Jahre, Dio eineinhalb Jahrhunderte nach Neros Tod. Alle stützen sich auf ältere Quellen aus der Zeit Neros: Plinius den Älteren (*Historia a fine Aufidi Bassi*), Cluvius Rufus und Fabius Rusticus, die nicht erhalten sind. Trotz nennenswerten hermeneutischen Anstrengungen war die moderne Geschichtsschreibung bisher nicht in der Lage, zu bestimmen, inwieweit und in welchem Umfang Tacitus, Sueton und Dio auf diese Originalquellen zurückgegriffen haben, ob jeder von ihnen alle drei zeitgenössischen Autoren benutzt hat oder nur den einen oder anderen, und wem sie den Vorzug gaben. Nur Sueton machte sich die Mühe, selbst ins Archiv zu gehen, um Dokumente aus Neros Zeit einzusehen und noch lebende Augenzeugen zu befragen. Tacitus hingegen und natürlich auch Dio stützten sich ausschließlich auf die Werke ihrer Vorgänger. Plinius, Rusticus und Rufus schrieben nach Neros Tod und waren alle drei gegen ihn eingestellt. Aber aus einem Abschnitt bei Flavius Josephus (*Bellum Iudaicum,* XX, 8, 3) wissen wir, daß es auch eine nerofreundliche Geschichtsschreibung gegeben hat. Flavius Josephus, der zweifellos Poppaea und vielleicht sogar den Kaiser selbst gekannt hat, ist der einzige zeitgenössische Historiker, dessen Werke erhalten sind (außer dem *Bellum Iudaicum* auch *De vita sua*), doch handelt es sich dabei um fragmentarische Notizen.

Unter den Hauptquellen über Nero ist schließlich noch der Historiker Sestus Aurelius Victor (*Liber de Caesaribus* und *Epi-*

tome de Caesaridus) zu nennen, der im vierten Jahrhundert lebte und dem offenbar Quellen zur Verfügung standen, die Tacitus und Sueton nicht kannten oder ignorierten.

Erwähnung findet Nero auch in den folgenden historischen, literarischen und religiösen Werken:

Anonym (Pseudo-Seneca), *Octavia*;

Anthologia Palatina;

Apostelgeschichte;

Calpurnius Siculus, *Eklogen*;

Dion Chrysostomos, *Orationes*;

Johannes, *Offenbarung*;

Juvenal, *Satiren*;

Lucanus, *Pharsalia*;

Martial, *Epigramme*;

Paulus, *Römerbrief*;

Pausanias, *Beschreibung Griechenlands*;

Persius, *Satiren*;

Petronius, *Satyricon*;

Petrus, *Briefe*;

Philostratos, Flavius, *Das Leben des Apollonios von Tyana*;

Philostratos von Lemnos, *Nero oder über den Kanal von Korinth*;

Plinius der Ältere, *Naturgeschichte*;

Plutarch, *Praeceptae Reipublicae Gerundae; Große Griechen und Römer, Galba und Otho*;

Seneca, *Die Verkürbissung des Kaisers Claudius; Über die Milde*;

Servius, *Kommentar zu Vergil*;

Severus Sulpicius, *Chronik*;

Tertullian, *Ad nationes* (*An die Heiden*); *Apologeticum* (*Verteidigung des Christentums*).

Sehr wichtig für die Interpretation von Neros Herrschaft und ihres Protagonisten sind Epigrafe, Dokumente, Papyri und Mün-

zen. Es gibt mehrere Sammlungen, die mehr oder weniger vollständig oder spezialisiert sind. Ich nenne hier die wichtigsten:

Acta Fratrum Arvalium, Hrsg. A. Pasoli, 1950;

Coins of the Roman Empire in the British Museum, Hrsg.
H. Mattingli, 1936;

Corpus Inscriptionum Latinarum, Hrsg. T. Mommsen, H. Dessau et al., 1863 ff.

*Documents illustrating the Principates of Gaius, Claudius and
Nero*, Hrsg. M. Smallwood, Cambridge 1967;

*From Imperium to Auctoritas. A Historical Study of Aes Coinage
in the Roman Empire 49 B.C.–A.D. 14*, Hrsg. M. Grant, 1946;

Inscriptiones Latinae Selectae, Hrsg. H. Dessau, 1892–1916;

Monete da Augusto a Traiano, Hrsg. G. G. Belloni, 1974;

Orientis Graecis Inscriptiones Selectae, Hrsg. W. Dittemberger,
1903–1905;

Prosopographia Imperii Romani saec. I, II, III, Hrsg. E. Klebs,
H. Dessau, P. von Rohden, 1896–1898;

Prosopographia Imperii Romani saec. I, II, III, Hrsg. E. Groag,
A. Stein, 1933;

The Coinage of Nero, Hrsg. E. A. Sydenham, 1920.

BIBLIOGRAFIE

Alfieri, V., *Del principe e delle lettere* Hg. L. Russo, Florenz 1943;

Anderson, S. C., *Traian on the Quinquennium Neronis*, in: Journal of Roman Studies, 1, 1911;

Bardon, H., *Les poésies de Néron*, in: Revue des études latines, XIV, 1963;

Baldwin, B., *Executions, Trials and Punishment in the Reign of Nero*, in: La parola al passato, XXII, 1967;

Beaujeu, J., *L'incendie de Rome en 64 et les Chrétiens*, in: Latomus, 19, 1960;

Belloni, G. G., *Monete da Augusto a Traiano*, in: Aufstieg und Niedergang der Römischen Welt, Berlin–New York 1974;

Bishop, J., *Nero, the Man and the Legend*, London 1964;

Bolin, S., *State and Currency in the Roman Empire to 300 A. D.*, Stockholm 1958;

Bonfante, P., *Storia del diritto romano*, Rom 1934;

Bonner, S. F., *L'educazione nell'antica Roma*, Rom 1986;

Bradley, K. R., *Svetonius' Life of Nero, and Historical Commentary*, Brüssel 1978;

Brooner, O., *Excavations at Isthmia*, in: Hespera, 31, 1962;

Bruhl, A., *Le souvenir d'Alexandre le Grand et les Romains*, in: Melanges d'Archéologie et d'Histoire de l'Ecole Francaise de Rome, 48, 1930;

Caiati, G., *L'incendio di Roma e la congiura di Pisone*, Rom 1969;

Cantarella, R., *Le ultime parole di Nerone morente*, in: Il mondo classico, 1, 2, 1931;

Cazenave, M., Auguet, R., *Gli imperatori folli*, Como 1990;

Charlesworth, M. P., *Nero: some aspects*, in: Journal of Roman Studies, 40, 1950;

Cizek, E., *L'epoque de Néron et ses controverses idéologiques*, Leiden 1972; *Néron*, Paris 1982;

Colin, J., *Juvénal et le marriage mystique de Gracchus (Juv. Sat., II, 117–142)*, in: Atti dell'Accademia delle Scienze di Torino, classe di Scienze Morali, Storiche e Filologiche, 90, 1955/6;

De Franco, U., *L'incertezza di Tacito e le ipotesi recenziori sull'incendio neroniano*, Bari 1946;

Della Corte, F., *Sventonio, eques romanus*, Florenz 1967;

Diderot, D., *Essai sur les règnes de Claude et de Néron*, 1775;

Fini, M., *La Ragione aveva torto?* Brescia 1985;

Fusar Imperatore, G., *Saggio di analisi critica della bibliografia neroniana dal 1934 al 1975*, Mailand 1978;

Garzetti, A., *L'Impero da Tiberio agli Antonini*, Bologna 1960;

Gatti, C., *Nerone e il progetto di riforma tributaria del 58 d. C.*, in: La parola al passato, XXX, 1975;

Gerster, B., *L'Isthme de Corinthe*, in: Bulletin de Correspondance Héllénique, 8, 1884;

Gervaso, R., *Nerone*, Mailand 1990;

Giancotti, F., *Seneca antagonista di Agrippina*, in: Rendiconto dell'Accademia dei Lincei, VIII, Reihe 8, 1953;

Gianelli, G., Mazarino, S., *Trattato di storia romana*, II, Rom 1953–56;

Goguel, M., *La renaissance du Christianisme*, Paris 1955;

Grant, M., *Rom*, Zürich 1960; *Nero*, München 1978;

Griffin, M., *Seneca. A Philosopher in Politics*, Oxford 1976;

Grimal, P., *Seneca*, Mailand 1992; *Tacito*, Mailand 1991;

Hainsworth, J. B., *Verginius and Vindex*, in: Historia, 11, 1962;

Hanslik, R., *Beiträge zur Geschichte des Urchristentums*, in: Jahrbuch der österr. Leo-Ges., 1933;

Henderson, B. W., *The Life and Principate of Emperor Nero*, London 1905;

Herrmann, L., *La génèse du senatus consultum Silanianum*, in: Archives d'histoires du droit oriental, I, 1952; *Quels chrétiens ont incendié Rome?*, in: Revue Belge de Philologie et Histoire, 27, 1949;

Korver, J., *Néron et Musonius. A propos du dialogue du Pseudo Lucien, Néron ou sur le percement de l'isthme de Corinthe*, in: Mnemosyne, 3, 1950;

Levi, M. A., *L'Impero romano*, Mailand 1967; *Nerone e i suoi tempi*, Mailand–Varese 1949

Maiuri, A., *Dell'opposizione ai ludi gladiatori*, in: Atene e Roma, 2, 1952;

Mc Alindon, B., *Senatorial Opposition to Claude and Nero*, in: American Journal of Philology, 77, 1956;

Meise, E., *Untersuchung zur Geschichte der Julisch-Claudischen Dynastie*, München 1969;

Michel, A. *Tacito e il destino dell'Impero*, Turin 1975;

Momigliano, A., *Osservazioni sulle fonti per la storia degli imperatori Gaio, Claudio e Nerone*, in: Rendiconto dell'Accademia dei Lincei, VI, Reihe 3, 1932; *Nerone*, in: Cambridge Ancient History, X, 1934;

Morelli, C., *Nerone poeta e i poeti attorno a Nerone*, in: Atheneum, 1914;

Murray, O., *The »Quinquennium Neronis« and the stoics*, in: Historia, 14, 1965;

Nietzsche, F., *Fragmente aus dem Nachlaß 1869–74, III; Die Geburt der Tragödie aus dem Geiste der Musik*, Zürich 1974;

Paratore, E., *Tacito*, Mailand 1951; *Un evento clamoroso nella Roma di millenovecento anni fa*, in: Studi Romani, VII, 1959;

Pascal, C., *L'incendio di Roma e i primi christiani*, Turin 1901;

Petit, P., *Histoire générale de l'Empire Romain*, Paris 1974;

Picard, G. Ch., *Auguste et Néron*, Paris 1962;

Pichon, J., *Saint Néron*, Paris 1962;

Questa, C., *Studi sulle fonti degli »Annali« di Tacito*, Rom 1963;

Racine, J., *Britannicus*;

Radius, E., *L'incendio di Roma*, Mailand 1962;

Renan, E., *L'Anticristo*, Paris 1873; *San Paolo*, Mailand 1965;

Rogers, R. S., *Heirs and Rivals to Nero*, in: Transactions and Proceedings of the American Philological Association, 86, 1955;

Ronconi, A., *Tacito, Plinio e i cristiani*, in: Studi in memoria di Ugo Enrico Paoli, Florenz 1956;

Roos, A. G., *Nero and the Christians*, in: Symbolae van Oven, Leiden 1946;

Roux, G., *Néron*, Paris 1962;

Rusca, L., *Saggio sulle persecuzioni dei cristiani*, Mailand 1963;

Sadek, M., *On the billow output of the Alexandrian Mint under Nero*, in: Phoenix, 20, 1966;

Saumagne, C., *Les incendiares de Rome (ann. 64 p. Chr.), et les lois pénales des Romains*, in: Revue Historique, 227, 1962;

Scarpat, G., *Il pensiero religioso di Seneca e l'ambiente ebraico e cristiano*, Brescia 1977;

Schumann, G., *Hellenistische und griechische Elemente in der Regierung Neros*, Leipzig 1930;

Simon, M., *I primi cristiani*, Mailand 1958;

Shotter, D. C. A., *A Time Table for the Bellum Neronis*, in: Historia, 24, 1975;

Smallwood, M., *Documents illustrating the Principates of Gaius, Claudius and Nero*, Cambridge 1967;

Sordi, M., *Il cristianesimo e Roma*, Bologna 1965;

Stevens, E., *The Will of Q. Veranius*, in: Classical Review, I, 1951;

Syme, R., *Tacitus*, Oxford 1958; *Ten studies on Tacitus*, Oxford 1970;

Thornton, M., *Neros's New Deal*, in: Transactions and Proceedings of the American Philological Association, 102, 1971;

Treves, P., *Il giorno della morte di Seneca*, in: Studia florentina Alexandro Ronconi sexagenario oblata, Rom 1970;

Turcan, R., *Sénèque et les réligions orientales*, Brüssel 1962;

Vandenberg, P., *Nerone*, Mailand 1984;

Verdière, R., *A verser au dossier sexuel de Néron*, in: La parola al passato, XXX, 1975;

Vitucci, G. in Flavio Giuseppe, *La guerra ebraica*, Mailand 1991;

Volterra, E., *Istituzioni di diritto privato romano*, Rom 1960;

Vogt, S., *Die Alexandrinischen Münzen*, Stuttgart 1924;

Walter, G., *Néron*, Paris 1955;
Waltz, R., *La vie politique de Seneca*, Paris 1909;
Warmington, B. H., *Nerone realtà e leggenda*, Bari 1973;
Weigall, A., *Néron*, Paris 1931

NAMENVERZEICHNIS

Acerronia, Dienerin Agrippinas   127

Achilles   101

Acratus, Freigelassener   37

Äneas   78

Agermus, Agrippinas Diener,
Freigelassener   128 ff.

Agrippa, Marcus   138, 140

Agrippina, Neros Mutter   17 ff.,
22 ff., 26 f., 38, 40, 46 f., 77 f., 104,
107, 113 f., 116 f., 120 ff., 125 ff.,
141 f., 144, 184, 197, 202

Agrippina die Ältere   17

Ahenobarbus, Domitius, Neros Vater
9, 18, 110

Ajax   101

Alexander, Tiberius Julius   169

Alexander von Aegae   19

Alexander der Große   75, 213 f.

Alexandria, Neros Amme   19, 108

Alexandrus, Tiberius   222

Alkmäon   78

Alotus, Eunuch   26, 117

Amastris   127

Amicus, Cerialis   56

Anania, Hoherpriester   171

Anicetus, Freigelassener   19, 126 ff.,
134 f., 184

Antigone   94

Antistius   78 f.

Anton, Marc   65, 204

Antonia, Tochter von Messalina und
Claudius   27, 146, 186, 195

Antonius Pius, Kaiser   168

Apoll   75 f., 81, 210, 212

Apollonius von Tyana   95, 183

Atimetus, Freigelassener   124 f.

Atticus, Vestinus   141, 193 f.

Auguet, R.   97

Augurinus, Iulius   183

Augustinus, Heiliger   9

Augustus, Kaiser   14, 17, 24 f., 37,
39, 49, 59, 73, 77 f., 106, 115, 123,
138, 140, 144, 160, 186, 204

Aurel, Marc   168

Balbillus   125

Baldwin, B.   149

Bassus, Cesellius   80 f.

Berillus, Freigelassener   19, 36

Britannicus, Messalinas Sohn mit
Claudius   22, 24 ff., 40, 113 ff.

Boudicca, Frau des Prasutagus
62 f.

Burrus, Afranius   15, 20, 26 f., 46 f.,
61, 123 f., 126, 128 f., 133 f., 137,
141, 143, 146 f., 172, 221

Caesar, Julius   60, 144, 207

Caiata   161 f.

Caligula, Gaius   10, 17 f., 20, 42,
54 f., 121, 142, 144, 195, 200,
205, 207

Callistus, Freigelassener   22, 195

Calpurnia   24, 130

Calvisius   124 f., 145

Camerinus, Quintus Sulpicius   201

Capito, Cossutianus   197 f.

Capito, Fonteius   202, 219

Capito, Valerius 130
Cassius Dio 12, 39, 46, 62, 111, 151, 154, 161
Cassius, Jupiter 204
Catilina, Lucius Sergius 178
Cazenave, M. 97
Cecina, Aulus 217
Celer, Architekt 178
Ceres 186
Cerialis, Petilius 63
Chairemon 19, 74, 104
Christus 164, 166
Chrysostomus, Heiliger 9
Cizek, E. 73, 110, 200, 211
Classicianus, Julius 64
Claudia, Tochter von Nero und Poppaea 135, 197
Claudia Acte, Freigelassene 107 ff.
Claudia Antonia 195
Claudia Livilla, Schwester Caligulas 20
Claudius, Kaiser 17, 19 ff., 24 ff., 30 ff., 36 ff., 45, 49, 60, 62, 66 f., 78, 110, 114 ff., 120 ff., 136, 141, 143 f., 160, 169, 171, 175, 186, 195, 202, 205
Clemens von Rom, Bischof 152
Clemente, Salienus 201
Cogidubnus 61
Commodianus 9
Corbulo, Domitius 67 ff., 75, 142, 148, 199 f., 206
Cornutus, Annaeus 92 f., 104
Crassus, Marcus Livinius Frugi 201
Crispinus, Rufrius 132

Datus, Schauspieler 78
Decanius, Catus 62 f.
Decius 169
De Franco, U. 162

Diderot, D. 81
Dido 75, 80 f.
Diocletian, Kaiser 169
Diodorus 211
Domitia Lepida, Neros Tante 18 f., 24, 123 ff., 130 f., 145
Domitian, Kaiser 37, 109, 168, 202
Domitius, Gnäus 17
Doriphorus, Freigelassener 31, 37, 110

Egloge, Neros Amme 19, 108
Elia Catella 86
Elia Petina 121
Epaphroditus, Neros Privatsekretär, Freigelassener 36 f., 181, 204, 223, 225
Epicharis, Freigelassene 184 f., 187, 195
Epikur 102
Eukairos, Flötenspieler 133

Faebus, Freigelassener 37
Faestus, Marcius 183
Felix, Antonius 171
Festus, Porcius 171
Flavus, Subrius 155, 161, 183, 188, 191 f.
Fortuna 176, 185

Gabolus, Lucinius 130
Galba, Servius Sulpicius 37, 215 ff.
Gallio, Iunius 201
Gallus, Cestius 202
Gallus, Creperius 127 f.
Gallus, Glitius 187
Gallus, Rubrius 218, 220
Gerellianus 194

Germanicus, Agrippinas Vater 17, 125, 128
Grant, Michael 34, 76, 91, 109, 167, 177, 179, 212
Graptus, Freigelassener 146
Gratus, Munatius 183
Griffin, Miriam 47

Hadrian 90, 168
Hektor 18, 101
Heliogabal 15
Helius, Freigelassener 36 f., 201, 204, 210 f., 215
Helvidius 199
Herculeius 129
Herrmann, Leon 162
Hitler, Adolf 9
Homer 92

Isidorus 78
Italicus, Bebius 104
Iturius 124 f., 130, 145
Iulia, Großmutter Agrippinas 17
Iulia Livilla, Schwester Caligulas 142
Iunia 130

Johannes, Evangelist 162, 164
Josephus, Flavius 119, 151
Juvenal 89
Julius 172
Jupiter 210

Konstantin, Kaiser 11
Kanache 94
Kleopatra 204
Kortys, König 74

Lactantius 152, 164
Lateranus, Plautius 183, 185, 188
Larcius, Aulus 213
Levi, Mario Attilio 11, 49 ff., 64, 84, 155
Livia, Frau des Augustus 106
Lucan 104
Lucanus, Annaeus 105, 183, 187, 193, 195, 214
Lucilius 104 f.
Locusta, Giftmischerin 26, 114
Lollia Paulina 22
Longinus, Cassius 33
Lorenzo Magnifico von Vasari 180
Lysias, Claudius 170

Maecenas, C. 138, 140
Marcellus, Cornelius 218
Marcellus, Eprius 198 f.
Mars 95
Martial 151
Maximinus der Thraker 168
Maximus, Trebellius 64
Mc Alindon 149
Mela, Annaeus 184, 195
Messalina, Frau des Claudius 20 ff., 136, 202
Messalina, Statilia, Neros 3. Frau 109, 142, 202, 204, 223
Meise, E. 149
Menecrates, Musiker 104
Milichus, Freigelassener 186 f., 194
Minerva 127, 130
Mnester, Agrippinas Diener 129
Monaeses 69
Monobazos, adiabenischer König 69, 71
Montanus, Iulius 100, 199
Mucianus, Licinius 202
Musonius, Philosoph 91

Narcissus, Freigelassener 22, 36,
121 f.
Natalis, Antonius 183, 186 f., 189,
193
Nerullinus 40
Nerva, Cocceius 104, 193
Nietzsche, Friedrich 13
Neophitus, Freigelassener 37, 223
Niobe 94
Nurejew, R. 95

Obaritus 129
Octavia, Tochter von Messalina
und Claudius, Neros 1.Frau
22, 24, 26 f., 107, 109, 113 ff.,
117, 121, 131 ff., 137, 146,
196
Odysseus 101
Ollius, Titus, Poppaeas Vater 131
Orest 78, 131
Otho, Marcus Salvius 105 f., 132 f.,
142, 217, 221

Paetinus 37
Paetus, Caesennius 69
Paetus, Thrasea 69 f., 78, 130,
196 ff., 202, 205
Pakoros 72
Pallas, Paetus 22 ff., 31 f., 36, 122,
146 f., 171
Paratore, Ettore 115
Paris 95, 101, 104, 124, 142
Paschalis II., Papst 9
Patrobius, Freigelassener 37
Paulinus, G. Suetonius 61 ff., 142
Paulus, Apostel 162 f., 167,
170 ff.
Paulus, Venetus 183
Pausanias 210

Periander 206 f.
Persius 92
Petrus, Apostel 162, 164
Phaon, Domitius 36 f. 47, 122,
223 f.
Philostratos, Flavius 208
Philostratos aus Lemnos 208
Phoebus, Freigelassener 204
Pilatus, Pontius 171
Piso, Gaius Calpurnius 149, 164,
183 ff., 187 ff., 195
Pius, Antoninus 168
Plautus, Rubellius 116, 118, 123 ff.
130, 143 ff., 147 ff.
Plinius der Ältere 188 f., 208
Plinius der Jüngere 168
Plutarch 105, 119, 210
Polemon, König von Pontus 74
Pollio, Annius 187, 200
Pollio, Claudius 92
Pollio, Lucius 200
Polybius, Freigelassener 20, 32
Polyclitus, Freigelassener 36, 64,
182, 204, 213
Pompeia Paulina, Tacitus´ Frau
190 f.
Poppaea, Mutter Poppaea Sabinas
131
Poppaea Sabina, Neros 2. Frau
31, 108 ff., 131 ff., 142, 146,
170, 176, 193, 202
Poseidon 210
Prasutagus, König 61
Proculus, Cervarius 183 ff., 191,
193
Prossimus, Statius 183, 193
Pythagoras, Lanzenträger 110

Quadratus, Ummidius 67 f.
Quintianus, Afranius 92, 183, 187

Radius, Emilio 170
Regulus, Publius Memmius 103
Renan, Ernest 9, 165
Rogers,R.S. 149
Romanus 189
Roux, G. 117
Rubria, Vestalin 109
Rufus, Cluvius 141, 151, 204
Rufus, Faenius 125, 141, 161, 186, 190 ff., 195
Rufus, Lucius Verginius 202, 219, 222
Rusticus, Arulenus 202

Sabinus, Flavius 205
Sabinus, Nymphidius 194 f., 200, 204, 222
Sabinus, Obultronius, 217
Saumagne, C. 162
Scaevinus, Flavius 181, 183, 185 ff., 191, 196
Scaurus, Maximus 183
Scribonius, Proculus 200 ff., 206
Scribonius, Rufus 200 ff., 206
Secundus, Lucius Pedanius 32 ff.
Seneca, Lucius Annaeus 16, 19 ff, 24, 26, 38 ff, 46 f., 52, 61 f., 74, 81 f., 93, 103 f., 108, 119 ff., 126, 128 f., 137 f., 141 f., 169, 181 f., 184, 187 ff., 195, 197 f., 201, 214
Senecio, Claudius 105 f., 142, 183, 187
Sensus, Iulius 119
Serenus, Annaeus 105, 108, 142
Severus, Architekt 178
Severus, Septimius 168
Severus, Sulpicius 9, 152
Siculus, Calpurinus 76, 104
Silana, Julia 123 ff., 130, 145, 147
Silanus, Lucius 24, 121

Silanus, Marcus 121
Silia 109
Silius 22
Silla, Cornelius 118, 144 ff.
Silvanus, Gaius 183, 188, 190, 192
Sokrates 80
Soranus, Barea 199, 201, 205
Spiculus 142, 190
Sporus, Neros Geliebter 110, 136, 202, 204, 223
Statius, Annaeus 188, 191
Strabo, Acilius 45
Sueton 10 ff., 15, 18, 46, 59, 77 ff., 93, 101 f., 105, 109 f., 118, 136, 151 f., 154, 178, 193, 195, 208
Suillius, Publius 39 f.
Sulpicius, Asper 183

Tacitus 10 ff., 22 f., 25, 31, 35, 43, 46, 51, 62, 67, 70, 73, 87, 89 f., 93, 96, 100, 108, 110, 113 f., 117 f., 122, 126, 132, 134 f., 138, 141 f., 148 f., 151 f., 155, 163 f., 174, 178, 186, 188, 190, 193, 195 f., 199, 222
Telesinus, Philosoph 104
Terpnus, Lyraspieler 90, 104, 206
Tertullian 152, 164, 168
Tertullus, Anwalt 171
Thornton, M. 53
Tiberius, Kaiser 17, 25, 44, 50, 103, 143 f., 160, 169, 200
Tigellinus, Ofonius 119, 133 f., 141 ff., 147, 153, 161, 164, 166, 183 f., 187, 190, 192, 195 f., 200, 204, 213, 221 f.
Tigranes V., König von Armenien 68
Tiridates, König von Armenien 66 f., 70 ff., 203, 212

Titus, Kaiser 118, 205
Trajan, Kaiser 47, 168
Trasillus 19
Turpilianus, Petronius 64, 102,
  104, 109, 179, 194 ff., 218, 220,
  222

Ustinov, Peter 11

Vandenberg, P. 158, 179
Varro, Cingonius 33
Vatinius 104
Veiento, Fabritius 104
Venus 95
Veranius, Quintus 61
Vergil 92

Vespasian, Kaiser 65, 73, 96,
  141 f., 204 f., 207 f.
Vindex, Iulius 214 ff., 219 f.
Vinicianus, Annius 199 ff., 203
Vinius, Titus 216 f.
Vitellius 23, 140
Vittorinus 9
Vologaeses, König der Parther
  66 ff.
Volusius 140

Wilde, Oscar 99
Warmington, B. H. 35 f., 45, 76,
  155, 210, 217, 221 f.

Xenophon, Stertinius 26, 37

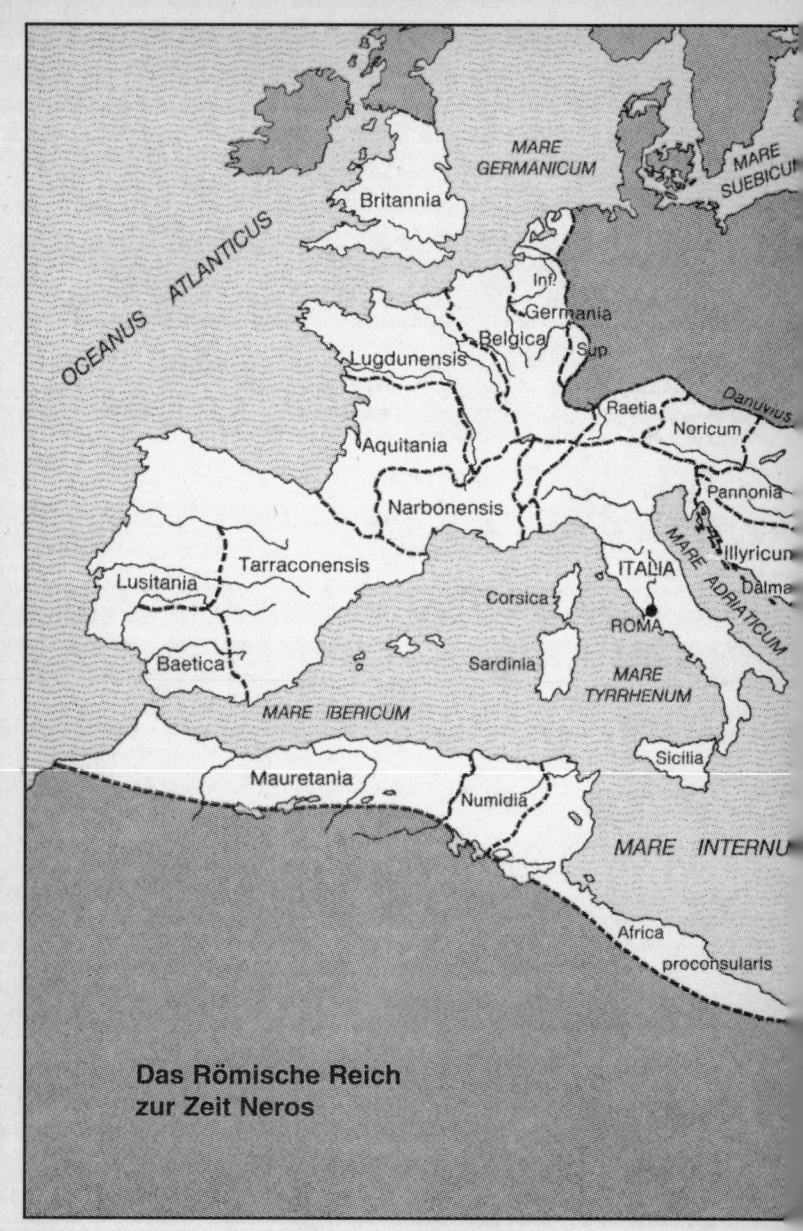

Das Römische Reich
zur Zeit Neros

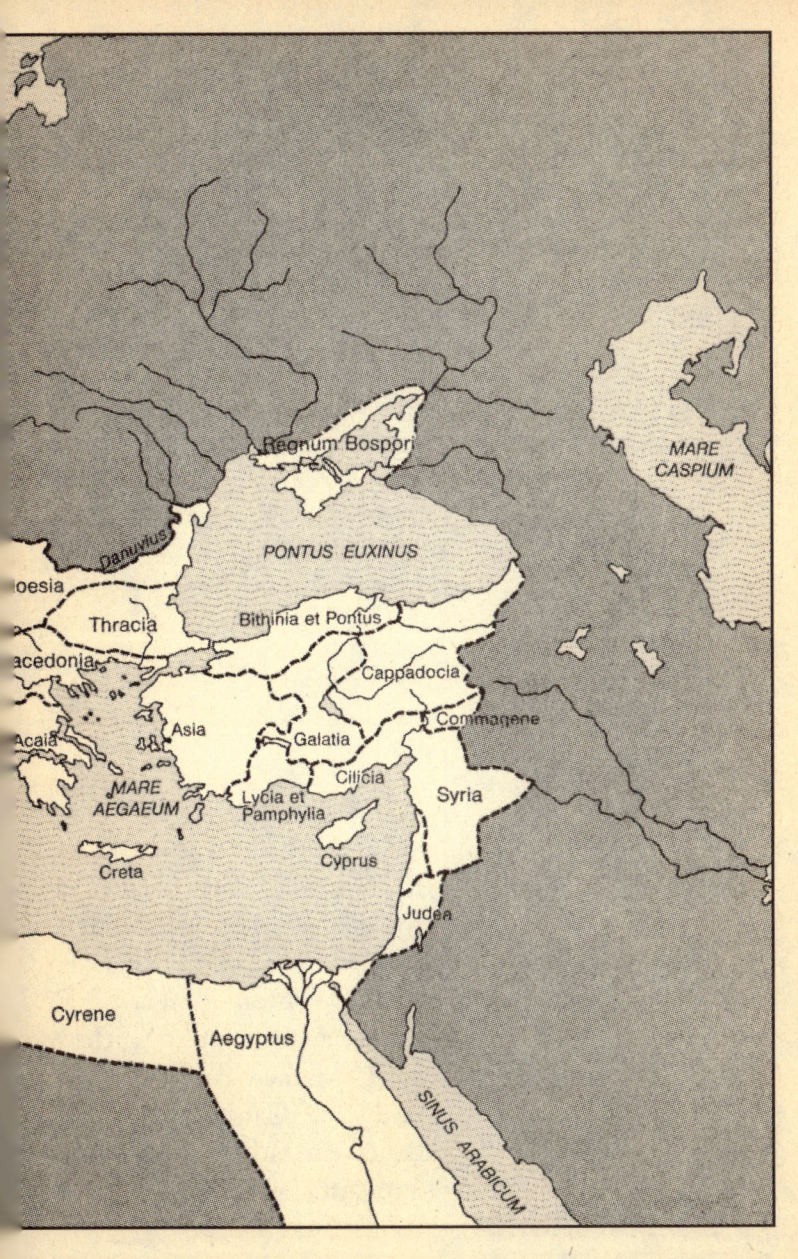

»Ohne sie ging im kaiserlichen Rom nichts!«

Hans Dieter Stöver **DIE PRÄTORIANER**
Kaisermacher - Kaisermörder

LANGEN MÜLLER

Von Augustus bis zu Konstantin dem Großen hatten die Prätorianer bei fast jedem Herrscherwechsel ihre Hand im Spiel. Der »Rom-Kenner« H. D. Stöver analysiert das Wechselspiel zwischen dem Herrscher und seiner Garde, und entwirft dabei ein farbiges, gleichwohl authentisches Panorama der römischen Kaiserzeit.

Langen Müller